GLÄNZEND
WIE
GOLD

S | M
P | K

STAATLICHE MUSEEN
PEUSSISCHER KULTURBESITZ

TILL FÖRSTER

Glänzend wie Gold

GELBGUSS BEI DEN SENUFO
ELFENBEINKÜSTE

MUSEUM FÜR VÖLKERKUNDE BERLIN

Veröffentlichungen
des Museums für Völkerkunde Berlin
Abteilung Afrika, IX

Abbildungen auf dem Umschlag
Vorderseite: Kōdal-Maske, Bronce, IIIC44318
Rückseite: Guß einer Maske, Naform, 1986

Abbildungen:
Ursula Didoni, Linden Museum, Stuttgart: 38, 142
Till Förster: 3–23, 25–37, 39, 41–48, 50–60, 66–141, 163, 169,
 189, 198,
 Farbtafeln I – XVII
Burkhard Gottschalk: Farbtafel XIX
Dietrich Graf, Museum für Völkerkunde, Berlin: 1, 24, 40, 49,
 61–65, 143, 145–162, 164–168, 171–188, 191–197, 199–202,
 Farbtafeln XVIII, XX – XXII
Udo Horstmann: 170
Albert Maesen, Musée Royal d'Afrique Centrale, Tervuren: 2
Musée National des Arts Africains et Océaniens, Paris: 144
Museum Rietberg, Zürich: 190
Karten: Renate Sander
Figuren: Ulrich Gebauer

CIP-Kurztitelaufnahme der Deutschen Bibliothek

Förster, Till:
Glänzend wie Gold : Gelbguss bei d. Senufo, Elfenbeinküste/
Till Förster – Berlin : Reimer, 1987.
 ISBN 3-496-01045-2

Buchhandelsausgabe: Dietrich Reimer Verlag, Berlin 45

© 1987, Staatliche Museen Preußischer
Kulturbesitz, Berlin

ISBN 3-496-01045-2

Herstellung: Reiter Druck, Berlin

Inhaltsverzeichnis

Vorwort 7

1. **Die Senufo** 9

   1.1 Die Alltagswelt 15

   1.2 Wahrsagen und Heilen 41

   1.3 Lebensgeschichten 65

2. **Die Technik** 89

   2.1 Zur Geschichte des Wachsausschmelzverfahrens im westlichen Sudan und bei den Senufo 92

   2.2 Das Werkverfahren 132

3. **Katalog** 167

   3.1 Masken 168

   3.2 Armreifen und Armringe 174

   3.3 Beinreifen und Beinringe 195

   3.4 Fingerringe 201

   3.5 Anhänger 209

   3.6 Anthropomorphe Figuren 223

   3.7 Zoomorphe Figuren 232

   3.8 Musikinstrumente 234

Anmerkungen 239

Literaturhinweise 243

Index 250

Vorwort

Glänzend wie Gold...

Mit Worten wie diesen wurden mir immer wieder die besonderen Qualitäten eines Armreifes beschrieben, wies man mich auf die ebene, gelb leuchtende Oberfläche einer lange getragenen Maske hin. Es war Messing, das in diesen armen Landstrichen der westafrikanischen Savanne das Schimmern des Goldes ersetzte. Und es ist ein altes Handwerk und eine alte Technik, nach der dort heute wie vordem diese Stücke gefertigt werden: Das Wachsausschmelzverfahren. Man formt ein Modell aus Wachs, kleidet es mit Ton ein, erhitzt die Form, so daß das Wachs ausfließt und die entstandene Hohlform das flüssige Metall aufnehmen kann. Ist es erkaltet, muß die Form zerschlagen werden. Deshalb wird auch vom Guß in verlorener Form gesprochen. Und da sich nur gelbleuchtende Kupferlegierungen wie Messing verwenden lassen – der Schmelzpunkt von Eisen liegt zu hoch –, bürgerte sich auch die Bezeichnung ›Gelbguß‹ ein.

Bedeutende Zeugnisse westafrikanischer Kulturgeschichte fanden in dieser Technik ihren künstlerischen Ausruck. Die Beninsammlung des Berliner Museums für Völkerkunde ist ein eindrucksvolles Beispiel dafür. Doch während Werke wie diese seit der Eroberung der Stadt Benin durch die Briten im Jahre 1897 weltweite Aufmerksamkeit fanden, blieb der größte Teil der Gießer und Völker, die dieses Handwerk in Westafrika praktizierten, weithin unbekannt. 1968 konnte die Sammlung der Goldgewichte der Abteilung Afrika veröffentlicht werden. Brigitte Menzels Katalog gehörte zu den ersten fundierten und umfassenden Darstellungen einer Gelbgußtradition in ihren kulturellen und historischen Zusammenhängen. Doch waren auch die Akan, die diese Gewichte gossen, keine namenlosen Völker: Die Asante im heutigen Ghana errichteten ein mächtiges Staatswesen, sie betrieben einen regen Handel mit den Reichen des Sudan im Norden und den Europäern an den Küsten, ihre künstlerischen Traditionen beeindruckten schon britische Gesandte und Reisende im 19. Jahrhundert. Bereits in den zwanziger Jahren erschienen die ersten wohldokumentierten Monographien über dieses Volk und seinen Staat.

Ganz anders dagegen die Situation bei den Senufo, um die es hier geht. Bis in die siebziger Jahre hinein gab es in Europa keine zuverlässige Beschreibung ihrer Kultur und Gesellschaft, obwohl ihre Masken und Figuren auf dem Kunstmarkt hohe und höchste Preise erzielten. Dabei hätte eine bessere Kenntnis dieses Volkes manche Fragen der westafrikanischen Geschichte einer Lösung näher bringen können. Die Senufo sind nicht nur nördliche Nachbarn der Akan in der Elfenbeinküste, sondern durch ihr Siedlungsgebiet liefen auch die Goldhandelsrouten, über die das Wachsausschmelzverfahren auch den Asante bekannt geworden sein dürfte, und dort der Guß von Goldgewichten angeregt wurde.

Daher lag die Idee nahe, die an der Abteilung Afrika des Museums für Völkerkunde entstandenen Publikationen zum Wachsausschmelzverfahren in Westafrika durch eine Arbeit über die Senufo fortzusetzen: In Vielem bilden sie einen Kontrast zu den erwähnten ›großen Traditionen‹. Die Lebensweise der Senufo ist wenig spektakulär: Ihrer Gesellschaft ist jede zentrale politische Herrschaft fremd, nie kannten sie mächtige Königreiche wie die Akan. Auch lagen sie immer an der Peripherie jenes Handelssystems, über das Luxusgüter zwischen der Küste und dem Inneren Westafrikas ausgetauscht wurden. Das Gold, das dort verhandelt wurde, ging an ihnen vorbei. Kupfer und Messing waren wertvolle Metalle. Armreifen, Ringe und Anhänger waren kein Schmuck zu repräsentativen Zwecken, sondern wurden von Wahrsagern verordnet. Sie waren Zeichen persönlicher Lebensgeschichten und verwandtschaftlicher Bindungen. Wie durch ein Brennglas erlauben sie einen Blick auf die Lebenswelt der Senufo. Deshalb nehmen Kultur und Gesellschaft in diesem Katalog mehr Raum ein als gewöhnlich: Letztlich sollen nicht nur Objekte vorgestellt werden, sondern ihre Bedeutung für die Menschen, die sie herstellen und mit ihnen leben, ist das Thema dieses Buches.

Die Grundlage dieser Arbeit bilden mehrjährige Feldforschungen, die ich 1986 durch eine dreimonatige Sammel- und Dokumentatonsreise im Auftrag des Berliner Museums zur Vorbereitung des Kataloges und der Ausstellung ergänzen konnte. Mein Dank gilt daher zuerst meinen Freunden und Mitarbeitern in Senufoland, insbesondere Folourgo Silué und Nanga Yéo, die – der eine Schmied, der andere Wahrsager – diesen Katalog erst möglich gemacht haben. In gleicher Weise haben mich auch Behörden und Institutionen der Republik Elfenbeinküste unterstützt. Ihnen allen sei an dieser Stelle mein Dank ausgesprochen: Dem Institut d'Histoire, d'Art et d'Archéologie Africains der Universität Abidjan, dem Musée National, dem Ministère des Affaires Culturelles, dem Ministère pour le Développement Rural und der Société pour le Développement de la Production Animale. Auf deutscher Seite möchte ich für ihre nicht weniger wertvolle Hilfe danken: Der Botschaft der Bundesrepublik Deutschland in Abidjan, dem Deutschen Akademischen Austauschdienst, der Friedrich Ebert Stiftung und der Gesellschaft für Technische Zusammenarbeit, die während des Aufenthaltes im Jahre 1986 großzügig den Transport der Sammlungsgegenstände unterstützt hat. Persönlich möchte ich für ihren unermüdlichen Einsatz an der Elfenbeinküste danken: Piet Albl, Sinali Coulibaly, Claude Couzy, Adama Dagnogo-Tuo, Georg Diederich, Peter Filius, Mathias Holweck, August Hummel, Albert Kientz, Aka Martin Kuadio, El Hadj Poro Silué, Nicole Sindzingre, Nyamasyo Soro, Soro Soro und Yacouba Yéo. Gedankt sei auch allen Mitarbeitern der Abteilung Afrika des Museums für Völkerkunde, des Photolabors, der Bibliothek und des Zeichenateliers, die monatelang geduldig Fragen und Wünsche eines Ethnologen ertrugen, der sich in Gedanken noch im Senufoland aufhielt. Stellvertretend für sie alle sei an dieser Stelle Frau Jutta Schadow genannt, die die Aufgabe übernahm, das Manuskript zu tippen.

1. Die Senufo

»Die Einwohner waren von diesem überaus zur Abgötterey und zum Aberglauben geneuget; und hatten unter ihnen/wie sie noch haben/viel Wahrsager/Schwarzkünstler/Teufelsbanner/welche sie Bererin nenten.« Olfert Dapper 1671[1]

Mit diesen von Voreingenommenheit geprägten Worten beschreibt Olfert Dapper im 17.Jahrhundert den ›Gottesdienst‹ im ›Königreich Mandinga‹, von dem er weiter berichtet, daß sein Herrscher eine so vollkommene Machtfülle besaß, »...daß fast alle Könige und Völker in Ober-Guinea ihm huldigten« (1671: 373).

Das Reich Mali war durch Handel groß geworden. Im Gegensatz zu den Herrschern vorhergehender Reiche waren die des alten Mali Moslems. Seit dem 10.Jahrhundert hatte sich der Islam vor allem durch den Handel im westlichen Afrika verbreitet. Er war und ist bis heute eine Religion der Reichen und Mächtigen. Die Malinké, die ›Leute von Mali‹, sind außerhalb ihres Heimatlandes heute wie damals vor allem Händler, die »...durch den Kauf- und Kriegshandel/in den nächstgelegenen Königreichen zerstreuet worden« (Dapper 1671: 373). Die Glanzzeit des alten Reiches Mali lag, als Olfert Dapper schrieb, schon mehrere hundert Jahre zurück. Doch die Lebensweise der Malinké und der Völker unter ihrem Einfluß wäre auch damals von einem Fremden mit ähnlichen Worten geschildert worden.

In den Savannen dieser Gegend leben auch die Senufo, die selbst nie Teil dieser mittelalterlichen Reiche waren, aber stark von dort beeinflußt wurden. Sie waren Nachbarn Malis und anderer Reiche, deren Handelswege zur westafrikanischen Küste und den großen Marktstädten im Sahel durch ihr Land führten. Viele Senufo wurden in die Sklaverei verschleppt, mehr als einmal wurden ihre Dörfer gebrandschatzt, trugen fremde Mächte Kriege in ihrem Land aus. Nie gab es ein Reich der Senufo, das den Eroberern mit gleicher Macht hätte entgegentreten können.

Die Senufo sind Ackerbauern. In Frieden wollen sie ihre Felder bestellen. So sagen sie heute, und auch früher gehörten sie nicht zu jenen, die durch Kriegszüge und Eroberungen einen Platz in der großen Geschichtsschreibung fanden. Selbst ihr Name blieb in Europa bis zum Ende des letzten Jahrhunderts unbekannt. Portugiesische Seefahrer verließen kaum ihre Handelsniederlassungen an den Küsten, und wenn, dann eher mit dem Ziel, die alte Hauptstadt des Reiches Mali oder die sagenumwobene Goldinsel im Niger zu suchen[2]. Nicht einmal den genauen Lauf und die Mündung des Flusses kannte man zu jener Zeit.

Auch die arabischen Geographen des Mittelalters schweigen über die Senufo. Sie erwähnen nur ›ein primitives Volk‹ östlich und südöstlich des Niger, das in Handelskontakten mit den ›Leuten von Mali‹ stünde und in dessen Gebiet die Malinké wiederholt eingedrungen seien, um Sklaven zu erbeuten. Aber diese vagen Angaben beziehen sich allgemein auf alle ›Ungläubigen‹, die in diesen Gebieten lebten.[3] Ob es sich um Senufo oder andere Völker handelte, läßt sich nicht sagen. Auch die europäischen Reisenden des 18. und frühen

Abb. 1
Dorf der Senufo am Léraba, Ende 19. Jh. (n. Binger, 1982 a)

19. Jahrhunderts hatten den Fluß Niger und die an ihm gelegenen Städte zum Ziel und berichteten nichts von ihnen. Zwar führte der Reiseweg des Franzosen René Caillié 1827–29 durch den äußersten Westen des Senufolandes, aber er spricht nur von den Bambara. Mit diesem Ausdruck werden in der Sprache der Malinké, dem Manding, alle Bauern, unabhängig von ihrer ethnischen Zugehörigkeit, bezeichnet, sofern sie nicht zum Islam übergetreten sind.

Die ersten genaueren Schilderungen des Senufolandes stammen von Louis Gustave Binger, der es 1887 und 1888 bereiste. Binger war Hauptmann der Französischen Marineinfantrie, und sein Unternehmen stand schon in engem Zusammenhang mit der kurz darauf einsetzenden Kolonialisierung des Gebietes durch Frankreich.[4] Eigentliches Ziel seiner Reise war die Stadt Kong – damals ein bedeutendes Handelszentrum, heute ein kleines Städtchen im Norden der Elfenbeinküste. Zwischen ihr, den französischen Stützpunkten am Niger, dem Land der Mossi im heutigen Burkina Faso und den ebenfalls französischen Niederlassungen Assinie und Grand Bassam an der Oberguineaküste, suchte Binger eine Verbindung herzustellen.

Auch für den französischen Militär stehen die Handel treibenden Malinké im Mittelpunkt seines Interesses. Von den Bauern der Senufo ist er vielmehr überrascht. »J'ai été frappé de trouver tant de sympathie parmi une population aussi arriérée et sans religion, car il y

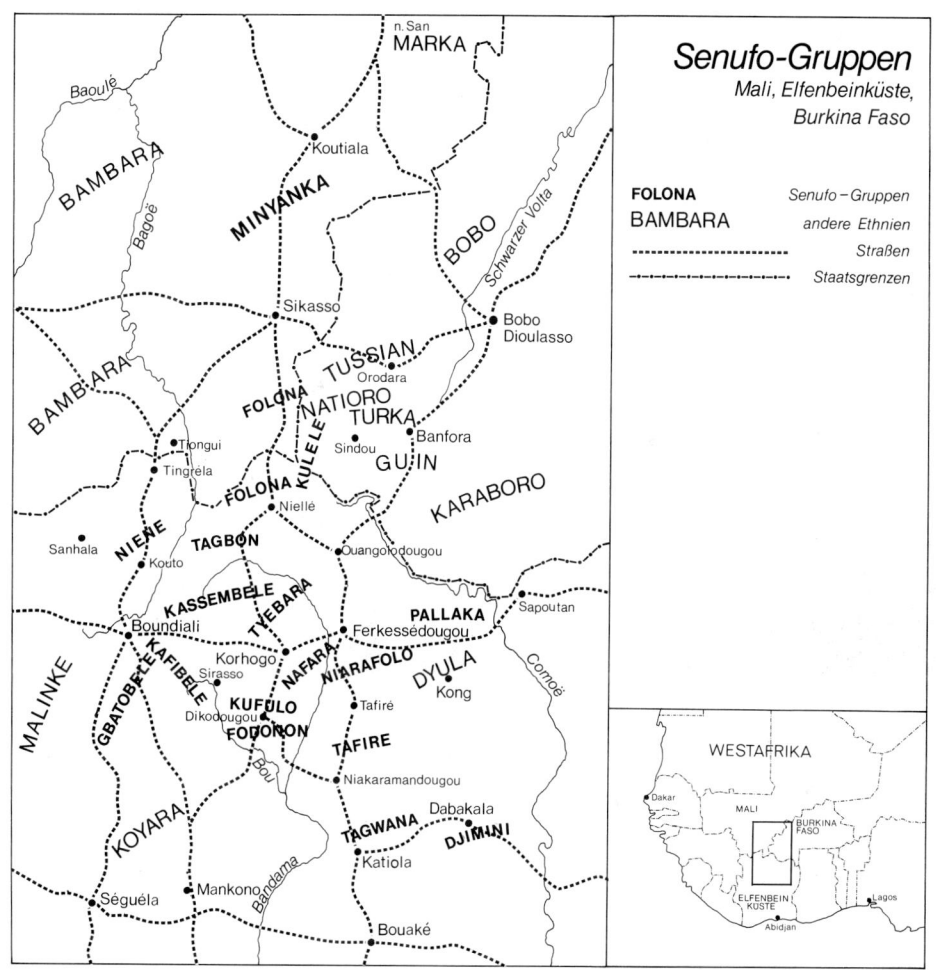

en a fort peu de musulmans« (1892a: 193). Seit der Zeit Olfert Dappers hatten sich die Einstellungen kaum geändert. Binger beobachtet sehr genau das Geschehen auf den Märkten, notiert Preise und Herkunft der Waren, beschreibt die Anlage und Befestigung der Orte, aber seine Ausführungen zur alltäglichen Welt der Senufo sind eher spärlich und bieten dem Leser kaum mehr als Kuriositäten.

Auch zu dieser Zeit, am Vorabend der Kolonialisierung, existieren noch jene alten Handelsrouten, die durch die Savannen führen. Nicht nur Krieg und Ausbeutung haben sie den Senufo gebracht, sondern auch lebenswichtige Güter, die die Malinké Händler von weit her heranführen. Binger berichtet, daß die Senufo zwei Bezeichnungen für Norden und

Abb. 2
Repräsentationsgebäude von Gbon Coulibaly, Korhogo, 1938 (Aufn. A. Maesen)

Süden kennen: »Summou-Klou«, ›Land des Salzes‹ für den Norden, und »Ourou-Klou«, ›Land der Kolanüsse‹ für den Süden (1892a: 215). Die Savannen des Senufolandes liegen zwischen beiden; zwischen der Sahara im Norden, wo an verschiedenen Stellen Steinsalz abgebaut und in ihr Land gebracht wird, und den Regenwäldern im Süden, wo die Kolanüsse gedeihen. Beides sind begehrte Handelsartikel, die in den westafrikanischen Savannen sonst fehlen. Salz ist gerade in tropischen Gebieten nötig für eine gesunde Ernährung, Kolanüsse sind ein beliebtes Genußmittel. Sie enthalten Koffein und werden oft nach der anstrengenden Feldarbeit gekaut.

All das zeigt, wie lange in diesem Gebiet schon Senufo und Malinké in engem Kontakt leben. Sei es, daß sie sich als Händler, Dyula, in Orten unter den Senufo niederließen, sei es, daß sie als Eroberer auftraten. Von keiner Seite sind Kultur und Gesellschaft der Senufo stärker beeinflußt worden, obwohl sie immer auch ihre Eigenheit bewahrt haben. Selbst die heute übliche Bezeichnung Senufo ist eine Übernahme aus dem Manding, wo es soviel heißt wie ›die, die Senar sprechen‹.[5] Senar ist die Sprache der Senufo. Linguistisch gehört sie zu den Gursprachen, einer anderen Sprachfamilie, die hauptsächlich in Burkina Faso gesprochen wird. Aber dorthin bestanden weit weniger historische Beziehungen als zu den Malinké im Norden und Westen. Sie werden noch weiter unten eine wichtige Rolle spielen (Kapitel 2.1).

Abb. 3
Moschee der Dyula, Kouto (1979)

Soweit sich ihre Geschichte zurückverfolgen läßt, lebten die Senufo immer in der Savanne, also zwischen Sahel und Regenwald. Ihre mündlichen Überlieferungen erwähnen keine größeren Wanderungsbewegungen; überall werden sie als die ersten Siedler anerkannt, die ›Erdherren‹.[6] Auch sind die Angaben nicht immer genau und erlauben in der Regel nur einen Rückblick bis ins 18. Jahrhundert. Durch den Vergleich mit anderen Quellen lassen sich jedoch die Bewegungen einiger Gruppen rekonstruieren. So waren die im Süden lebenden Tagwana wohl bis zum 16. oder 17. Jahrhundert auch weiter westlich im Gebiet der heutigen Städte Mankono und Séguéla ansässig. Ähnlich wie die nördlich der Stadt Boundiali lebenden Niéné, die ursprünglich ebenfalls weiter westlich beheimatet waren, wichen sie den in diese Gebiete eindringenden Mandé-Gruppen aus (vgl. Person 1964: 324–25). Solche kleineren Verschiebungen änderten aber nichts daran, daß die Senufo eine in vielen Bereichen einheitliche kulturelle Grundlage bewahrt haben – trotz ihres recht weiten Siedlungsgebietes und trotz der seit Jahrhunderten unter ihnen lebenden Malinké Händler. Es ist daher wenig sinnvoll, an dieser Stelle auf jede einzelne Senufogruppe einzugehen; erwähnt sei nur, daß es deutliche kulturelle und linguistische Unterschiede zwischen den Gruppen nördlich Sikasso und den weiter südlich lebenden gibt.

Auch ist im Norden, dem heutigen Mali, das Klima trockener und heißer als weiter südlich in der Elfenbeinküste. Der Sahel dringt Jahr für Jahr ein Stück weiter nach Süden vor. Man

Abb. 4
Haus eines Notablen, Nafoun (1982)

wird kaum jenes Geräusch der unter den Sohlen knisternden Halme und brechenden, ausgedorrten, zu kleinen Schollen zusammengeschrumpften Erde vergessen, die einmal das Ufer eines Baches waren. Besonders im März oder April, der heißesten Jahreszeit mit Höchsttemperaturen von über 40° C, ist es eine Strapaze, die Felder für die neue Aussaat vorzubereiten. Hier, auf den ausgedörrten Böden, wächst oft nur noch Hirse, Sorghum und etwas Mais.

Weiter südlich ist es feuchter: Dort fängt im Mai und Juni langsam die Regenzeit an. Überall beginnen Gräser und Büsche wieder Blätter zu treiben, Seen und Flußläufe füllen sich mit Wasser. An ihren Ufern stehen Galeriewälder, in denen sogar Palmen und andere Bäume gedeihen, die sonst nur viel weiter im Süden, in den Regenwäldern erscheinen. Oft finden sich hier typische Pflanzenarten der Trockensavanne, wie die eigenartigen, mächtigen Baobab-Bäume oder Schirmakazien, nicht weit neben Vertretern der Flora feuchterer Gebiete, etwa den genannten Palmen oder riesigen Harthölzern. In der Regenzeit schließt sich die Landschaft zu saftig grünem, oft undurchringlichem Busch, während im Oktober und November, wenn die Trockenzeit sich wieder bemerkbar macht, alles verdorrt. Das Land erscheint durch die sterbenden Gräser und den roten, laterisierten Boden wie gelb und ocker. Überall dort, wo totes Holz oder knochentrockenes Laub lag, bedeckt nun schwarze Asche den Boden. Denn im November und Dezember entzündet man des nachts Feuer, die die Umgebung der Dörfer vor Verbuschung freihalten und das alte Gras noch einmal zum Schießen bringen sollen. Tags weht in dieserZeit der Harmattan, ein trokkener, kühler Wind aus dem Norden. Es ist die angenehmste Zeit in der Savanne; tagsüber werden kaum mehr als 32 oder 33 Grad erreicht, nachts kann es recht kühl sein. Die Senufo stellen dann brennende Scheite als Heizung in ihre Hütten. Später, wenn es ein oder zwei Monate nicht mehr geregnet hat, setzt sich dann der über Wochen aufgewirbelte Sand und Staub in Haare und Augen. Im Senufoland ist es die Zeit der großen Festlichkeiten, denn jetzt ruhen die Feldarbeiten. Im Dorf werden neue Häuser gebaut, andere werden neu gedeckt, Frauen spinnen Garn, abends werden im Hof die Neuigkeiten des Tages besprochen und Geschichten erzählt.

1.1 Die Alltagswelt

Heute ist es nicht mehr schwer, im Senufoland zu reisen. Es gibt Straßen, die alle größeren Orte miteinander verbinden, und auf vielen von ihnen fahren Pritschenwagen oder kleine Lastwagen, mit denen man in wenigen Stunden die nächste Stadt erreichen kann. Nur in der Regenzeit geschieht es noch hin und wieder, daß Pisten tage- oder wochenlang unpassierbar sind, weil sie sich über weite Strecken in Teiche und Schlammlöcher verwandelt haben. Erst dann findet man sich auf jenen Wegen und Pfaden wieder, die früher durch die Wildnis von einem Ort zum nächsten führten. Sie sind nicht aufgegeben. Für viele ist eine Fahrt im ›Buschtaxi‹ zu teuer oder zu langwierig und umständlich, wenn man nur eines der nächsten Dörfer erreichen will. Diese Wege versprechen Staub und Hitze in der Trockenzeit, Dreck und Schwüle im Juli und August, aber auch ein Bild, wie es sich täglich jedem bietet, der hinausgeht, um seine Felder zu bestellen. Denn oft sind diese sehr weit vom Dorf entfernt. Fünf, zehn oder sogar fünfzehn Kilometer sind keine Ausnahme. Es gibt Gegenden, wo sogar fünfundzwanzig und dreißig Kilometer erreicht werden, aber das ist nicht die Regel.[7]

Felder liegen einzeln wie in die Wildnis eingelassen, Inseln bebauten Landes im Busch. Doch jedes Dorf hat auch ein festumrissenes Territorium. Der Fremde sieht hier, wenn er durch den Busch geht, Orientierungslosigkeit und Zufälligkeit. Jeder Bauer weiß dagegen genau, wo er seine Felder anlegen darf und wo er bereits den Grund des ›Erdherrn‹ eines Nachbarortes betritt. Den ersten Siedlern und ihren Nachfahren steht es nämlich allein zu, auf ihrem Gebiet Nutzungsrechte für bestimmte Bereiche an später Zugezogene zu verleihen. Sie, die Erdherren, haben häufig auch Rolle und Status des Dorfältesten inne, an den man sich nicht nur bei Streitigkeiten um Grund und Boden wenden kann.

Die Wildnis, der Busch, der das Dorf und weiter draußen auch alle Felder umgibt, ist ein Bereich, für den es eine überwältigende Fülle genauester topographischer Namen gibt. Jeder Rücken, jeder auffällige Baum, jede den Blick auf sich ziehende Bodenformation hat eine Bezeichnung, die für sie und nur für sie verwandt wird: »Meine Falle steht am Saum der drei *cím*-Bäume«, sagt ein Jäger, und er meint damit eine bestimmte Stelle, die jeder im Dorf unter diesem Namen kennt.

Dort draußen leben die wilden Tiere. Die Wildnis, das ist auch die Welt der Fabeln, in deren Tiergestalten sich oft menschliche Charaktere überzeichnet wiederfinden: Da ist die gewalttätige, aber dumme Hyäne, die langsame, weise Schildkröte, das sich ständig verändernde Chamäleon und der flinke, schlaue und auch gerissene Hase. Er ist, wie in Westafrika häufig, die Tricksterfigur vieler Fabeln, die so manches Ding dreht. Mit ihnen, die alle ein eigenes, vom Menschen ganz unabhängiges Leben führen, hat es der Jäger zu tun. Er muß ihre Lebensgewohnheiten kennen, er muß ihnen nachts in der Wildnis auflauern. Er muß wissen, was sie wissen. Jäger sind Grenzgänger zwischen der Wildnis und dem Dorf, der Kultur. Wie im Land der Malinké gibt es bei den Senufo Jägerbünde. Jeder hat einen Sänger, den *kòrúù*, der eine Stegharfe spielt und nachts Fabeln und Balladen aus jener anderen Welt vorträgt. Es ist eine Kunstform. Wie die Jäger erzählen, so berichtet er singend von jenen seltsamen und eigenartigen Erscheinungen, die sie auf ihren nächtelangen Jagden in der Wildnis erfuhren. Dort draußen kann alles auch etwas anderes sein. Und wenn ein Chamäleon ein Chamäleon und eine Schildkröte eine Schildkröte wäre, was gäbe es dann noch für den Wahrsager zu deuten? Es ist ein Geheimnis der Jäger, und sie warnen jeden davor, dort einzudringen. Er müßte stärker sein, stärker als das, was ihm begegnete – wenn er es wagte. Jäger sind mit beidem vertraut; sie leben im Dorf, und doch ziehen sie nachts in die Wildnis. Sie kennen Lockmittel und Heilpflanzen, aber eben dadurch auch Gifte und Zaubermittel. Man respektiert sie und bittet sie bei Krankheiten um Medikamente. Denn sie »wissen«, wie man im Senufoland sagt. Ihnen sind die Dinge dort draußen ein Hilfsmittel geworden. Aber gleichzeitig nimmt man sich vor diesen seltsamen Menschen besser etwas in acht, denn so einer könnte seine Mittel ja auch zum Schaden gegen andere einsetzen. Wer die Wildnis so genau kennt, der kann verdächtig sein, die Grenze zwischen den beiden Welten zu verwischen. Er hat an beiden Seiten teil.

Wie in vielen bäuerlichen Gesellschaften Westafrikas stehen sich hier zwei Bereiche gegenüber: Der Kulturraum des Dorfes dem Naturraum der Wildnis.[8] Das Dorf ist der Ort, wo Menschen in Gesellschaft leben. Doch seine Grenze zur Wildnis ist nicht fest und eindeutig. Es gibt vielmehr mannigfache Überschneidungen der beiden Bereiche. So etwa die Felder. Sie gehören zur menschlichen Kultur, schließlich leben die Bauern von ihnen. Das Bestellen der Felder, das ›Anlegen einer Kultur‹ (Yams, Hirse, Reis, Mais) ist Dienst am Menschen wie keine andere Tätigkeit. Für die Senufo ist es wesentlicher Teil ihrer Identität. ›Senufo sind Bauern; wer kein Feld bestellt ist kein richtiger Senufo‹, sagen die Alten. Diese ›richtigen‹ Senufo werden im Senar *sēnābèlè* genannt.[9]

Die Felder, jene Orte, die eine so bedeutende Stellung in der Kultur der Senufo einnehmen, liegen in der Wildnis. Sie sind dort, genau genommen, am falschen Platz. »Die Gefahren der Felder«, das ist eine stehende Redewendung im Senufoland. Auch der Weg dorthin ist ein Parcours voller unsichtbarer Gefahren: Überall können Haken und Ösen lauern, Löcher, in die man wie in die Fallen der Jäger geraten und verschlungen werden kann. Im Dorf selbst sind die Dinge noch einfach: Obwohl es ohne Zweifel zum Bereich der Kultur gehört, schiebt sich des Nachts die Wildnis bis an seinen Saum vor. Ganz selten dringt einmal eine Hyäne oder ein anderes wildes Tier zwischen die Häuser vor und jault dort. Aber schon bei den Tabak- und Gemüsegärten, die um das Dorf liegen, wird in der Dunkelheit der Kulturbereich unsicher. Hier sind andere die Herren. Mit ihnen muß man sich gut stellen, will man ein Feld oder einen Garten anlegen. Neben den wilden Tieren – und mehr noch als sie – betrifft das die Geister der Wildnis, die *túgúbèlè*.

Abb. 5 ▶
Wohnhaus einer Frau, Odia (1986)

Die *túgúbèlè* sind kleine Wesen, die einem überall begegnen können. Dennoch haben sie einige bevorzugte Wohnorte: Sie lieben das Wasser und die Ufer der Teiche, Bäche und Flußläufe. Besonders gerne wählen sie Bäume, die in den Galerien der Wasserläufe stehen, fast mit einem Fuß schon im Wasser. Doch kann auch jeder andere Baum der Savanne Wohnstätte solcher Geistwesen sein. Sehen kann man sie nicht. Man sagt, daß sie die Gestalt von Menschen haben, aber zwergenhaft klein sind. Auch haben sie eine Sprache, aber die ist dem Menschen unverständlich. Sie wird auch nicht durch den Mund, sondern durch die Nase gesprochen. Manche Jäger berichten, daß sie sie nachts gehört hätten – nur ganz kurz freilich: In Fabeln wird ihre Rede in einem hohen Nasal gesungen. Noch weitere Ähnlichkeiten stellen sie dem Menschen nahe: Sie haben männliches oder weibliches Geschlecht und leben in der Regel paarweise zusammen. *túgúbèlè* haben einen zwiespältigen Charakter: Einerseits können sie dem Menschen, der sie stört, schweren Schaden zufügen, ihn krank werden lassen oder seine Ernte verderben. In leichteren Fällen treiben sie nur derbe Späße mit ihm. Zum anderen leben sie gleich den Menschen in einer Gemeinschaft, die in vielen Erzählungen dem gedankenlosen, pflichtvergessenen Verhalten der Menschen als Vorbild gegenübergestellt wird. Durch ihre Teilhabe an beiden Bereichen sind sie auch ideale Mittler zwischen den Menschen und der Welt der Natur. Ein Wahrsager drückt es so aus: »Sie können die Freunde der Menschen **und** der Tiere sein.« Man muß nur verstehen, sie sich dienstbar zu machen; dann sind sie wahrhaft hilfreiche Geister, eben Hilfsgeister. Aber dazu bedarf es Menschen, die ihnen ein Stück des Weges entgegenkommen.

Abb. 6
Bewässerungsreisanbau bei Zanga
(1985)

Abb. 7
Kòrúù, Jägersänger mit 6-saitiger Stegharfe, Nafoun (1982)

Gewöhnlichen Menschen sind die *túgúbèlè* nur in den Geschichten der Alten, Jäger und Wahrsager sichtbar. Daher läuft man ständig Gefahr, bei der Anlage eines Feldes einen Baum oder Busch zu fällen oder abzubrennen, der von diesen zwergenhaften Wesen bewohnt wurde. Das hat Folgen. Die Wesen ›folgen‹ einem und können einem manches Übel zufügen. Tiere täten das gleiche, wenn man sie oder ihren Lebensraum verletzte, doch das bemerkt man schneller, und die Anzeichen sind deutlicher. Es gibt mannigfache Hinweise, aus denen man Rückschlüsse auf solche Ereignisse herleiten kann. Die Zeichen der *túgúbèlè* sind dagegen als solche selten zu erkennen und können vollkommen willkürlich sein. So oder so ist es ratsam, einen Spezialisten aufzusuchen, der sie zuverlässig deuten kann. Denn erst dann können die notwendigen Maßnahmen zu ihrer Beruhigung ergriffen werden. Unter anderem gehören dazu Opfer, die an den Füßen der Bäume, ihren Wohnstätten, vollzogen werden.

Wie der Gegensatz zwischen Dorf und Wildnis, stehen auch die *túgúbèlè* im Mittelpunkt vieler Erzählungen. In einer, die immer wieder zu hören ist, setzt eine junge Frau ihre Zwillingstöchter in der Wildnis aus. Dort draußen werden sie von den *túgúbèlè* gefunden und aufgezogen, und sie wachsen zu jungen, schönen Frauen heran. Sie gehen noch einmal ins Dorf. Überall fragen sie nach ihrer Mutter, doch niemand kennt sie. Schließlich gibt sich diese selbst zu erkennen und möchte ihre Kinder wieder bei sich aufnehmen. Doch jetzt lehnen die jungen Frauen ab. Sie kehren zurück in die Wildnis. In anderen Geschichten gibt es umgekehrte Überschreitungen: Da verwandelt sich eine Antilope in eine junge, hübsche Frau und lockt einen sehr guten Jäger tief in den Busch, wo er dann von wilden Tieren angegriffen wird. Nur durch die Zaubermittel seiner Mutter kann er sich retten.

Diese beiden, sich gegenseitig spiegelnden Bereiche und ihre Mittler werden in Erzählungen oft zu Erklärungen menschlicher Identität oder ihrer Entstehung benutzt. Das Verhältnis Dorf – Wildnis ist ein von jedermann als gültig anerkanntes kulturelles Deutungsschema. Es ist eine Metapher, mit der sich die menschliche, soziale Welt gegenüber der äußeren ›asozialen‹ Natur bestimmen läßt. Für sich genommen erlaubt sie jedoch keine eindeutigen Definitionen, denn schließlich kann sich jede gesellschaftliche Gruppe ihrer bedienen, um sich gegenüber anderen abzugrenzen: Sie stellt diese einfach als ›Wilde‹ hin. Auch die europäische Geschichte ist voller Beispiele, wie nicht nur Fremde, sondern Teile der eigenen Gesellschaft mit Hilfe solcher Mechanismen ausgegrenzt und anschließend oft brutalen Verfolgungen ausgesetzt wurden. Schließlich meint man, es nun nicht mehr mit Gleichwertigen zu tun zu haben. Die Dorf-Wildnis-Metapher muß, wie alle kulturellen Deutungsschemata, im konkreten System der Gesellschaft, die sie hervorbringt, gesehen werden.

Es gibt sowohl Felder, die einer ganzen Gruppe angehören, als auch solche, die als persönliche Felder gelten können. Früher waren die ersten sehr viel häufiger als die zweiten. Die Gruppen, denen die Felder zugehören, sind zugleich die wichtigsten Segmente, aus denen die Gesellschaft der Senufo aufgebaut ist. Die von ihnen kontrollierten Felder seien als Gemeinschaftsfelder bezeichnet. Im Senar nennt man sie einfach ›das große Feld‹. Auf diesem Feld werden die Grundnahrungsmittel für alle Haushalte, die zu diesem Segment gehören, erwirtschaftet. Heute ist ein deutlicher Trend zu einzelnen, persönlichen Feldern zu beobachten, die in dem dichtbesiedelten Gebiet um die Stadt Korhogo die Gemeinschaftsfelder schon weitgehend verdrängt haben. Aber auf keinem Feld arbeitet nur einer alleine oder nur Verwandte. Sie bilden zwar den Kern solch einer Feldbaugemeinschaft, aber dazu kommen eine ganze Reihe von Leuten, die in keinem Verwandtschaftsverhältnis zu der Gruppe stehen, ihr jedoch auf die eine oder andere Art verbunden sind.

Die Zugehörigkeit zu diesen Gruppen wird über die mütterliche Linie weitergegeben. Sie werden deshalb in der Ethnologie Matrilineage genannt (vgl. Kientz 1979b). Für die Senufo gehören Kinder also nicht zur Familie des Vaters, sonden nur zur Lineage der Mutter. Eine Lineage ist für sie eine Gruppe, deren Mitglieder sich in direkter Linie mütterlicherseits auf einen gemeinsamen Vorfahren zurückführen. In der Regel kann man sich an den Namen dieses Ahnen, und auch an einige Einzelheiten seines meist vier bis fünf Generationen zurückliegenden Lebens, noch erinnern.

Eine solche Matrilineage kann bis zu 120 Mitglieder haben, Kinder mitgezählt. Es ist möglich, andere Mitglieder der Lineage zu heiraten, wenn das Verwandtschaftsverhältnis nicht zu eng ist. Heiratspartner dürfen auf keinen Fall mütterlicherseits eine gemeinsame Großmutter haben. Selbst wenn sich eine gemeinsame Urgroßmutter findet, ist eine Ehe schwierig. Kindern, die aus solchen Verbindungen hervorgehen, wird daher der Name ›die Welt vermischen‹[10] gegeben, denn es ist **eine** verwandtschaftliche Welt, die hier mit sich selbst verbunden wird. Häufig sind solche Ehen freilich nicht.

Abb. 8
Opfer zum Schutz vor den Gefahren der Felder, Nafoun (1983)

In der Regel werden Partner aus fremden Matrilineages gewählt, wobei der Vater zwar seine Söhne in die Feldarbeiten einweisen, aber ihnen nicht sein Feld – sei es persönlich oder gemeinschaftlich – vererben kann. Sie werden ihr Land und Erbe vielmehr vom Bruder der Mutter erhalten. Der Vater wird seines an die Kinder seiner Schwester weitergeben. Was ein Vater seinen Kindern zukommen lassen will, das muß er ihnen zu Lebzeiten als Geschenk zukommen lassen. Nun gibt es dafür mannigfache Gelegenheit, da die Frauen bei der Heirat in den Hof des Mannes ziehen und hier die Kinder aufwachsen. Nur einen Jungen wird der Mutterbruder zu sich holen, um ihn in die Angelegenheiten der eigenen Matrilineage einzuführen. Den anderen kann der Vater Hacken, Fahrräder und kleine Geldgaben schenken, solange sie noch heranwachsen. Aber die größte und bedeutendste Gabe im Senufoland ist eine Frau. Und wenn ein Sohn sich einer solchen Gabe wert zeigt, kann der Vater ihm ein Mädchen aus der eigenen Matrilineage geben, also eine Tochter seiner Schwester, das heißt eine Cousine des jungen Mannes. Für solche Ehen gibt es einen eigenen Namen. Die in sie gegebenen Frauen werden ›Frau des Sohnes‹ genannt. Oft entstehen aus solchen Verbindungen regelrechte Allianzen zwischen den Lineages, die über viele Generationen hinweg aufrechterhalten werden. Denn wenn eine Frau verheiratet wird, entsteht auf der Seite der Frauennehmer eine Schuld, die nur mit der umgekehrten Gabe einer Frau wieder abgetragen werden kann. Da es aber auf das Strengste untersagt ist, in einer Generation zwischen zwei Lineages mehr als eine Heiratsverbindung zu knüpfen, kann eine solche ›Frau des Sohnes‹ eben erst in der nächsten Generation ›erstattet‹ werden.

Für alle weiteren Mädchen einer Lineage müssen daher Partner in anderen Lineages gesucht werden. Auch diese Heiraten sind immer eine Angelegenheit zwischen den beiden Gruppen; niemals können die beiden Partner frei, nach ihren eigenen, persönlichen Vorstellungen wählen. Die häufigste Eheform ist die ›Frau der Wohltat‹. Dabei sind Dienste, Hilfeleistungen und Geschenke ausschlaggebend, die eine fremde Lineage – oder auch nur eines ihrer Mitglieder – der Frauengeberseite zu erweisen haben. Dazu gehört zum Beispiel die Mitarbeit auf dem großen Gemeinschaftsfeld, wenn im September/Oktober ein neues Stück Busch gerodet werden muß, oder etwa die Hilfe beim Hausbau. Wichtig ist aber auch ein ganz allgemeines Entgegenkommen: Man soll alle Alten der Frauengeberseite immer recht freundlich grüßen, am besten mehrmals täglich, mal einer Alten die Lasten abnehmen und ähnliches mehr. Ist es dann Zeit, daß wieder ein Mädchen verheiratet werden soll, dann wird dem Ältesten der potentiellen Frauennehmerseite einfach mitgeteilt: »Der und der aus eurer Lineage hat uns Gutes getan. Wenn ihr euch weiter so zeigt, werden wir etwas dafür geben«. Diese für Europäer recht merkwürdige Ankündigung ist für einen Senufo offen und klar. Es kann sich nur um eine Frau handeln.

Wie sehr eine Verbindung zwischen zwei Lineages, nicht zwischen zwei Individuen geschlossen wird, zeigt sich schon darin, daß man einen Alten als ihren Vertreter anspricht, wird aber noch deutlicher bei der Heirat selbst: Die Frau wird nämlich nicht unbedingt an den gegeben, der die größten Arbeitsleistungen oder Geschenke erbracht hat und jeden Morgen und Abend die Notablen, die wohlangesehenen Männer ihrer Lineage, artig grüßte, sondern oft an jemand anderen aus seiner Lineage. Meist handelt es sich dann um einen älteren Notablen, aber es kommt auch vor, daß das junge Mädchen an eine **Frau** gegeben wird. Diese wird dann die Gabe an einen Mann der Lineage weiter-

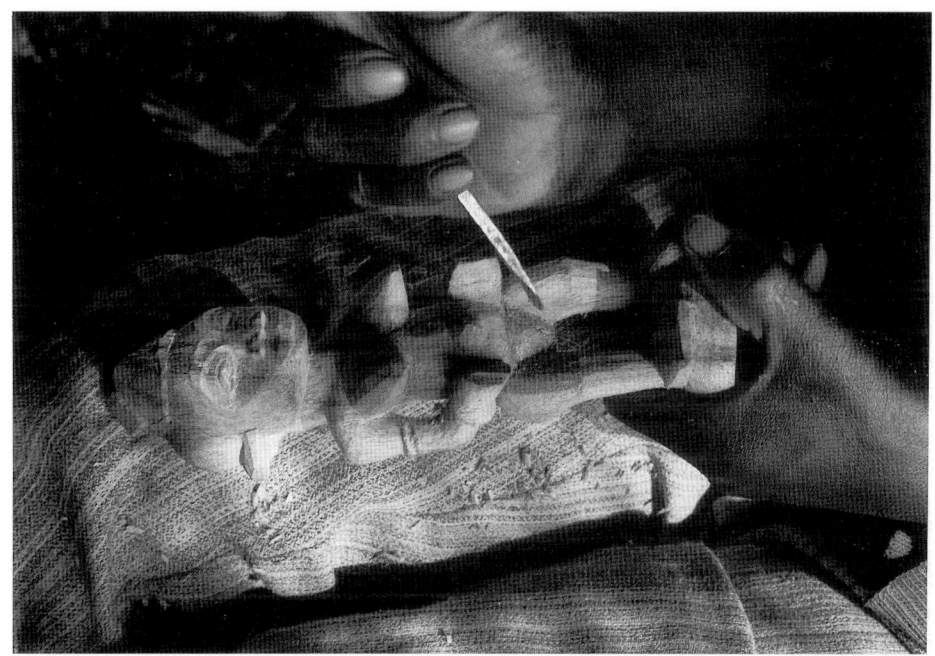

Abb. 9
Schnitzen der Figur eines Geistwesens der Wildnis, Nafoun (1982)

reichen, aber es muß durchaus nicht derjenige sein, der vorher all die Wohltaten erbracht hat. Die Geschichten Enttäuschter sind Legende im Senufoland. Jahrelang hat da einer auf fremden Feldern mitgearbeitet, und schließlich erhält ein Alter das junge Mädchen: »Und der hatte auch schon zwei Frauen und gibt nun nicht einmal die dritte weiter!«[11]

All das ist jedoch keine Willkür, auch wenn es der Jugend erscheinen mag, als fänden die Alten ihre Freude allein darin, ihre Macht und Autorität gegen sie auszuspielen. Auch die Notablen der Lineages sind keine Herrscher. Sie bestimmen nicht als Potentaten, sondern sind der gesamten Matrilineage verantwortlich. Es bedarf wahrlich langer und abgewogener Überlegungen, wenn man eine Frau geben will. Es ist eine politische Entscheidung. Denn wie in jeder Gesellschaft ohne zentrale politische Instanzen stellt sich auch in einem Senufodorf die Aufgabe, die verschiedenen gesellschaftlichen Gruppen sich einerseits nicht in unregulierter Anarchie gegenseitig befeinden oder übervorteilen zu lassen, und andererseits das Entstehen größerer Verbände, die eine politische Zentralisierung erzwingen könnten, zu verhindern. Durch die Heiratsvorschriten entsteht nun ein Netz vielfältigster Verbindungen zwischen den verschiedenen gesellschaftlichen Segmenten. Durch die Regel, die nur eine Verbindung zwischen zwei Lineages in jeder Generation erlaubt, wird nicht nur der Isolation, sondern auch der Bildung dominanter Gruppierungen vorgebeugt. Solche Gesellschaften sind treffend durch den Ausdruck ›regulierte Anarchie‹ charakterisiert worden (Sigrist 1969). Macht geht hier nicht von einem Zentrum aus, oder von einer

Gruppe, den ›herrschenden Alten‹, die unversöhnlich den beherrschten Jüngeren gegenüberstände. Macht resultiert nicht aus der Entscheidung eines Notablen, aus seinen persönlichen Absichten, sondern aus den Notwendigkeiten der Gesellschaft, denen Alte wie Junge gleichermaßen unterworfen sind (vgl. Foucault 1977: 113–115).

Eine andere Institution, die einen Ausgleich zwischen den im Dorf lebenden Lineages herbeiführt, ist der Poro-Bund. In ihm werden alle jungen Männer, etwa im Alter von 18 bis 25 Jahren, initiiert. Der Poro-Bund gehört zu den spektakulärsten Institutionen im Senufoland, denn es ist seine Aufgabe, die aufwendigsten und bedeutendsten Rituale der Senufo durchzuführen oder doch zu überwachen. Unter anderem steht fast das gesamte Maskenwesen direkt oder indirekt in Zusammenhang mit dem Bund. Es hat die Aufmerksamkeit europäischer Touristen und Kunstsammler fast vollkommen auf sich gezogen, während die Senufo diese Rituale meist eher als eine Fortsetzung der alltäglichen Praxis des Poro sehen. Es seien daher einige kurze Hinweise auf allgemeine Ziele und Wirkungsweisen des Bundes gegeben, die für die Senufo sehr viel größere Bedeutung haben, als die Maskenauftritte an sich.[12]

Die Mitgliedschaft ist nicht geheim. Der Poro ist auf Dorfebene organisiert: Neben jeder Siedlung, auch kleinsten Dörfern, steht ein Hain, in dem der Bund seinen Sitz hat. Darin liegen eine oder mehrere Lichtungen, die Initiationszentren. Die alle sieben Jahre Ende der Regenzeit stattfindende Initation ist gleichbedeutend mit der Einführung der jungen Männer in den Hain, dessen Betreten allen Nichtinitiierten verboten ist. Nun können aber in einer Altersklasse in einem Zentrum keine Brüder eingeführt werden, so daß jede Initiationsgruppe sich nur aus Mitgliedern verschiedener Lineages zusammensetzt.[13] Und während der folgenden siebenjährigen Lehrzeit lernen diese sehr intensiv, mit allen jungen Männern der eigenen Altersklasse zusammenzuarbeiten. Auch hier werden also die verschiedenen gesellschaftlichen Segmente miteinander verbunden.

Die zweite, nicht weniger bedeutende Aufgabe des Poro ist im Austausch von materiellen Werten zu sehen. Jedermann hat während seiner Lehrzeit Abgaben zu leisten, die nach seinem und seiner Lineage Leistungsvermögen bemessen sind. Für Versäumnisse werden Bußgelder erhoben. Diese Abgaben, die aus Nahrungsmitteln, Kaurischneckengehäusen, Geld usw. bestehen, werden dann ausgezählt und zu gleichen Teilen an die Notablen des Bundes verteilt, die sie anschließend in einem zeremoniellen Mahl ›verschlingen‹, wie die Initianden sagen. Da die Alten des Bundes, die Initiierten weiter zurückliegender Zyklen, ja wieder einen Querschnitt durch alle Lineages des Dorfes darstellen, ist der Poro schließlich mit einer fortwährenden Umverteilung beschäftigt. Ganz ähnlich ist auch seine Aufgabe bei Beerdigungen. Die dort umgesetzten materiellen Werte sind außerordentlich hoch. Gäste müssen beköstigt werden, Kondolenzgaben ausgetauscht, Abgesandte benachbarter Dörfer und Bünde versorgt werden. Große Beerdigungen alter Notabler können insgesamt einige 10000 DM kosten. Der Aufwand richtet sich direkt nach dem Ansehen des Verstorbenen. Ist er der Älteste einer wohlhabenden Lineage gewesen, wird man die aufwendigsten und verschwenderischsten Rituale erwarten können, wobei es wiederum der Poro ist, der nicht nur die einzelnen rituellen Schritte ausführt, sondern auch auf eine gerechte Verteilung der Reichtümer achtet. Reichtum, das sind im Senufoland vor allem Rinder, um die man sich kaum kümmert, die aber als Schatz gehortet und auch wie-

Farbtfl. I ▶
Gehöft während der Trockenzeit, Nafoun (1986)

der verkauft werden können, und die besonders bei Beerdigungen getötet und unter allen Anwesenden verteilt werden.[14] Der Reichtum einer Senufolineage kann nicht vererbt werden. Auch hier besteht die Aufgabe des Poro-Bundes darin, über längere Zeit dem Entstehen wirtschaftlicher Macht in der Hand einer Lineage vorzubeugen.

Natürlich hat es zu jeder Zeit von Einzelnen oder von Gruppen Versuche gegeben, aus den Zwängen dieses Systems auszubrechen. Die vielen Kontrollen und Ausgleichsmechanismen zeigen deutlich, daß man in Gesellschaften dieses Typs nie aus reiner Nächstenliebe, wie manche Europäer annahmen, auf die Ausübung zentraler Herrschaft verzichtet hat. Ein Ausweg für den Einzelnen bestand immer schon im Bekenntnis zum Islam, heute steht eine ganze Reihe von Möglichkeiten zur Verfügung: Man kann in den Süden der Elfenbeinküste ziehen und sich als Landarbeiter auf einer Kaffee- oder Kakaoplantage anwerben lassen. Viel läßt sich so nicht verdienen. Der Traum vieler junger Schulabgänger ist freilich eine Karriere als Angestellter oder Beamter des Staates, aber die Chancen, eine solche Stelle zu finden, sind verschwindend gering. Daneben beklagen sich auch viele der jungen Männer und Frauen, die auf dem Dorf bleiben wollen. Seit der Unabhängigkeit im Jahre 1960 sind einige moderne Konsumgüter in die Dörfer gekommen: Radios, Cassettenrecorder, Fahrräder und sogar einige Mofas. All diese teuren Waren erscheinen ihnen natürlich viel erstrebenswerter als eine rituell aufwendig gestaltete Beerdigung.

Abb. 10
Herstellen von Lehmziegeln, Nafoun (1984)

Es wäre aber falsch anzunehmen, daß die Senufogesellschaft nur von Zwängen und Einschränkungen geprägt sei. Europäer mögen zwar anführen, daß das Individuum in den westlichen Gesellschaften ungleich freiere Entfaltungsmöglichkeiten hat, doch führt dieser Vergleich in die Irre. Auch die Gesellschaft der Senufo kennt ihre ganz eigenen Freiräume und Vorzüge, die uns wiederum fremd sind, und es erscheint mir wenig ergiebig, die Freiheit der einen mit der Freiheit der anderen vergleichen zu wollen.

In diesem Zusammenhang sind vor allem die Jugendzeit und ihre Feste zu nennen. Denn wird auch später die Heirat von der Lineage vorgeschrieben, so gibt es Jugendfreundschaften, zu denen sich Jungen und Mädchen völlig frei entscheiden können. Mit diesen ist eine Sprache verbunden, die eine Fülle von Idiomen, Moden, Spielen, Figuren und Gesten kennt, alle aus gegenseitiger Zuneigung und Anziehung entstanden. Sie überschreitet selbst den Bereich des Gesprochenen, geht in Gesänge und viele andere musikalische Genres ein.

›Ein Mädchen suchen‹, das geschieht besonders abends und nachts, wenn, vor allem in der Trockenzeit, die Xylophonensembles zum Tanz aufspielen. Dann wird in der Mitte eines Hofes ein Feuer entzündet, ein Junge kommt mit einer Fackel und führt die Musiker langsam um den Platz herum: Zuerst die große Kesseltrommel, dann ein oder zwei kleine, am

Abb. 11
Küche einer jungen Frau, Nafoun
(1984)

Farbtfl. II
Hackwettbewerb auf den Yamsfeldern,
Ehrung eines jungen Mannes, Nafoun (1982)

Farbtfl. III
Weg in ein Gehöft, Nafoun (1985)

Ende drei oder vier Xylophone, die an einem Band um den Hals getragen werden. Nach und nach reihen sich die Mädchen ein. Die ältesten und besten Tänzerinnen vorneweg, die kleinsten, vielleicht gerade erst zehn oder elf Jahre alt, hinterher. Die Xylophone spielen Tonfolgen, die denen der gesprochenen Sprache entsprechen.[15] Anfangs ruft man mit kurzen Liedern die Mädchen zum Tanz: ›Kommt Mädchen, wir werden etwas erzählen.‹ Jedes Lied ist gleichzeitig ein kleiner Ausschnitt aus der Lebenswelt der Senufo. Sie berichten von Schwierigkeiten und Freuden, von der Begegnung mit dem Freund, seiner Schönheit, scheinbar beiläufigen Ereignissen, der Faszination und der Scham:

    Mädchen und Jungen!
    Einer hat Lust nach dem Anderen![16]

Das ist einfach und klar, während im folgenden *fɛɛrɛ*, die Scham, Scheu, das Sich-Zurückhalten besungen wird:

    Wenn ich meinen jungen Freund auf dem Markt sehe,
      bleib ich still stehen,
        um ihn anzuschauen
        und geh' nach Hause.

Während die Mädchen tanzen, kommen aus dem ganzen Dorf die Jungen zusammen und schauen ihnen zu. Sie sind gekommen, um Mädchen zu suchen. Das ist kaum zu übersehen. Sie versuchen, am Rande eines anzusprechen, oder sie warten, bis sie eine Pause machen. Oder sie schicken einen Mittler. Ständig laufen Burschen hin und her und tauschen Botschaften aus, richten aus, was das Mädchen gesagt hat, erzählen ihr, was der Junge gesagt hat. Alles hängt von ihr ab. Willigt das Mädchen ein, wird der Junge ihr *fɛɛrɛfólò*, ihr ›Meister der Scham‹. Das trifft die Sache: Die Mädchen lachen verlegen, halten sich am Arm ihrer Freundin, schauen überall hin, nur nicht den vor ihnen stehenden Jungen an, antworten ausweichend, laufen fort, wenn die Musik wieder einsetzt, um – vielleicht – gleich wiederzukommen. Und bei den Jungen ist es nicht viel anders. Deshalb auch die Mittelsmänner (vgl. Förster 1985: 70–74).

In der Nacht, wenn die Musiker den Platz wieder verlassen haben, gehen die Mädchen zu den Hütten ihrer Freunde. Hier werden sie die Nacht verbringen, – selbst wenn der Junge mehrere Freundinnen hat. Frei von Eifersucht sind diese Beziehungen aber nicht immer. Die andere wird so genannt, wie später die Mitfrauen des Mannes: *yéjàà*, Rivalin. Es kann auch geschehen, daß die Jungen ein Mädchen dann wegen der anderen zurückweisen:

    Ich bin zum Haus meines jungen Freundes gegangen,
    ich fand die Tür ganz fest verschlossen, und ich sagte:
    ›Mein junger Freund, ist da eine bei dir drin?‹
    Fragt doch meinen jungen Freund,
      was denn zwischen ihm und mir passiert ist,
        daß wir jetzt Streit haben.

Solche Gesänge, die eher die Seite der Trauer und später die des von Verwandten ausgeübten Zwanges zur Heirat ausdrücken, sind in hellen Vollmondnächten zu hören. Dann versammeln sich die Mädchen spontan auf den Wegen und Plätzen des Dorfes. Doch trotz der sehr persönlichen Gefühle herrscht auch hier eher eine ausgelassene Stimmung, denn in aller Regel ist der Umgang zwischen Freund und Freundin recht frei, was die Ehe für die jungen Frauen um so härter macht.

Abb. 12
Junge Initiierte des Poro-Bundes schlagen einen Baumstamm im Busch, bei Nafoun (1984)

Abb. 13
Frisch geerntete Erdnüsse werden im Hof zum Trocknen in der Sonne ausgebreitet, Nafoun (1984)

Farbtfl. IV
Auf dem Heimweg vom Feld
während der Regenzeit, Nafoun (1982)

Farbtfl. V
Wasserloch auf dem Grund eines ausgetrockneten Teiches während der Trockenzeit, Nafoun (1984)

Das Mädchen hat ungehinderten Zugang zur Hütte des Freundes. Selbst, wenn er noch nicht da ist oder er verreist ist, wird sie dort eintreten und übernachten. Nie ist sie gezwungen, auf ihn zu warten. Es gibt viele junge Männer, die sich eines Tages fragen, warum denn ihre Freundin nicht mehr erscheint. Sie hat es sich anders überlegt. Sie wird jemand anderen haben, mit dem sie Zärtlichkeiten austauscht. Das ist das ›Spiel der Brüste‹, wie die Senufo es nennen. Nur eine Grenze darf nicht überschritten werden: Das Mädchen trägt nachts ein Tuch über Hüften und Becken, das bis knapp über die Knie reicht. Was dieses Tuch bedeckt, darf nicht berührt werden. Vor dieser Grenze steht der sàdòʔò, ein Bund und eine Institution der Lineages. In jeder gibt es ein oder zwei Mitglieder im ›sàdòʔò der Ahnen‹, der die Reinheit der Lineages überwacht. Denn schläft nun eine Frau oder ein Mädchen tatsächlich einmal mit ihrem Freund oder einem anderen Mann – das kommt natürlich vor –, dann ist der ›sàdòʔò der Ahnen‹ verunreinigt. Jemand der Lineage kann krank werden. Jeden kann die Krankheit treffen, auch das Mädchen selbst. Dann werden die Angehörigen zu einem Wahrsager gehen. Er wird ihnen sagen können, wo diese Verunreinigung herrührt.

Man wird zu der Frau oder dem Mädchen gehen, man wird sie fragen, wer sich diese Überschreitung hat zuschulden kommen lassen. Denn die Schuld hat der Mann, der die Grenze überschritt. Die Frau soll nur alles sagen: Sie hat keine Strafe zu erwarten; so wird

Abb. 14
Gymnasiasten aus der Stadt bei einem Besuch im Dorf, Nafoun (1982)

man sie überreden können. Und sollte sie dennoch schweigen, dann genügt ein Hinweis darauf, daß einer ihrer Verwandten krank ist. Er könnte sterben, wenn sie den Namen nicht preisgibt. Geradestehen muß schließlich der Mann. Er hat zu zahlen. Der Preis ist unterschiedlich, da lassen die Alten mit sich reden, wenn der junge Bursche einen guten Fürsprecher hat. Außerdem hängt es von der verwandtschaftlichen Nähe der beiden ab: Schläft ein Mann mit der Frau seines älteren Bruders, ist die Strafe gewaltig.[17]

Für einen jungen Burschen, der nur mit seiner Freundin zusammen war, sind es einige Hühner, Kaurischnecken und etwas Geld (vgl. Förster 1985: 89). Diese Abgaben werden die ›Sache zum Fegen‹, die ›Sache zum Reinigen‹ genannt, denn sie werden den verunreinigten *sàdò?ò* wieder säubern. Jede Lineage wird das verlangen, damit ihr Bereich geschützt und rein bleibt. Am Dorfrand sind Schalen aus Ton umgekehrt in den Boden eingelassen. Das ist der ›Besen des *sàdò?ò*‹. Auf ihm wird die Schuld beglichen; hier werden die Tiere geopfert, wodurch der ›*sàdò?ò* der Ahnen‹ wieder gereinigt ist. Der Mann war der Eindringling, er hat zu geben und für ein Opfer zu sorgen.

Unter den jungen Buschen sind mancherlei Geschichten im Umlauf: Da sucht einer lange, lange Zeit ein Mädchen, doch immer lehnt sie ab. Eines nachts trifft er sie am Wegrand, und sie ist endlich bereit, mit ihm zu gehen. Da heißt es aufpassen, denn es könnte eine

Abb. 15
Mädchen tanzen und singen des Nachts um ein Feuer, Nafoun (1984)

Farbtfl. VI
Markt, Korhogo (1981)

Falle sein; eine alte Hexe, die sich in das Mädchen verwandelte, um ihn zu fangen. In der Nacht nach einer Freundin suchen, das ist die Freude der jungen Männer, aber dann können plötzlich wilde Gefahren auftauchen. Die Mädchen singen:

> Bei meinem jungen Freund hab' ich gehört,
> ich soll bei ihm bleiben. Da sagte ich:
> Eh, meine Mutter ist eine große Greifzange,
> die zupackt!

Sie können alle nein sagen. Viele der Freundschaften bestehen aber gerade dadurch über lange Zeit. Fast jede Nacht ist das Mädchen bei ihrem Freund. Sie bringt ihm Wasser, ab und zu auch Essen, wäscht ihm die Kleidung. Er gibt ihr gelegentlich kleine Geschenke, manchmal auch ein neues, bedrucktes Wickeltuch.

Dennoch, dieses Terrain ist unsicher. Wer sich nicht auskennt, gerät leicht in eine Falle. Man weiß nicht genau, wo die Gefahren lauern. Hier geschehen Übergriffe, Fehltritte, Einbrüche. In der Nacht weiß man nicht mehr, ob das Mädchen nicht vielleicht eine Hexe ist, die einen verschlingen will. Wie die Tiere der Wildnis, die nachts ihren Weg ins Dorf finden. Das sind die Themen, von denen die Entstehung des *sàdò?ò* berichtet:

> Es war einmal ein Mädchen, das wollte keinen Jungen mit Wangennarben haben.[18] Die Python hörte das. Das Mädchen versuchte alles. In dem Dorf, in dem sie lebte, fand sie keinen Burschen ohne Narben. Auch in den Nachbarorten fand das Mädchen keinen Jungen ohne Gesichtsnarben. Die Python verwandelte sich in einen jungen Mann, schön und liebenswürdig. Das Mädchen und ihre Verwandten untersuchten den Jungen, sie fanden keine Narben. Also war das Mädchen mit dem jungen Mann einverstanden. Der Junge baute seine Hütte außerhalb des Dorfes. Jeden Tag verließ das Mädchen das Dorf, um bei ihrem Freund zu schlafen. (...) Als sie bereit war, sagte ihr kleiner Bruder zu dem Mädchen, er werde ihrem Jungen zu dessen Hütte folgen: »Heute werden wir uns zusammen mit dem Burschen schlafen legen.« Der Kleine war ein aufgeweckter Kerl. Er sagte zu dem Mädchen: »Ich werde heute mit dir zu deinem Jungen gehen!« Das Mädchen sagte: »Nein! Du wirst da nicht hingehen. Du wirst unsere Geheimnisse dort verderben!«. Der Kleine sagte: »Ich gehe dahin. Ich weiß, ich werde dahingehen.« Als der Kleine dem Mädchen folgte, schlug sie das Kind. Das Kind lief fort und kehrte weiter vorne wieder auf den Weg zurück. Sie ging und fand dort ihren kleinen Bruder wieder. Sie gingen gemeinsam weiter.

> Sie legten sich zusammen auf das Bett. Der junge Mann war da. Der Kleine lag nahe bei seiner Schwester. Es war schon Mitternacht. Der junge Mann ging nach draußen. Er verwandelte sich wieder in die Python. Er kam an die Tür und klopfte mit seinem Kopf dagegen. »Ko, ko, ko, ko! Mein Freund, mein Freund, mein Freund!« Als die Python das gesagt hatte, erwachte der Kleine und sang:

> > Ich schlafe nicht mein Freund!
> > Wegen dir bin ich gekommen,
> > dann werd' ich schlafen.
> > Ich schlafe nicht mein Freund!

Die Python kehrte in den Busch zurück, um später wiederzukehren. Wieder klopfte sie an die Tür und sagte: »Mein Freund, mein Freund!« Der Kleine wachte wieder auf und sang:

   Ich schlafe nicht mein Freund!
   Wegen dir bin ich gekommen,
   dann werd' ich schlafen.
   Ich schlafe nicht mein Freund!

Die Python kehrte wieder in die Wildnis zurück. Sie verwandelte sich in den jungen Mann, um zu sehen, ob das Mädchen und der Kleine fest schliefen. Er betrachtete sie genau. Dann ging er fort und verwandelte sich wieder in die Python, kehrte zurück und klopfte wieder mit dem Kopf an die Tür: »Mein Freund! Mein Freund!« Darauf sang das Kind wieder:

   Ich schlafe nicht mein Freund!
   Wegen dir bin ich gekommen,
   dann werd' ich schlafen.
   Ich schlafe nicht mein Freund!

Die Python kehrte wieder um und verwandelte sich erneut. Der Morgen graute schon. Die Python kam wieder an die Tür und sagte: »Mein Freund! Mein Freund!« Das Kind erhob sich:

   Ich schlafe nicht mein Freund!
   Wegen dir bin ich gekommen,
   dann werd' ich schlafen.
   Ich schlafe nicht mein Freund!

Die Python kehrte wieder in die Wildnis zurück und blieb dort eine Zeitlang. Die Sonne schien schon. Wieder kam sie an die Tür, wieder klopfte sie. Das Kind stand auf und sang das gleiche Lied:

   Ich schlafe nicht mein Freund!
   Wegen dir bin ich gekommen,
   dann werd' ich schlafen.
   Ich schlafe nicht mein Freund!

Die Python kehrte wieder in die Wildnis zurück, um dort noch eine Zeit zu verbringen. Es war jetzt Tag. Der Kleine weckte seine Schwester und sagte zu ihr: »Es ist schon Tag. Du mußt Wasser für Deinen Freund heiß machen. Er wird sich waschen wollen.« Sie ging fort, um Wasser auf das Feuer zu setzen. Als es kochte, nahmen sie das Wasser herunter und schütteten es in einen großen Tonkrug. Den stellten sie in den Waschplatz, damit der junge Mann sich waschen könne. Die Schlange ging und rutschte in den großen Tonkrug, in das heiße Wasser! Sie starb in dem Krug, die Haut löste sich vom Fleisch, und sie konnte nicht mehr heraus. Der Kleine und

Abb. 16
Blick in einen polygynen Hof, links der Ehemann, rechts und im Hintergrund die Frauen, Nafoun (1984)

Abb. 17
Spinnen von Baumwollgarn, Nafoun (1984)

das Mädchen gingen, um nach dem Krug zu schauen. Sie sahen die Python darin. Den jungen Mann suchten sie vergeblich. Sie kippten den Tonkrug um auf die Erde.

Das sind die Krüge des *sàdò?ò*, die ihr am Dorfrand seht. Deshalb ist der *sàdò?ò* ins Senufoland gekommen«.[19]

In dieser Geschichte sind alle wesentlichen Themen und Elemente, die zum *sàdò?ò* gehören, versammelt: Da ist der Gegensatz Dorf – Wildnis. Der junge Mann, der in Wirklichkeit ein ganz anderer, ein Fremder ist, baut seine Hütte außerhalb des Dorfes. Er ist eine Python, die von der anderen Seite weiß. Aber die Verführung mißlingt, weil ein Kind, der kleine Bruder, scheinbar unbedeutend, aber aus der Verwandschaft des Mädchens, sie vor diesem Fehltritt bewahrt. Sie lehnt ihn ab, aber er beschützt ist. Später wird sie sehen. Der *sàdò?ò* ist nicht einfach eine Institution der Unterdrückung, sondern eine des Schutzes. Und so sagen es die Alten der Lineage.

Der andere, der nicht zur Lineage gehört, ist ein Fremder; ein ungebetener Gast aus der Wildnis. Hier dient die Metapher zu seiner Ausgrenzung. Ihn kann man verantwortlich machen, denn er könnte auch etwas anderes sein; eine Schlange, die das Mädchen haben will, die an der Lineage teilhaben will, obwohl sie gar nicht dazugehört. Aber auch die Frau versteckt etwas: Ihren kleinen Bruder, auch ein ungebetener Gast, der sich hinter der Tür versteckt. Ein Parasit, den man nicht abschütteln kann (vgl. Serres 1981).

Die Rollen sind vertauschbar. Der *sàdò?ò* schafft Ordnung, indem er Zugehörigkeiten bestimmt. Er bestimmt, wohin jeder gehört, er enthüllt, was sich verbirgt. Damit kann man leben, auch wenn die Beziehung zwischen Freund und Freundin unwiederbringlich gestört ist. Der paradiesische Zustand war herrlich, der Junge geliebt und ohne Makel. So wird es nicht mehr sein, aber dafür lebt das Mädchen jetzt unter dem Schutz der Ihren.

Genauso geht es den jungen Leuten: Die Erzählung ist eine getreue Übersetzung ihrer Lebenswelt. Denn nach den frei gewählten und von gegenseitiger Zuneigung geprägten Freundschaften folgt die Ehe. Die Mutter selbst oder ihr Bruder werden die Heirat einleiten und schauen, welcher Lineage eine Frau zukommt. Besonders für die jungen Frauen ist es eine Enttäuschung: Die eigene Mutter wendet sich gegen sie und zwingt sie in eine Verbindung mit einem anderen, oft viel älteren Mann. Sonst aber wäre sie eine ›aufgelesene Frau‹, eine Frau ohne rechtlichen Schutz, eine Frau, an der sich jeder ungestraft vergehen könnte. Solche Frauen berichten oft, daß sie von ihrem Mann geschlagen wurden, keine Lebensmittel für den persönlichen Haushalt oder den des Kindes erhielten und ähnliches mehr. Normalerweise ist ein solches Verhalten des Mannes unmöglich. Die Lineage der Frau würde sofort ihre Gabe zurückziehen, also die Frau in den Hof ihrer Herkunft zurückholen. Später denken viele Frauen anders über die Zeit, da sie unbedingt mit ihrem jungen Freund zusammenbleiben wollen. Doch diesen Konflikt kennen sie alle, er ist Teil ihres Lebens.

1.2 Wahrsagen und Heilen

Wahrsagen gehört zum Alltag der Senufo. Es ist nichts Besonderes, jeder kann jederzeit zu einem Wahrsager gehen und sich Rat holen. Es bedarf auch keiner außergewöhnlichen Anlässe; jede Lebenssituation kann zu einer Deutung durch den Wahrsager Gelegenheit bieten, das hängt ganz von der persönlichen Einschätzung ab. Es gibt wohl niemanden, der sich nicht schon einmal hätte wahrsagen lassen. Für die meisten Senufo ist es etwas ständig Gegenwärtiges in ihrem Leben. Es ergibt sich aus den alltäglichen Erfahrungen; den Schwierigkeiten auf dem Feld und Konflikten im Hof, manchmal auch besonderen Ereignissen.

Es wäre falsch zu sagen, daß Wahrsagen mit der Sitzung beim sàdòʔò, dem Wahrsager, beginnt. Die Sitzung ist vielmehr nur ein Abschnitt in einer langen Entwicklung, die irgendwann in der Vergangenheit begann, und die mit dem Ende der Sitzung gewöhnlich nicht abgeschlossen ist. Genauso sehen es die Wahrsager. Mit allem, was im letzten Kapitel gesagt wurde, ist auch schon über Divination, Wahrsagerei, gesprochen worden. Denn die Notwendigkeit, die Anlässe und Hintergründe, die jemanden zum Wahrsager gehen lassen, entstehen weitgehend aus alltäglichen Situationen, und sie führen wieder zum Alltag zurück.

Abb. 18
Hütte eines Wahrsagers, Nafoun
(1982)

Um sich einen Eindruck von Bedeutung und Umfang der Wahrsagerei zu verschaffen, genügt es, an einem Tag ohne Feldarbeiten, am besten dem Markttag, durch ein Senufodorf zu gehen. An solchen Tagen, in der Regel einmal in der Woche[20], haben die Menschen Zeit und Muße, sich beraten zu lassen. Die Wahrsager, die im Senar sàdòòbèlè (pl. von sàdòʔò) genannt werden, haben ein oder zwei Tage pro Woche festgelegt, an denen sie nicht auf ihre Felder gehen und im Dorf ihren Kunden zur Verfügung stehen. Das sind ihre »Markttage«, die sie in ihren kleinen Wahrsagehütten verbringen, wo sie auf ihre Klienten warten. Diese kleinen Hütten sind überall im Dorf zu sehen, denn sie fallen schon durch ihre Architektur auf: Sie sind kleiner als die hohen, schlanken Speicher und viel kleiner noch als die Wohnhütten. Meistens können sich gerade zwei oder drei Menschen eng nebeneinander hineinsetzen. Auf den Außenwänden tragen viele dieser Hütten Reliefs aus Lehm. Gewöhnlich ist der Körper der Pythonschlange dargestellt. Er läuft um die ganze Hüttenwand herum. Daneben können sich oft noch Tiere und Maskengestalten finden, die aber mehr die Hütten von Heilkundigen zieren. Manchmal fallen die Hütten auch durch Wandmalerei auf, die *a secco* in Kaolinerden und verschiedenen gelben und roten Ockern ausgeführt werden. So läßt sich leicht erkennen, wie viele Wahrsager es in einem Dorf gibt. Noch auffallender sind aber die Hütten derjenigen, die als wahre Könner ihres Faches gelten: Dort stehen lange Bänke, auf denen sich bald nach Morgengrauen die Klienten niederlassen und warten, bis einer nach dem anderen vom sàdòʔò hereingerufen wird. Man unterhält sich, lacht, erzählt die neuesten Geschichten aus dem Dorf, während drinnen der Fall eines anderen verhandelt wird. Und so geht es oft bis Sonnenuntergang. Manchmal sieht man auch schweigende, bedrückte Menschen, die sichtlich unter der Last ihrer Probleme leiden. Sie erwarten vom Wahrsager, daß er ihnen eine Lösung weist. Deshalb sind sie hierher gekommen.

Im Besuch eines sàdòʔò liegt kein Zwang und nichts Gezwungenes, obwohl er durchaus ernsthaften Charakter hat. Wahrsagerei bei den Senufo hat auch nichts Geheimnisvolles an sich, nichts ›Okkultes‹ oder ›Numinoses‹, ist weder ›heilig‹ noch ›profan‹. Divination ist genauso selbstverständlicher Teil des alltäglichen Lebens wie das Bestellen eines Feldes, der Streit mit dem Nachbarn oder das Opfer an die *túgúbèlè*. Genauso sei die Wahrsagerei auch hier beschrieben: Als ein realer Teil der Lebenswelt der Senufo, nicht mehr und nicht weniger. Nur so wird sie sich verstehen lassen.[21]

Was sind aber dann die Anlässe, die jemanden zu dem Besuch eines Wahrsagers führen? Sie sind genauso mannigfaltig wie die Lebenswelt der Senufo selbst. Was dem einen ein Anlaß ist, muß es für den anderen durchaus nicht sein. Viele gehen auch nur aus Gewohnheit zum Wahrsager. Sie lassen sich jede Woche am Markttag beraten. Es muß sich kein besonders beunruhigendes Ereignis zugetragen haben, und schließlich, so würden sie antworten, sei es ja Aufgabe des sàdòʔò herauszufinden, ob da vielleicht noch etwas verborgen ist. Haben solche Leute aber einmal wirklich ein Problem, so suchen sie nacheinander gleich drei oder vier Wahrsager auf. Sie sagen, man könne ja nicht wissen, wessen Rat am Ende der beste sei. Anderen im selben Dorf mag das maßlos übertrieben scheinen; schließlich käme es nicht darauf an, wie viele sàdòòbèlè man besuche, sondern darauf, zu dem ›Richtigen‹, dem ›Besten‹ zu gehen. Freilich gibt es auch da Meinungsunterschiede. Es ist so oder so eine persönliche Entscheidung und so werden auch die Anlässe und Motive von den Senufo zunächst als private aufgefaßt, selbst wenn sich spä-

Abb. 19 ▶
Hütte eines Heilkundigen mit Basreliefs, Odia (1986)

ter zeigen sollte, daß es sich um eine öffentliche Angelegenheit, die einer Lineage oder anderen gesellschaftlichen Gruppe handelte.

Ob jemand zum Wahrsager geht, hängt zunächst von dem Wert ab, den er Ereignissen oder Dingen zumißt. Für einen jungen Mann kann die Begegnung mit einem wilden Tier so bedrohlich und außergewöhnlich sein, daß er sich darüber bei einem *sàdòʔò* Rat holen wird. Für einen erfahrenen Jäger ist die gleiche Begegnung dagegen ohne Bedeutung, er sieht sich aber vielleicht durch den harmlosen Stich eines Insektes zu einer Konsultation veranlaßt. Für jeden liegt hier die Grenze anders. Eine ängstliche junge Frau mag wegen eines einfachen Schnupfens ihres Kindes eine Konsultation für nötig halten, eine andere geht dagegen erst dann, wenn ihr Kind schwer krank darniederliegt. Dies alles sind Ereignisse, die von den Betroffenen als bedrohlich empfunden werden. Es sind Schwierigkeiten, die für den einzelnen so bedrängend sind, daß er sich allein nicht mehr in der Lage sieht, sie zu bewältigen. Das ist ein Anlaß, den *sàdòʔò*, also einen Spezialisten, aufzusuchen.

Solche Ereignisse und Schwierigkeiten werden stets als Zeichen, deren Bedeutung man nicht kennt, aufgefaßt. Auch deshalb ist zu ihrer Deutung ein Spezialist notwendig, denn wenn man selber wüßte, was sich dahinter verbirgt, wäre ja auch keine Deutung notwendig. Deutlich wird das in dem eben erwähnten Insektenstich. Er wird von dem Klienten als Zeichen gesehen, als Zeichen für etwas, das er nicht kennt, das ihm verborgen geblieben ist. Das gilt es zu bestimmen und wird damit Anlaß, einen *sàdòʔò* aufzusuchen. Grund-

Abb. 20
Blick in ein Gehöft mit der Hütte eines Wahrsagers (links) und der eines Heilkundigen (rechts), Nafoun (1986).

sätzlich läßt sich alles zu einem Zeichen erklären. Man kann die banalsten und gewöhnlichsten Ereignisse und Zufälle als ungedeutete Zeichen auffassen, so daß es nie an einer Begründung fehlt, den Weg zum Wahrsager einzuschlagen. Wer es für nötig hält, der geht und läßt sich wahrsagen, auch wenn seine Umgebung das für überflüssig hält. Natürlich kann es dann passieren, daß der Wahrsager nichts findet! Einem europäischen Beobachter mag dies alles willkürlich erscheinen, aber gerade die uneingeschränkte Zugänglichkeit und Offenheit der Wahrsagerei für jedermann ist eine Bedingung ihrer Wirksamkeit im alltäglichen Leben der Senufo. Ein Wahrsager drückte es so aus: »Was immer dir Sorgen macht, was immer du siehst oder hörst, du kannst damit zu mir kommen.«

Daneben gibt es aber auch Bereiche, die konventionell als Anlässe zur Konsultation eines Wahrsagers angesehen werden. Ein solches Feld bilden soziale Konflikte. Sie können besonders bei Auseinandersetzungen mit der eigenen Lineage oder im Hof sehr belastend sein. In solch einer belastenden Situation befinden sich zum Beispiel die jungen Mädchen kurz vor der Heirat, in die sie ja von ihrer eigenen Lineage gegen ihren Willen gezwungen werden. Dazu gehört später auch das Verhältnis zwischen den Frauen in einem polygynen Haushalt. Sie nennen sich nicht ohne Grund gegenseitig ›Rivalin‹, denn fast immer hat ihr Mann eine Lieblingsfrau, in der Regel die Jüngste, die gegenüber den anderen bevorzugt wird. Die Lieblingsfrau hat dabei eine sehr prekäre Stellung, denn sie muß die Rache ihrer Mitfrauen fürchten und aus diesem Grund Zuwendungen ihres Mannes ablehnen oder verheimlichen – was dieser ihr wiederum übelnehmen kann. In diesen Fällen ist die Situation klar und für die Betroffenen so bedrängend, daß sie alles versuchen werden, zu einer Lösung zu gelangen. Unter den schweigenden bedrückten Klienten der Wahrsager wird man viele finden, die unter solchen offenen Konflikten leiden.

Nun gibt es natürlich auch Konflikte, die nicht so klar zu Tage liegen, sondern verdeckt schwelen, aber auf die Dauer kaum weniger belastend sind. Jedes Zeichen, das anfangs völlig belanglos zu sein scheint, kann am Ende vom Wahrsager als ein Hinweis auf verdeckte Probleme gedeutet werden. Es gibt einen weiten Zeichenbereich, in dem sich solche Konflikte bevorzugt ausdrücken. Die Senufo sprechen hier von den ›Gefahren der Felder‹. In der Geschichte des *sàdòʔò*-Bundes war schon zu sehen, daß die beiden Begriffe Dorf/Wildnis nicht **eine** Bedeutung haben, sondern daß sie Kategorien sind, die auf sehr unterschiedliche Art verwendet werden können. Sie sind auch nicht einfach nur ›theoretische Konstrukte‹ oder nur Teil der Weltanschauung der Senufo. Vielmehr dienen sie in bestimmten Situationen zur Legitimierung der Ansprüche verschiedener gesellschaftlicher Segmente. Dabei wurde über Macht und Autorität gesprochen: Es ist, in diesem Sinne, richtig, daß eine Lineage ihre Mitglieder und Grenzen kontrolliert; schließlich kennt jeder den Unterschied zwischen Dorf und Wildnis, auf den sie sich dabei beruft. Man braucht ja nur aus dem Dorf zu gehen, dann sieht man, daß dem so ist und so sein muß. Mit anderen Worten: Die Solidarität zur eigenen Lineage ist eine Norm, die begründet sein will. Das geschieht mit Hilfe des ›Dorf-Wildnis‹-Konzeptes, das jeder beobachten kann. Also ist es einerseits ›natürlich‹ – und andererseits gleichzeitig eine Konvention. Darin liegt seine Fähigkeit, die Ansprüche der gesellschaftlichen Ordnung zu legitimieren.

Auf der anderen Seite sind es eben dieselben *túgúbèlè* – diese Störenfriede, unter deren derben Späßen mancher leiden muß –, die dem Wahrsager helfen. Erst sie machen seine

Arbeit möglich. Denn da er nun regelmäßigen Umgang mit ihnen hat, kann er sie sich nützlich machen. Er kann sie herbeirufen oder locken, um von ihnen zu erfahren, was sie wissen. Und das ist nicht wenig, schließlich leben sie in der Wildnis. Sie kennen diese andere Welt und das, was dort draußen geschieht, auf den Feldern und überall sonst außerhalb des Ortes. »Sie sind die Freunde der Menschen und der Tiere«, sagte ein Wahrsager. Die *túgúbèlè* sind Mittler, ideale Vermittler zwischen den Menschen und den Tieren. Sie können sagen, was es bedeutet, wenn eine tote Ratte auf dem Weg zum Yamsfeld liegt, sie wissen warum gerade diese alte Frau von einem Skorpion gestochen wurde. Nicht, daß die Geistwesen überall dabei gewesen wären, wie könnten sie auch? Auch sie beziehen ihr Wissen von Dritten, den Tieren. Jedes Tier kann ihnen Auskunft geben, aber eines hat eine größere Bedeutung als andere. Das ist die Pythonschlange. »So, wie es Freundschaften zwischen Menschen gibt, so sind auch *túgúbèlè* und Python. Wenn du mit *túgúbèlè* in Freundschaft stehst, so weißt du, daß dahinter auch die Python verborgen ist. Das ist so, als wenn du mit einem befreundet bist, und du dadurch dessen Freunde kennst«, erklärte eine Wahrsagerin die Rolle der Schlange. »Sie ist der Schirmherr der *túgúbèlè*. Die *túgúbèlè* sind ihre Gesandten«. Deshalb besitzen alle Häuschen der Wahrsager innen, und viele auch außen, ein Relief der Python, »…wie die Farben ihrer Haut. Das ist dann weiß, rot und schwarz«. Auch findet man im Inneren der Hütten oft ein kleines Bodenrelief, wo sich eine Schlange um ein oder mehrere Wassertöpfchen windet. Auch das erklärt sich leicht. Zwar lebt die Python außerhalb des Wassers, »…aber wenn es ihr heiß ist, geht sie an den Rand des Wassers, geht sie ins Wasser hinein, um sich zu erfrischen«.²²

Abb. 21
Opferstelle für die Geistwesen der Wildnis am Fuß eines Baumes, Zanga (1983)

Will der Wahrsager etwas erfahren, schickt er die *túgúbèlè*, die dann bei der Python oder einem anderen Tier fragen, ob sich etwas zugetragen hat. Sie wählen aus, was wohin gehört, sagte ein anderer *sàdòʔò*. Sie sortieren und bereinigen jene Überlappungen, Überkreuzungen und Übertritte, die für jenen Bereich der Felder so typisch sind. Sie zeigen Grenzen auf, weisen Richtungen und den Saum des Dorfes, wie es der *sàdòʔò* als Institution tut. Und genau in seinem Verhältnis zu den Geistern der Wildnis liegt für die Senufo auch die Legitimation eines Wahrsagers. Ein guter *sàdòʔò*, so sagen sie, kennt seine Hilfsgeister ganz genau. Er kennt ihre Vorlieben, er kümmert sich stets um sie, er befolgt ihre Anweisungen, er weiß, wie er mit ihnen umgehen muß. So kann er alles erfahren, und immer mehr Klienten werden zu ihm kommen. Natürlich ist das eine Sache langer Erfahrungen. Langsam baut sich so ein guter Ruf des Wahrsagers auf. Die Klienten erzählen Freunden und Verwandten, ob sie gut beraten wurden oder nicht. Waren sie zufrieden, werden ihnen weitere Besuche folgen. Es gibt Wahrsager, die über weite Gebiete bekannt sind. Und es gibt Leute, die Reisen von mehreren Tagen Dauer auf sich nehmen, um sich an so einen Wahrsager zu wenden.

Doch die meisten Wahrsager beginnen ihre Laufbahn recht bescheiden. Viele von ihnen gehören lange Zeit nicht einmal zum Bund des ›*sàdòʔò* der Ahnen‹, denn dessen Mitgliederzahl steht fest. Neue Mitglieder können nur aufgenommen werden, wenn alte ausscheiden, also sterben. Es gibt Fälle, da Wahrsager jahrelang ihrer Tätigkeit nachgingen und darin zu hohem Ansehen gekommen waren, bis sie schließlich auch in den Bund aufgenommen werden konnten. Auch sie werden *sàdòʔò* genannt; einmal weil sie bereits wahrsagen, und zum anderen, weil sie früher oder später auch richtige Mitglieder des *sàdòʔò*

Abb. 22
Figürliche Darstellung der Hilfsgeister
eines Wahrsagers, Nafoun (1984)

als Bund sein werden. Die Ausrüstung der Anfänger ist noch nicht sehr umfangreich und besteht fast ausschließlich aus Gehäusen von Kaurischnecken, zu denen meistens auch Figuren ihrer Hilfsgeister kommen. Sie werden immer paarweise dargestellt. Manche Wahrsager erzählten, daß es sich eigentlich um Zwillinge handle, so, wie man umgekehrt Zwillinge auch *túgúbèlè* nenne. Zwillinge sind Wesen, die vererbbare Beziehungen unterhalten. Diese können an nachfolgende Generationen weitergegeben werden. Sie ›folgen‹ der Lineage oder Sublineage. Die Hilfsgeister der Wahrsager werden entsprechend dem, was man von ihnen erzählt, als kleine, anthropomorphe Figuren wiedergegeben; eine weibliche und eine männliche. Ist der *sàdòʔò* noch nicht lange im Geschäft, dann hat er meistens zwei kleine Gelbgußfiguren, die in der Regel billiger zu haben sind als die etwas größeren Holzstatuetten. Die läßt er sich erst dann von den Schnitzern anfertigen, wenn er von den *túgúbèlè* dazu aufgefordert wird. Daneben gibt es noch zwei kleine Miniaturkörbchen, die aneinandergenäht sind und ebenfalls für Zwillinge stehen. Aber ein Wahrsager kann stattdessen zum Beispiel auch eine Samenkapsel wählen, die er irgendwo im Busch zwischen sich gleichenden Steinen gefunden hat.

Die Ausrüstung, das Wahrsageensemble wird nach und nach zusammengetragen und ist in gewisser Weise Abbild der persönlichen Geschichte des *sàdòʔò*. Man wird keine zwei Wahrsageensembles finden können, die sich vollkommen gleichen. Es gibt hier kein bestehendes Repertoire, wohl aber einige Gegenstände, die weiter verbreitet sind als andere. Das erklärt sich aus ihrer Aufgabe, denn sie alle müssen es dem Wahrsager ermöglichen, Teile aus der Lebenswelt der Senufo zu thematisieren oder einzelne Situationen darin zu benennen. Deshalb müssen alle Gegenstände eines Wahrsageensembles als ein Zeichen für Bereiche des alltäglichen Lebens verwendbar sein. Und dies läßt sich besonders gut mit Darstellungen von Dingen verwirklichen, die von den Senufo Tag für Tag benutzt werden, deren Sinn und Zweck sie kennen und von denen sie wissen, in welchem sozialen Zusammenhang die entsprechenden Handlungen stehen. Ein Beispiel: Im Ensemble des Wahrsagers liegt ein Hühnerknochen. Er kann ein umfangreiches Bedeutungsfeld haben. Er kann einfach ein Huhn bezeichnen oder vielleicht ist es eines aus dem Hof, dem des Nachbarn, oder ein gestohlenes Huhn. Der Knochen kann aber auch auf ein Opfer hindeuten: Eines, das in der Vergangenheit vollzogen wurde, eines, das versäumt wurde, oder eines, das man erst in der Zukunft wird durchführen müssen. Es ist ein Zeichen mit einer großen Zahl möglicher Referenten. Seine genaue Bedeutung wird der Wahrsager erst von Fall zu Fall während der Sitzung bestimmen müssen. Das trifft auf alle Gegenstände eines Wahrsageensembles zu, einerlei ob sie in syntagmatischen oder paradigmatischen Beziehungen zu ihren Referenten stehen.

Da gibt es in sehr vielen Ensembles eine umfassende Anzahl miniaturhafter Nachbildungen von Haushaltsgeräten, Ackerbaugeräten und Werkzeugen, die in Wirklichkeit alle geschmiedet werden. Hier sind sie auch aus Eisen und werden, wie dort, von den Schmieden hergestellt, aber eine Hacke, die sonst gute 50 oder 60 cm lang ist, erreicht hier nur zwei oder drei Zentimeter Länge. Der Schaft aus Holz wird nicht wiedergegeben, nur die geschmiedeten Teile. Neben den großen Hacken, dem Ackerbaugerät par excellence im Senufoland, werden auch alle weiteren Geräte wiedergegeben: Äxte, Beile, Messer, Macheten, Dechsel, kleine Hacken, die hauptsächlich von Frauen verwendet werden, auch Pfeilspitzen, und weniger häufige Geräte wie Sichelblätter, Nägel, Meißel, Zangen. Daneben

Abb. 23
Sammlung der Divinationsobjekte
einer Wahrsagerin, Nafoun (1984)

findet man auch immer wieder ein Schmiedeerzeugnis dargestellt, das seit Beginn der Kolonialisierung nahezu ganz verschwunden ist: Das Sklaveneisen[23], in das früher den Gefangenen die Handgelenke geschlagen wurden, bevor man sie in die Sklaverei verschleppte. Im Wahrsageensemble erscheinen sie als kleine, aus Draht gebogene Bügel oder wie im Original geschmiedet und etwas größer. Greift der Wahrsager sie während einer Sitzung heraus, dann muß es sich um eine sehr ernste Angelegenheit handeln, mit der nicht zu spaßen ist. Man kann sich leicht vorstellen, für welche Gefahren diese Nachbildungen früher standen. Heute können sie auch für die ›Menschen der Gewalt‹ stehen, ein Ausdruck, mit dem die Senufo alle Vertreter des Staates bezeichnen. Dagegen erscheinen selbst die ›Gefahren der Felder‹, die zum Beispiel mit den Miniaturhacken angesprochen werden können, als vergleichsweise harmlos.

Natürlich können auch moderne Entwicklungen thematisiert werden: Immer mehr Jugendliche versuchen heute, ihre Dörfer zu verlassen und in der nächsten Stadt ein Handwerk zu erlernen. Und so findet man in den Wahrsageensembles auch Muttern und Schrauben, die auf den Bereich der kleinen Betriebe hindeuten, die sich an Straßenecken niedergelassen haben, um Mofas und Motorräder zu reparieren. Oder man findet dort den Knopf eines ausgedienten Radios, die ausgebrannte Birne einer Stablampe, einen alten Türschlüssel. Und für die Eitelkeit mancher junger Mädchen mag ein leeres Gläschen Nagellack stehen. Alles kann in dieses Ensemble eingehen, wenn der Wahrsager von seinen Hilfsgeistern dazu aufgefordert wird. Schließlich entsteht eine große umfangreiche Sammlung, die von der Entwicklung dieses Wahrsagers zeugt. Die Dinge helfen ihm in der Sitzung ›den Pfaden zu folgen‹, wie ein *sạdòʔò* sagen würde. Sie geben ihm Hinweise, in welche Richtung er seine Befragung lenken soll, wiewohl ihre Bedeutung erst in der Sitzung im Austausch mit dem Klienten oder, im Sinne der Senufo, den Hilfsgeistern, entsteht.

Ganz besonders deutlich wird das bei einer Gruppe von Gegenständen, die hier als letztes erwähnt werden sollen. Bei ihnen handelt es sich um Dinge, die selber wieder auf andere Geistwesen verweisen. Da gibt es etwa jene Hörner von Ziegen- oder Schafsböcken, die sonst von Heilkundigen und anderen verwandt werden und in Beziehung mit gestaltlosen Geistwesen stehen. Der Umgang mit diesen amorphen Wesen gilt als besonders schwierig. Sie werden im Senar als *yāsụŋgō* bezeichnet, was auf Deutsch etwa ›Sache, über der geopfert wird‹ heißt und eine sehr große Kategorie von Geistwesen umfaßt. Aber im Gegensatz zu den *túgúbèlè*, den Hilfsgeistern der Wahrsager, die selber nur Richtungen weisen können, und die Ausfürung immer anderen zuweisen, kann ein *yāsụŋgō* selbst aktiv werden und für seinen Besitzer agieren. Und dieser kann sie auch direkt für oder gegen einen Dritten einsetzen. Das Herausgreifen eines solchen Hornes durch den Wahr-

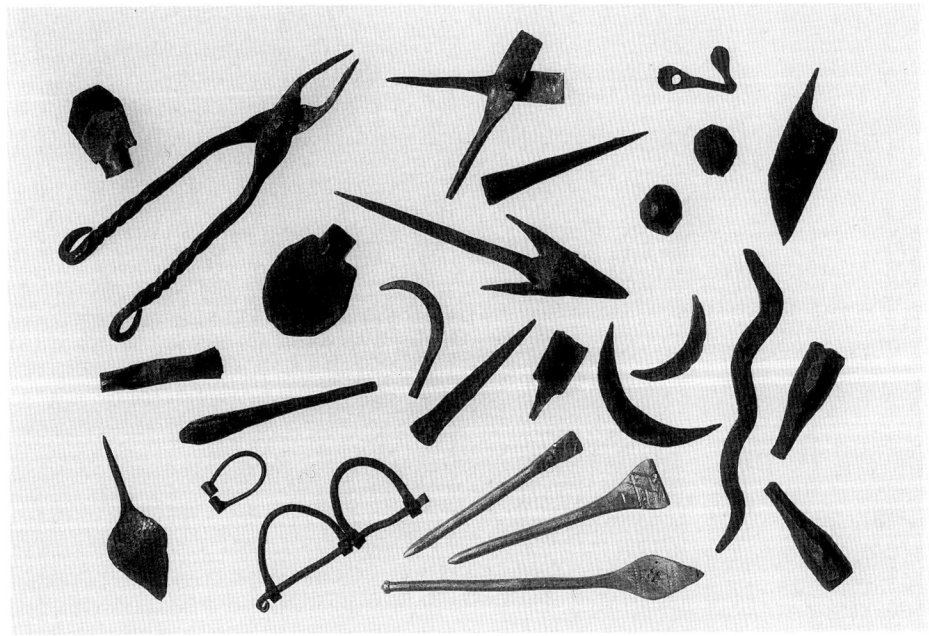

Abb. 24
Wahrsageobjekte, Miniaturdarstellungen von Werkzeugen, Haushaltsgeräten und Geräten, die von Schmieden verwendet werden, Museum für Völkerkunde, Berlin.

sager bedeutet also zunächst nur, daß dort noch ein weiterer Akteur im Spiel ist. Es gilt nun zu erfahren, wer hier welchen *yāsūŋgō* für oder gegen wen eingesetzt hat. Es ist ein Hinweis auf eine Beziehung; ein Zeichen, dessen Referent eine Verbindung ist. Deutlicher noch als bei den anderen Gegenständen ist hier das Bezeichnete selbst eine kulturelle Übereinkunft.

Eine ähnliche Rolle wie die Schafsbockhörner übernehmen vertrocknete Kolanußhälften, die auch durch andere Fruchthülsenhälften ersetzt werden können. Sie können auf das schon erwähnte Orakel hinweisen oder auf entsprechende Gaben an Notable oder Geistwesen. Pythonschlangen darstellende Armreifen, Fingerringe aus Eisen, Kupferdraht oder Messing können, neben dem Bedeutungsfeld der Schlange selbst, bereits auf das Ergebnis einer Konsultation hinweisen: Vielleicht wird dem Klient später so ein oder überhaupt ein Schmuckstück verschrieben werden. So finden sich manchmal auch miniaturhafte Darstellungen großer Gelbgußringe, die um die Fußknöchel getragen werden. Sie alle können Hinweise darauf sein, daß dem Klienten etwas ›folgt‹ – wieder eine Beziehung, die entdeckt sein will.

Alle Gegenstände des Ensembles werden in einem Körbchen aufbewahrt, das zu Beginn des Markttages eines Wahrsagers zusammen mit den die Hilfsgeister darstellenden Statuetten in die Hütte gebracht wird. Wie sich die Wahrsager selbst an ihrem Arbeitstag ein weißes Tuch oder eine Kette aus Kaurischnecken um die Stirn binden, so legen sie den

Abb. 25
Blick auf das Wahrsageensemble eines *sàdö?ò*, Nafoun (1984)

Abb. 26
Blick in den Korb, der einer Wahrsagerin zur Aufbewahrung ihrer in der Divination verwendeten Gegenstände dient, Nafoun (1982)

Figuren ihrer Hilfsgeister kleine Ketten um den Kopf oder über die Schultern. Zu Beginn eines jeden Arbeitstages führt der Wahrsager eine kurze Befragung seiner Hilfsgeister durch, um zu erfahren, ob sie bereit sind, mitzuarbeiten. Denn da die Objekte der Ausrüstung des Wahrsagers nur Richtungen angeben, Hinweise sind, kommt es entscheidend auf die Mitarbeit der *túgúbèlè* an – und auf die Technik des Wahrsagens.

Jede Sitzung hat ihren eigenen Verlauf, aber es lassen sich einige spezifische Abschnitte unterscheiden. Sie seien hier diesen Phasen folgend beschrieben, so daß sich ein etwas vereinfachter, aber typischer Ablauf einer Konsultation ergibt.

Zu Beginn setzt sich der Klient mit ausgestreckten Beinen schräg gegenüber dem Wahrsager hin. Die rechten Beine der beiden liegen nebeneinander, so daß sich die beiden ohne Schwierigkeiten ihre rechten Hände reichen können. Jede Sitzung beginnt mit dem erneuten Herbeirufen der Hilfsgeister. Ist der Wahrsager ein Mann, spielt er dazu eine sechssaitige Stegharfe. Denn Musik wird im Senufoland als ein unwiderstehliches Mittel angesehen, jemanden tanzen zu lassen und eventuell in Trance zu versetzen. Viele Geschichten künden davon. In diesem willenlosen Zustand geben die Hilfsgeister ihr Wissen leichter preis. Handelt es sich um eine Wahrsagerin, verwendet sie zum gleichen Zweck eine kleine Kalebassenrassel. In einigen Sätzen wird dann der Sinn der Konsultation festgelegt: »Der

Klient ist nicht zu mir gekommen, er ist euretwegen (der *túgúbèlè*) gekommen.« Oder: »Ich weiß nicht, was für ein Problem er hat... Wenn ein Klient sich neben einem Wahrsager niederläßt, müssen die *túgúbèlè* alles tun, um ihm die Schwierigkeiten zu zeigen, die ihn einnehmen, ihm ein Opfer zeigen, das er ausführen muß, damit es sich regelt, damit er ein gutes Leben hat.« Oder: »Wenn er (der Wahrsager) sprechen kann, so sind es die *túgúbèlè*, die zu sprechen wissen – daß er nicht im Dorf lügt! Das ist nicht gut für einen Wahrsager!« Während der Wahrsager so spricht, sammelt er einen Teil der Gegenstände seines Ensembles zusammen und mischt sie.

Hat der Wahrsager die Anrufung der Hilfsgeister abgeschlossen, wirft er die Kauris und die anderen, von ihm gewählten Objekte seines Ensembles auf die freie Fläche vor sich zwischen seinen Beinen. Dieses Werfen wird von den *sàdòòbèlè* auch das ›Eröffnen der Wege‹ genannt. Danach schaut er kurz, wie sie gefallen sind. Es gibt hier einige Muster, die als Hinweise aufgefaßt werden können, aber eine weitergehende Interpretation wird nicht vorgenommen. In wenigen Sekunden geht der Wahrsager zur nächsten Phase über.

Noch einmal werden kurz die Hilfsgeister zur Mitarbeit aufgerufen, dann beginnt die Befragung im engeren Sinne. Der Wahrsager nimmt dazu die rechte Hand des Klienten in die Seine. Er hebt sie etwa bis in Brusthöhe und stellt dabei eine Frage, etwa: »Hat er (der Klient) etwas im Busch gesehen?«

Abb. 27
Zu Beginn jeder Sitzung ruft der Wahrsager mit Hilfe seiner Stegharfe die Hilfsgeister herbei, Nafoun (1983)

Abb. 28
Der zweite Schritt einer Sitzung besteht im Werfen der Divinationsgegenstände, Nafoun (1983)

Abb. 29
Die einzelnen Fragen des Wahrsagers, bzw. des Klienten, werden von den Hilfsgeistern durch das Führen der Hände des Wahrsagers und des Klienten beantwortet, Nafoun (1983)

Abb. 30
Lassen die Hilfsgeister die Hände auf den Schenkeln der Wahrsagerin (bzw. des Wahrsagers) klatschen, dann wird die gestellte Frage mit einem möglichen ja beantwortet, Nafoun (1983)

Abb. 31
Eine Frage wird verneint, indem die Hände des Wahrsagers (bzw. der Wahrsagerin) mit der des Klienten etwa in Brusthöhe zur Seite geführt werden, Nafoun (1983)

Mit solchen und ähnlichen Fragen versucht der sàdòʔò zunächst, den Anlaß der Konsultation einzugrenzen. Die Antworten werden von den Hilfsgeistern durch die Handbewegungen des Wahrsagers vermittelt: Klatscht sie mit der des Klienten auf den Oberschenkel des Wahrsagers, so ist das eine Zustimmung, aber noch kein definitives ›Ja‹. Eine stärkere Zustimmung ist das mehrmalige Klatschen der Hand auf den Schenkel. ›Nein‹ wird meistens durch eine kurze, seitliche Bewegung der Hand deutlich gemacht. Es sieht aus, als würde ein imaginärer Gegenstand beiseite geschoben. Sind sich die túgúbèlè nicht sicher, führen sie die Hand suchend durch die Luft oder zögern bei der Ausführung einer anderen Bewegung. Der Klient sagt nichts. Er wird solange schweigen, bis es dem sàdòʔò gelungen ist, den Anlaß der Konsultation selbständig zu bestimmen. Für den Klienten beweist er damit seine Befähigung und die Mitarbeit der túgúbèlè. Nur, wenn es dem Wahrsager gelingt, den Anlaß der Konsultation zu benennen, kann eine Sitzung als erfolgreich gelten. Gelingt es ihm nicht, wird sein Klient ihn auffordern, die ›Arbeit‹ abzubrechen. Hier stellt sich heraus, welche Wahrsager die besseren sind. Natürlich kann sich jeder einmal täuschen oder einen schlechten Tag haben, das wird ihm von jedermann zugestanden, aber sollten sich solche erfolglosen Sitzungen häufen, wird er schnell seine Reputation verlieren. Die Klienten erwarten also eine Bestimmung des Anlasses, der sie zum Wahrsager geführt hat – und damit auch, daß er auf ihre Erwartungen eingeht –, aber sie wissen genau, daß er sich auch täuschen kann. Das läßt sie nicht an der Wahrsagerei an sich zweifeln, wohl aber an den Fähigkeiten dieses einen sàdòʔò. Auf der anderen Seite ist in diesem Vorgehen den Erwartungen des Klienten auch immer ein gewisser Widerstand ent-

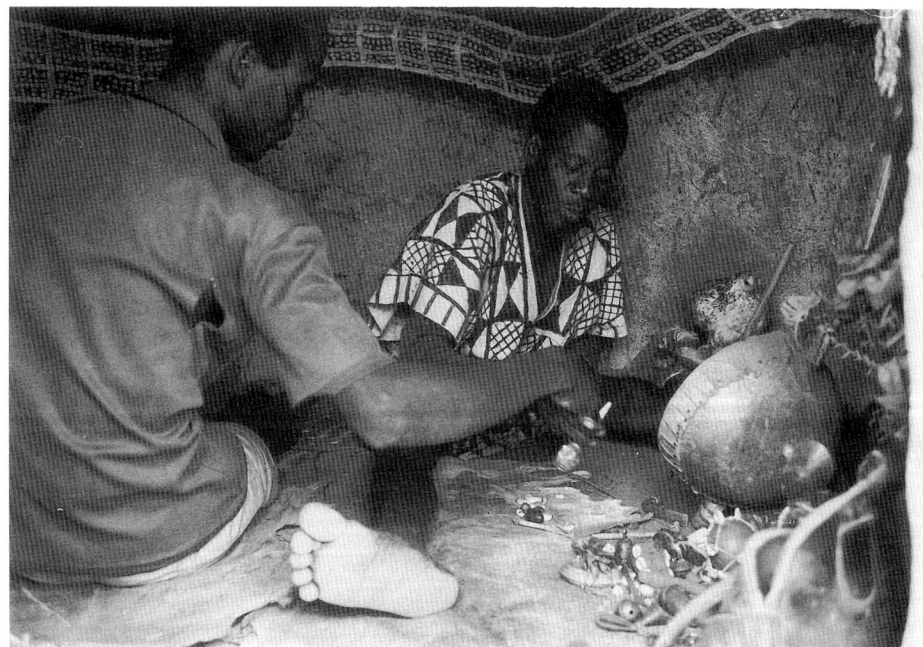

Abb. 32
Einzelne Bereiche der Lebenswelt können durch das Herausgreifen eines oder mehrerer Gegenstände aus dem Wahrsageensemble thematisiert werden, Nafoun (1983).

gegengesetzt. Die Bestimmung des Anlasses kann mehr oder weniger genau ausfallen. Es kann genügen, eines jener Zeichen zu nennen, die für die Gefahren der Felder stehen, oder der sàdò?ò richtet für den Klienten recht allgemeine Fragen wie die folgenden an die Hilfsgeister: »Er hat Streit in der Verwandtschaft? / Er selbst hat Schmerzen? / ... Er hat von irgendeiner Sache geträumt?« Manche Klienten geben sich schon mit einer solch allgemeinen Benennung zufrieden. Andere wollen es schon genauer wissen und erwarten, daß der Wahrsager auch den Inhalt des Traumes erkennt.

In der nächsten Phase geht es darum, der Sache auf den Grund zu gehen. Schließlich ist der Klient ja gekommen, um zu erfahren, was sich hinter dem Zeichen oder seinen Schwierigkeiten verbirgt. Die Technik bleibt dieselbe. Einige Wahrsager versichern sich allerdings vorher noch durch eine Rückfrage beim Klienten, ob der Anlaß auch tatsächlich gefunden wurde. Da aber der Anlaß auch dem Klienten selbst unbekannt gewesen sein kann – etwa bei Routinekonsultationen –, hält man sich in der Regel nicht länger auf, wenn der Ratsuchende hier keine Einwände erhebt. Die Fragen, die der Wahrsager stellt, grenzen nun Schritt für Schritt den Hintergrund ein: »Er ist wegen der Zwietracht zwischen ihm und den Menschen gekommen?✱✱«[24] Solche Reibungen entgehen einem Wahrsager nicht. Im Dorf bleiben soziale Konflikte nicht unbemerkt, und da die meisten von ihnen nicht regelmäßig auf die Felder gehen, haben sie gute Voraussetzungen auch von kleineren Schwierigkeiten zu hören. Der Anlaß ist gefunden, und er fährt fort: »Ist er nicht wegen einer Frau-

Abb. 33
Eine explizite Bestätigung für eine durch den Wahrsager geäußerte Vermutung oder Frage bedeutet das Führen seiner Hand mit der des Klienten an die die Hilfsgeister darstellende Figur, Nafoun (1982)

enaffäre gekommen?✶ / Der Klient ist wegen einer Frauenaffäre gekommen?✶✶ / Wohnt sie in Nafoun? / In einem anderen Do̍rf?✶ / Ist es ein Mädchen?✶✶ / Der Klient denkt an das Mädchen✶✶ / Was wird er tun, damit das Mädchen mit ihm sein wird?« Das ist eine rhetorische Frage, die schon das Ziel der Konsultation benennt. Ihr folgt die unmißverständliche Aufforderung an die Hilfsgeister: »Zeigt ihm, was er tun muß, damit das Mädchen mit ihm sein wird!✶ Kann er nicht einen *yāsūŋgōfóló* fragen? / Einen *sa̖dòʔò*✶ / Um dieses Mädchen zu haben? / Gibt es Opfer dafür?« An dieser Stelle greifen die *túgúbèlè* durch die Hand des Wahrsagers eine Kolanuß. Damit ist bereits der Weg oder Plan zur Lösung der Probleme des Klienten angedeutet.

Sequenzen wie diese können einander folgen und tun es auch bei einer Vielzahl von Konsultationen. Denn die Schwierigkeiten des Klienten können ja sehr vielgestaltig sein. Auch kann der Klient selber noch weitere Probleme anführen, die dann ebenfalls vom Wahrsager aufgegriffen werden. So entstehen nach und nach kausale Ketten, die miteinander verknüpft sein können oder einfach nebeneinanderstehen.

Schließlich unterbricht der Wahrsager die Sitzung und bittet den Klienten sich zu erklären. Der oder die Ratsuchende hat wieder die Möglichkeit, zu dem Gesagten Stellung zu beziehen. Eröffnet er keine neuen Aspekte, wird der Wahrsager dazu übergehen, einen Plan zur Lösung des Problems zu entwerfen. Dieser kann aus einer Kombination der schon angedeuteten Vorschläge bestehen, oder auch mehrere nebeneinanderstellen. Auch hier wird dieselbe Technik verwendet. In den meisten Sitzungen ist diese Phase kürzer als die vorhergehende, in der die kausalen Ketten aufgebaut wurden.

Bleiben mehrere Lösungsmöglichkeiten bestehen, oder handelt es sich um eine besonders schwerwiegende Angelegenheit – etwa die Bestimmung eines Diebes – wird noch eine weitere Technik verwendet. Der *sa̖dòʔò* verläßt dazu die Hütte und fordert den Klienten auf, jede der Lösungsmöglichkeiten mit einem der Gegenstände seines Ensembles zu bezeichnen. Der Klient kann diese Gegenstände dann verstecken, kann sie aber auch dort liegenlassen, wo er sie vorfindet. Handelt es sich darum, einen Schuldigen zu bestimmen, wird er nach und nach alle Verdächtigen laut aufzählen und sagen, weshalb sie verdächtig sind. Der Klient spricht hier direkt mit den Hilfsgeistern. Jedem Verdächtigen ordnet er ein Objekt aus dem Ensemble zu. Er erklärt, wieder laut sprechend, daß der Schuldige gefunden sei, wenn die Hilfsgeister dieses Objekt fänden und ihm in die Hand legten. Häufig werden die Gegenstände unter dem Fell, auf dem der Wahrsager sitzt, versteckt, aber jeder andere Ort ist auch möglich, sofern er sich in dessen Reichweite befindet. Hat der Klient alle Lösungsmöglichkeiten benannt, ruft er den *sa̖dòʔò* zurück. Dieser setzt sich wie vorher und bittet seine Hilfsgeister erneut, ihm zu helfen. Da er draußen gewesen sei, könne er nicht wissen, was in der Hütte geschehen sei. Die *túgúbèlè* mögen ihm die Hand führen.

Nach dieser Aufforderung beginnt er mit der Hand des Klienten in seiner Rechten zu suchen. Die gefundenen Gegenstände legt er in die andere Hand des Ratsuchenden. In der Regel werden die vom Klienten versteckten Gegenstände leichter gefunden, als die, die unter den anderen des Ensembles liegengeblieben sind. Die Lösungsvorschläge, die mit den einzelnen Objekten verbunden waren, sind nun durch das Legen in die Hand des

Klienten bestätigt worden. Es wird nun an ihm liegen, die notwendigen Konsequenzen zu ziehen.

In einem großen Teil der Sitzungen sind diese aber noch nicht hinreichend genau bestimmt. Wenn vorher zum Beispiel nur von einem Opfer die Rede gewesen sein sollte, muß nun noch geklärt werden, was und wann geopfert werden soll. Das gilt ebenso für rituelle Handlungen anderer Art, aber auch für Gaben an Notable des Dorfes oder Alte der Lineage. Dreht es sich dagegen um direkte Beschuldigungen, wird der sàdòʔò nur abschließend erklären, was sich ergeben hat. Aber nur der Klient selbst kann sich mit dem Schuldigen auseinandersetzen.

Letztlich hat jede Sitzung ihren eigenen Ablauf und jeder sàdòʔò seine eigene Arbeitsweise, auch wenn er sich weithin an das eben skizzierte Muster hält. Schließlich ist es seine Aufgabe, die Konsultation überzeugend zu gestalten. Technik allein genügt nicht. Der Anteil offensichtlich fehlgeschlagener Sitzungen ist alles in allem sehr gering.[25] Die Klienten äußerten sich in der Regel zufrieden über die erzielten Ergebnisse. Vereinfachend kann man den Weg zum Erfolg von Konsultationen etwa so beschreiben[26]: Der sàdòʔò geht implizit davon aus, daß sein Klient in einer Situation steckt, mit der er nicht ›zurechtkommt‹. Er weiß nicht, wie er sich verhalten soll, da seine Deutung dieser Situation ihm offensichtlich keine Möglichkeit läßt, sinnvoll zu handeln: Er »weiß nicht, was er tun soll«.

Abb. 34
Blick in die Hütte eines Heilkundigen, hier: Darstellung eines amorphen Geistwesens, Nafoun (1982)

Eine notwendige Voraussetzung zur Aufnahme des Dialoges in der Sitzung ist also, daß die bisherige Deutung der Situation durch den Klienten als eine bloße Meinung ohne Geltungsanspruch dargestellt wird. Das geschieht durch Sätze, die den Dialog auf der Ebene zwischen Wahrsager und Hilfsgeistern ansiedeln: Nur die *túgúbèlè* wissen, was wirklich ist. Hier liegt der wesentliche Unterschied zur alltäglichen Welt, wo Auffassungen gegenseitig anerkannt werden, und dem abgeschlossenen Bereich bloßer Meinungen des Wahrsagens andererseits. Nicht zufällig finden diese Sitzungen in kleinen Hütten statt.

Die Situation, die der Klient nicht angemessen deuten kann, ist also Thema der Sitzung. Deshalb sind Träume auch häufig Anlässe für Konsultationen, denn sie stellen von vornherein Situationen mit hohem Deutungsdefizit dar. Im Laufe der Sitzung müssen nun Wahrsager und Klient die Situation so umdefinieren, daß sie vom Ratsuchenden wieder sinnvoll gedeutet werden kann und er dadurch seine Handlungsfähigkeit zurückgewinnt. Beide können dabei durch die divinatorischen Techniken neue Verweisungszusammenhänge einführen: Ein Geistwesen, das der Klient schon vollkommen vergessen hatte, wird wichtig, ein Schuldiger wird gefunden, der Klient bemerkt, daß da noch eine Geschichte mit einer Frau war... Bedingung ist, daß diese neu entstehende Interpretation der Situation an allgemein anerkannte Bestandteile der Lebenswelt der Senufo anschließen kann. Das heißt nicht, daß diese dadurch unverändert bleiben: Die Konzepte und Kategorien, mit denen Wahrsager und Klient sich auf ihre Lebenswelt beziehen, werden dabei verändert. Ihr Inhalt kann erweitert, teilweise aufgehoben oder ersetzt werden. Darüber hinaus ist aber auch die Bildung neuer Konzepte möglich. So war es zum Beispiel für die Konflikte zu beobachten, die in den kleinen modernen Handwerksbetrieben zwischen den dort arbeitenden Lehrlingen wegen der Konkurrenz um die wenigen bezahlten Arbeitsplätze aufbrachten. Für diese Auseinandersetzungen, die sich auf keine hergebrachten der Lebenswelt der Senufo beziehen ließen, mußten neue sprachlich-kulturelle Konzepte geschaffen werden. 1986 wurden sie mit Lehnworten aus dem Französischen, wie *àprẽntíù* bezeichnet.

Verkürzt läßt sich sagen, daß im Wahrsagen *sàdòʔò* und Klient eine neue Deutung der für den Ratsuchenden problematischen Situation aushandeln, eine Deutung, die allgemein als gültig anerkannt werden kann und damit dem Klienten seine Handlungsfähigkeit zurückgibt. Aufgrund dieser neuen Definition der Situation kann der Wahrsager dann auch einen Plan zu ihrer Bewältigung entwerfen. Die Ausführung dieses Planes aber bleibt im wesentlichen dem Klienten überlassen.

Eine Ausnahme von dieser Regel stellen allein rituelle Handlungen dar, die in den Tätigkeitsbereich der Wahrsager fallen. Dazu kann etwa die Anrufung bestimmter *túgúbèlè* gehören. In einem solchen Fall wird der Wahrsager von dem Klienten die notwendigen Tiere oder Kolanüsse erbitten und für diesen das Opfer vollziehen.

Einmal abgesehen von der Art der Durchführung leisten die durch die Divination nahegelegten Handlungen dreierlei: Auf der Ebene des Ratsuchenden wird die persönliche Identität wiederhergestellt. Er weiß, wie er in einer bestimmten, problematischen Situation sinnvoll handeln kann. Auf der gesellschaftlichen Ebene wird die soziale Integration gestärkt. Besonders deutlich wird dies bei allen Fällen, wo es um Jugendfreundschaften, die ›Reinheit‹ der Lineage und die damit verbundenen Überschreitungen geht. Hier liegt schließlich auch der institutionelle Schwerpunkt des ›sa̱dò?ò der Ahnen‹. Gleichzeitig wird ein kontinuierlicher Wandel bestehender sozialer Integrationsformen möglich. Auf kultureller Ebene wird hergebrachtes Wissen über die Lebenswelt, also allgemein anerkannte Deutungsschemata, neuen Situationen entsprechend umdefiniert, oder es werden, wo dies nicht möglich ist, neue sprachliche Konzepte dafür geschaffen. Wahrsagen erfüllt tagtäglich eine äußerst wichtige Aufgabe für die **Fortsetzung** kultureller, sozialer und personaler Identität. Sie steht im Mittelpunkt eines alltäglichen transformatorischen Prozesses. Divination hat durchweg einen dynamischen Charakter, auch wenn auf kultureller Ebene nicht immer neue sprachliche Kategorien eingeführt, sondern in einer Vielzahl von Fällen zunächst die Inhalte bestehender Kategorien verändert werden.[27]

Abschließend müssen noch ein paar Worte zur Umsetzung des Planes, oder besser der Lösungsvorschläge des Wahrsagens gesagt werden. Schon allein aus der Tatsache, daß viele Ratsuchende mehrere Wahrsager zu ein und demselben Problem konsultieren, wird deutlich, daß die Entscheidung, ob und welchem Plan sie folgen werden, ganz bei ihnen liegt. Niemand kann sie zu irgendetwas zwingen. Der Fall liegt einfach, wenn jemandem nur aufgetragen wurde, zur Beilegung eines Streites eine Gabe, Kolanüsse, einem Notablen zukommen zu lassen. Das kann er selbst besorgen, oder er kann einen Dritten schikken. Anders liegen die Dinge, wenn jemand eine Krankheit hat, und zu deren Heilung

Abb. 35
Blick auf die anthropomorphen Darstellungen der Hilfsgeister eines Heilkundigen, Nafoun (1982)

einen Spezialisten aufsuchen muß, sich also nicht mehr selbst helfen kann. Spezialisten sind teuer. Außerdem ist ihr Besuch mit einer ganzen Reihe weiterer Unannehmlichkeiten verbunden. Sie gelten häufig als eigensinnig, ja starrsinnig, und man ist sich oft nicht so ganz sicher, zu wessen Wohl sie ihr Geschäft eigentlich betreiben.

Es gibt verschiedene Heilkundige. Da sind einmal solche, die sich einfach über Jahre hinweg ein praktisches Wissen im Umgang mit natürlichen Heilpflanzen erworben haben. Eine größere Bedeutung haben aber die, die mit eigenen Hilfsgeistern arbeiten. Unter diesen sind besonders die *nạ́ídū̄gū̄bèlè* zu erwähnen, ›die Träger des *nạ̄í*‹. Das ist die Gattung ihrer Hilfsgeister. In vielen Senufogruppen gelten sie als wahre Meister ihres Faches, und ihnen werden ähnliche Fähigkeiten wie den Wahrsagern zugeschrieben. Doch ihr Vorgehen ist ganz anders. Hatten die *sạ̀dòòbèlè* immer eine Verständigungsorientierung, so tritt bei den *nạ́ídū̄gū̄bèlè* strategisches Vorgehen in den Vordergrund. Das wird schon in der Art ihrer Hilfsgeister deutlich. Im Gegensatz zu den *túgúbèlè* handelt es sich nicht mehr um ein Geistwesen menschlicher Gestalt. Ein *nạ̄í* ist amorph. Er spricht auch nicht wie die Geistwesen der Wildnis und braucht deshalb zusätzliche Mittler. So hat jeder, der mit ihnen umgeht, auch noch Beziehungen zu *túgúbèlè*, die hier eine Brücke zwischen dem Heilkundigen und den amorphen Geistwesen bilden. Sie, die *túgúbèlè*, müssen dem Menschen erst verständlich machen, was der *nạ̄í* verlangt. Und er verlangt viel. Besonders ihm werden jene unsteten Eigenschaften, die sich auf seinen Träger übertragen, zugeschrieben. Er kann grundlos Menschen angreifen, und seine Beherrschung ist in den Augen der meisten Senufo mit einem gewissen unkalkulierbaren Risiko verbunden. Man schlägt diesen Weg auch nicht freiwillig ein. Die *nạ́ídū̄gū̄bèlè* berichten durchweg, daß sie von schweren geistigen Verwirrungen befallen waren und Gefahr liefen, verrückt zu werden. Sie suchen einen anderen Heilkundigen auf, der ihnen eröffnete, daß sie Kontakt mit einem *nạ̄í* aufzunehmen hätten und mit diesem ›arbeiten‹ müßten. Andernfalls sei eine Besserung ihres Zustandes nicht zu erwarten. Die Arbeit, oder besser der Umgang mit einem solchen Geistwesen, kann mit erheblichen Belastungen verbunden sein, da er regelmäßig Opfer mit sich bringt. Ein Heilkundiger, der etwa zwanzig Jahre mit seinem *nạ̄í* arbeitete, hatte ihm im ganzen zwölf Rinder geopfert.

Abb. 36
Ein Heilkundiger tanzt mit seinem Kopfaufsatz, an dem an Schnüren und Ketten Schellen und Glöckchen befestigt sind, Nafoun (1982)

Das Geistwesen selbst wird durch einen Gegenstand repräsentiert, der aus verschiedenen vegetabilen Bestandteilen und Resten von Opfertieren zusammengesetzt ist und über und über mit dem schwarz geronnenen Blut der Tiere überkrustet ist. Die Gesamtform ist länglich, und an einem Ende, manchmal auch an beiden, sind oben Bündel aus Federn und den Stacheln von Stachelschweinen zu sehen. An einem, meist etwas dickeren Ende, hängen Bänder, an die Schellen und Glocken gebunden sind. Teilweise sind sie im Wachsausschmelzverfahren gegossen. Wegen dieser Bänder kann der Träger eines solchen Geistwesens auch ›Herr des Schwanzes‹ genannt werden. Bei einer Konsultation setzen sich die *nạ́ídū̄gū̄bèlè* den das Geistwesen repräsentierenden Gegenstand auf den Kopf, daß die Bänder mit den Schellen und Glocken ihnen über den Rücken fallen. Dazu benutzen sie noch eine sechssaitige Stegharfe, wie sie auch die Wahrsager verwenden. Dem Ratsuchenden fällt nur die Rolle des Zuhörenden zu: Der Heilkundige beginnt mit einer Stegharfe zu spielen und bewegt sich rhythmisch dazu, so daß die an seinem Rücken herunterhängenden Schellen und Glöckchen aneinanderzuschlagen beginnen. Das ist, bei dem oft erheblichen Gewicht, das auf seinem Kopf lastet, keine geringe Anstrengung. Viele sind innerhalb weniger Minuten vollkommen in Schweiß gebadet. Wenig später fallen sie in einen tranceähnlichen Zustand, der dem Klienten oder Patienten die Anwesenheit des Geistwesens anzeigen soll.[28]

In der Regel verändert sich die Stimme des Trägers; einige sprechen in einem hohen Falsett, andere beginnen zu stottern. Im Gegensatz zu den Wahrsagern handeln sie jedoch nichts aus: Unvermittelt brechen sie ihr Spiel ab und sagen dann dem Klienten auf den Kopf zu, weshalb er da ist. Ihm bleibt nunmehr übrig, die Äußerung des Trägers des *nā̰í* zu bestätigen oder zurückzuweisen. Nur kleine Präzisierungen wird er gelegentlich noch hinzufügen. Danach beginnt der Heilkundige wieder zu spielen und zu tanzen, bis er wieder abbricht und dem Klienten mitteilt, wo die Gründe für seine Schwierigkeiten liegen. Liegt ein größeres Problem vor, wird der Träger gleich sagen, was er von dem Klienten an Opfertieren, Geld oder anderem erwartet, damit er tätig werden kann. In der Regel übernimmt der Heilkundige hier das Herbeiholen der notwendigen Pflanzen und anderer, weniger bekannter Dinge, die für die Heilung oder Lösung des Problems gebraucht werden. An einem der folgenden Tage wird dann mit der Behandlung begonnen. Handelt es sich um soziale Konflikte, bekommt der Klient genaue Handelsanweisungen, die eher direkten Vorschriften gleichen, denn jenen Lösungsvorschlägen, die die *sa̰dòòbèlè* ihren Klienten anbieten.

Deutlicher noch wird dieses strategische Vorgehen in der Tatsache, daß *nā̰ídūgūbèlè* auch tätig werden können, ohne daß sie dazu aufgefordert wurden. Besonders bei scheinbar hoffnungslos verfahrenen Konflikten können sie ohne jede Ankündigung in der Öffentlichkeit erscheinen. Wieder tragen sie den das Geistwesen repräsentierenden Gegenstand auf dem Kopf, wieder spielen und tanzen sie, bis sie in Trance geraten, nur tun sie dies jetzt in dem Hof einer der beteiligten Parteien. Dort benennen sie unumwunden und ohne Rücksprache mit einer der Parteien vor allen Betroffenen und einer großen Zahl zufällig Anwesender die Ursachen für den Streit. Eine Lösung wird nicht vorgeschlagen, sie wird schlicht verfügt. Dennoch waren ihre Sprüche nicht einseitig den Interessen einer Seite verpflichtet, sondern beide mußten mehr oder weniger Federn lassen. Den Parteien, die nicht mehr bereit waren, Abstriche an ihren Zielen hinzunehmen und damit auch die Verständigungsorientierung verloren hatten, wurde hier mit derselben Strategie geantwortet. Zumindest eine öffentliche Weiterführung des Streites war danach nicht mehr möglich.

Das strategische Vorgehen der *nā̰ídūgūbèlè* ist eine notwendige Ergänzung zu dem mehr verständigungsorientierten der Wahrsager. Die Senufo selbst sehen darin einen Weg, der besser nicht so schnell beschritten werden sollte. Für sie ist es eher eine Art Ausweg, wenn andere Lösungsmöglichkeiten vergeblich versucht wurden. Wahrsagen ist dagegen ein selbstverständlicher Teil des alltäglichen Lebens. Seine zentrale Bedeutung für Kultur, Gesellschaft und Individuum erscheint in allen Geschichten, die mit ihm verknüpft sind.

1.3 Lebensgeschichten

Aus der Sicht der Senufo sind Ereignisse, die ihr Leben bestimmen, nicht nur Anlaß zur Konsultation eines Wahrsagers, sondern viele von ihnen sind der Beginn einer längeren Geschichte oder unerkannt Teil einer anderen Geschichte. So bauen sich Lebensgeschichten auf, die sich auf alle Bereiche ihrer Lebenswelt beziehen können, auf den persönlichen, den sozialen und den kulturellen. Das wurde schon beim Wahrsagen deutlich. Hier soll nun dargestellt werden, wie solche Lebensgeschichten und Ereignisse repräsentiert werden; wie jene kleinen, unauffälligen Gelbgußgegenstände zu Zeichen dieser Geschichten werden. Abgesehen von zwei Ausnahmen, auf die ich weiter unten eingehen werde, stehen alle diese Gegenstände aus Kupferlegierungen in Zusammenhang mit der Divination. ›Folgen wir ihren Wegen‹, wie die Senufo sagen würden.

Am Anfang soll hier der Bericht eines jungen Mannes stehen, der zeigt, welche Bedeutung das Wahrsagen und die mit ihm verbundenen Gelbgußobjekte auch in der Welt von heute haben. Er, den ich hier N nennen werde, stammte aus einem Dorf, wo er zu den wenigen Kindern gehörte, die von ihren Familien in die kleine Dorfschule geschickt wurden. Dort wurden Lesen, Schreiben und Rechnen gelehrt, alles auf Französisch. Er war ein guter Schüler nach Auskunft der Lehrer, so daß jedermann sehr erstaunt war, als er die Prüfung für eine weiterführende Schule nicht bestand. N war darüber tief getroffen. Seine Eltern, insbesondere sein Vater, waren dagegen erleichtert, als sie vom Scheitern ihres Sohnes erfuhren, denn nun würde dieser nicht die in der nächsten, eine Tagesreise entfernten Stadt gelegene Schule besuchen. Stattdessen erwartete sein Vater, daß er nun wieder mit ihm zusammen die Felder bestellen würde. In seinem Hof herrschte Mangel an Arbeitskräften. Es gab neben N nur noch zwei Söhne, die aber von der zweiten Frau seines Vaters stammten. Und von ihnen war nur noch einer im Hof. Der Ältere hatte vor ein paar Jahren das Dorf verlassen und war weiter in den Süden gezogen, um dort in dem günstigeren Klima Baumwolle anzubauen. Erst einmal war er zurückgekommen, mußte aber berichten, daß er zu keinem Wohlstand gekommen war. Er verließ das Dorf erneut. Dort halfen zwar die Töchter des Alten auf den Feldern aus, aber beim Anlegen der neuen Yamsfelder konnten sie nicht die Aufgaben ihrer Brüder übernehmen. Dringend wurde eine weitere Arbeitskraft benötigt.

Nun gab es aber noch einen Streit im Hof. Sein Vater hatte seine Mutter, die aus einem anderen Dorf stammte, deutlich gegenüber der zweiten, jüngeren Frau benachteiligt. Sie, die Ältere, erhielt keine Lebensmittel mehr von ihm, alles floß der Jüngeren zu. Als sie ihren Mann aufforderte, auch ihr Reis, Hirse oder Mais zu geben, sagte er ihr brüsk, daß sie ja gehen könne, falls ihr etwas nicht passe. Ihr blieb nach diesem Vorfall, dem schon ähnliche vorausgegangen waren, keine Wahl, und sie kehrte in ihr Heimatdorf zurück. Ihr Sohn befand sich nun in einer sehr mißlichen Lage. Er war das einzige Kind, das aus dieser Verbindung hervorgegangen war und daher der einzige seiner Lineage im Ort. Aus nachgetragener Eifersucht, wie er meinte, verfolgte ihn die jüngere Mitfrau seiner Mutter mit übler Nachrede. Dennoch konnte er sich nicht entschließen, seine jetzige, schon heikle Situation gegen eine noch ungewissere in einem Dorf einzutauschen, das er noch nie gesehen hatte. Er folgte seiner Mutter nicht und blieb in seinem Heimatdorf.

◀ Abb. 37
Zwei *Yàràjò*-Masken bei einer Beerdigung, Tyelikaha (1986)

Hier geriet er mehr und mehr unter den Druck seines Vaters, der ihn immer wieder aufforderte, auf den Feldern mitzuarbeiten. N weigerte sich aus mehreren Gründen. Einmal, so führte er an, sei ›die Seite seines Vaters‹ nicht den Verpflichtungen gegenüber seiner Mutter nachgekommen; sie habe ihr nicht, wie üblich, die Grundnahrungsmittel gegeben. Zum anderen könne er, nachdem er jahrelang die Schule besucht hätte, unmöglich wieder regelmäßig Feldarbeiten verrichten. Dieses Argument wird von nahezu allen jungen Schulabgängern angeführt. Daher weigern sich ältere Senufo mehr und mehr, ihre Kinder zur Schule zu schicken, denn im Alter wird ihre soziale Sicherung ganz von ihren Kindern abhängen, die dann für sie die Felder bestellen sollen.

Der Konflikt zwischen N und seinem Vater, der spürte, daß er immer älter wurde und der unter häufigen Rückenschmerzen litt, spitzte sich zu. Schließlich sprachen beide nicht mehr miteinander, ja, sie grüßten einander nicht, wenn sie sich im Dorf begegneten. Eine auffälligere und gröbere Verletzung der guten Sitten ist im Senufoland kaum denkbar! In dieser Situation fand der junge Mann eine zeitweilige Anstellung, die seiner Schulbildung entsprach. Von seinem ersten Gehalt kaufte er einige Kolanüsse und Schuhe für seinen Vater und ließ sie ihm als Gabe von einem Dritten überbringen. Durch regelmäßige kleine Geldgaben entspannte sich das Verhältnis etwas, blieb aber immer von verdeckten Gegensätzen geprägt. Es gab Zeiten, in denen alles gut zu gehen schien, aber bei den geringfügigsten Anlässen konnten die Konflikte wieder in voller Härte aufbrechen. So traten regelmäßig Verschlechterungen ein, wenn N seinem Vater vorübergehend keine Geldzuwendungen machen konnte, da seine Arbeitsverträge ausgelaufen waren. In solchen Zeiten versuchte der junge Mann wiederholt, in den Städten Bouaké und Korhogo Arbeit zu finden. Erfolg war ihm nicht beschieden. Im Gegenteil; er verlor auf seinen Reisen nur seine Ersparnisse und mußte früher oder später ins Dorf zurückkehren. Außerdem trug ihm sein Verhalten erneute Vorwürfe seines Vaters ein und gefährdete durch seine Abwesenheit auch noch seine Beschäftigung im Dorf. Besonders litt der junge Mann aber unter seiner marginalen Stellung im Ort. Immer wieder hatte er wie andere seines Alters um junge Mädchen geworben, aber keines wollte seine Freundin sein. Die Ablehnung war so deutlich, daß einige junge Leute schon in aller Öffentlichkeit in Anspielungen davon sprachen.

So standen die Dinge, als er im Januar 1984 einen Traum hatte, den er sich nicht erklären konnte. Er ging zu einer alten Wahrsagerin. Diese Sitzung wird hier wegen ihrer knappen und eindringlichen Art in Auszügen wörtlich übersetzt wiedergegeben. Der Wahrsagerin gelingt es, den Anlaß der Konsultation direkt im ersten Satz zu benennen:

sàdòʔò: Er ist wegen eines Traumes gekommen?∗
Wegen einer unerklärlichen Sache?∗ Einer
unerklärlichen Sache?∗∗
Das Wunder ist an jemandes Körper?
Er hat es mit den eigenen Augen gesehen?∗
Er hat es mit den Augen gesehen?∗
Dort im Haus, auf dem Weg zum Feld? Auf
einem Feld? Im Dorf? Draußen?∗
Ein Wunder an einem Tier?∗ An einem Tier?∗

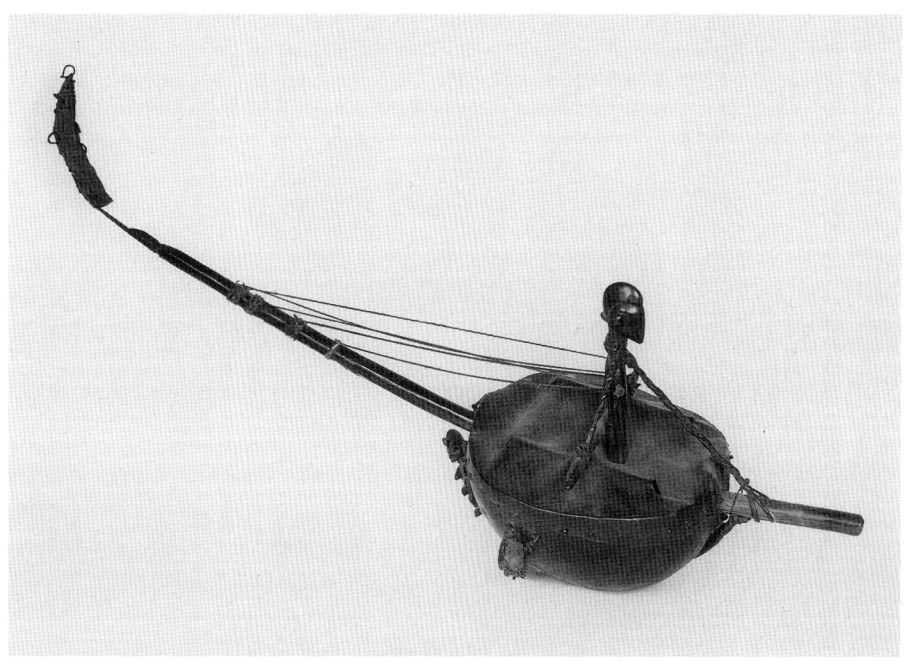

Abb. 38
Stegharfe mit der Wahrsager ihre
Hilfsgeister herbeirufen, L: ca. 100 cm,
Linden-Museum Stuttgart

Es ist ein Huhn?✱ Es ist ein Huhn?✱✱
Das Huhn gehört ihm? Es ist tot?✱ Es ist tot?✱✱
(Husten)
Er hat es vergeblich gesucht? Um ein Opfer zu vollziehen?✱✱
Um ein Opfer zu vollziehen?✱✱

Äußerungen wie diese lassen sich meistens auf irgendein Opfer beziehen, da Hühner die am meisten verwendeten Opfertiere sind. Die Wahrsagerin muß hier die genaueren Umstände bestimmen.

Das Opfer ist nicht gelungen?✱
Er hat das Opfer an die *túgúbèlè* gerichtet? An seinen *p̱īngēfòlò*[29]?
An einen *kàcēēnē*?[30]✱ An den *p̱īngēfòlò*?
An die Geistwesen des Wassers?✱ An einen Verstorbenen?
Es ist ein Opfer, das nicht gelungen ist!✱✱
Er will wissen, weshalb das Opfer nicht gelungen ist!✱
Er hat ein Huhn getötet?✱ Er hat ein Huhn getötet?✱✱
Er hat es über einem *kàcēēnē* getötet?✱✱
Ist es der *kàcēēnē*, der ihn anklagt?✱

>
> Der *kàcɛ̄ɛ̄nɛ̄* klagt ihn an٭ und sagt, daß das Opfer
> auf sich hat warten lassen? Deshalb hat er das Huhn
> nicht angenommen?٭
> Man wird den *kàcɛ̄ɛ̄nɛ̄* um Verzeihung bitten?
> Mit Kolanüssen?٭
> Er wird noch ein Huhn suchen?٭ Um damit den *kàcɛ̄ɛ̄nɛ̄*
> um Verzeihung zu bitten?٭ Das Opfer hatte zu lange
> zurückgelegen, deshalb wurde es nicht angenommen?٭٭
>
> Ihr habt gelogen! Jemand sagt, er sei krank?
> Jemand sagt, er habe irgendwo Schmerzen?
> Ich soll ihm das sagen?٭
> (an den Klienten gerichtet:) Hast du verstanden?
> Sagt dir das etwas?

Klient: Das trifft ein wenig meine Schwierigkeiten. Ich habe einen Traum geträumt. Es ist der Traum, der mich wirklich fertig gemacht hat. Deshalb komme ich, mir wahrsagen lassen.

sɑ̀dòʔò:
> *túgúbèlè*! Was hat ihm den Traum geschickt? Ist es
> ein Toter, der ihm den Traum geschickt hat? Ist es etwas,
> das ihm folgt, das ihm den Traum geschickt hat?٭
> Ist es ein *túgú*? Ist es ein Ahn? Ist es sein *p̄īngēfòlò*,
> der das geschickt hat?٭ Ist er es?٭٭
> Er will, daß man ihm etwas opfert, sein *p̄īngēfòlò*?٭٭
> Er soll seinen *p̄īngēfòlò* opfern٭ Ist es wegen seiner Jugend?
> Daß er wahrsagen kommt?٭٭
> So, wie er es machen wird, daß er eine gute Jugend hat?
> Deshalb läßt er sich wahrsagen?٭
> Die Mädchen weisen ihn zurück?
> Sie weisen ihn zurück? Sie weisen ihn nicht zurück?٭
> Die Mädchen fliehen vor ihm?٭٭
> Es ist sein *p̄īngēfòlò*, der das verursacht?٭٭
> Warum hat sein *p̄īngēfòlò* das gemacht?
> Er will...
> Er will, daß er etwas nimmt, das ihm folgt?٭
> *yāwíígē*?٭٭[31]
> *yāwíígē*?٭٭

An dieser Stelle nimmt die Wahrsagerin die verkleinerte Nachbildung eines Pythonarmreifes mit den Händen aus den Wahrsageobjekten und legt sie auf den freien Platz vor sich. Sie fährt fort:

> Er wird das am Finger tragen? Am Arm? Am Arm?٭
> War es bei ihm während seiner Kindheit?٭ Eine Python?٭
> Hat es fortgeworfen?٭ Er... er hat es nicht mehr gesehen?

Ist deshalb seine Jugend nicht gut?
Er muß es schnell suchen, und er soll seinem *p̰īngēfòlò*
Kolanüsse geben, damit er ihm das Glück der Jugend läßt?✶✶
(An den Klienten gerichtet:) Da, wo du bist, da müssen sich
diese Dinge zutragen, dort bei dir!✶✶ So?✶

Klient: Sei gegrüßt bei der Arbeit!

s̰àdò?ò: Ihr, Leute des Waldes, ist es wahr, daß er die Python bei sich hatte? Wenn das wahr ist, dann muß er alles versuchen, um den Armreif zu finden und die Python an der Hand zu tragen?
Laßt es mich durch die Kauris wissen. Hattest du einen?[32]

Hier wirft die Wahrsagerin die Schneckengehäuse und fragt gleich anschließend den jungen Mann, ob es stimme, daß er als Kind einen Pythonarmreif getragen habe. Er berichtet, daß ihm seine Mutter als Kind einen angelegt hatte, er ihn später aber abgezogen und fortgeworfen habe. Die Wahrsagerin fordert ihn auf, seine Mutter nach der Art der *yàwíígē*, also der Sache, die ihm folgt, zu fragen. Und falls sie den Armreif oder Anhänger, der hier für das Tier steht, das dem jungen Mann folgt, aufbewahrt haben sollte, dann solle sie ihm das Stück zurückgeben. Er wird es fortan zu tragen haben. Ihr Kommentar gipfelt in dem Satz: »Du willst dich selbst zurücklassen!«

Abb. 39
Eine Wahrsagerin wirft zwei Kolanußhälften, Nafoun (1984)

Eine erste Klärung ist erreicht. Nun ist noch zu bestimmen, in welchem Zusammenhang der vom Klienten erwähnte Traum steht. Der persönliche Schutzgeist, *pīngēfòlò*, des Klienten ist hier nur ein Mittler. Ein Dritter muß hinter dem Traum stehen. Der junge Mann berichtet kurz, was er geträumt hat, und die Wahrsagerin versucht nun, den Hintergrund des Traumes zu deuten. Das Ergebnis läßt keine Zweifel: Es ist die *yāwíígē* seiner Kindheit, die ihm folgt. Die Wahrsagerin wirft zur letzten Bestätigung noch zweimal Fruchthülsenhälften: Die Würfe sind positiv. Mit einigen weiteren Fragen sichert sie das Ergebnis auch nach anderen Seiten hin ab und ermahnt ihren Klienten, die Sache nicht auf sich beruhen zu lassen: Das Ende seines Lebens wäre schließlich auch verdorben! Sie beendet die Sitzung mit dem Satz: »Das haben dir die *túgúbèlè* gesagt!«

Der Wahrsagerin waren die Probleme des jungen Mannes nicht unbekannt, und ohne Zweifel wußte sie, daß er sich jetzt vor eine eindeutige Entscheidung gestellt sah: Er mußte mit seiner Mutter wieder Kontakt aufnehmen, was gleichzeitig als überdeutlicher Verweis auf seine eigene Gruppenzugehörigkeit und Identität zu verstehen ist: »Du willst dich selbst zurücklassen!« Das ist eindeutig. Der Pythonarmreif war Teil seiner Geschichte, seines Lebens, und er sollte ihm auch zeigen, wohin er gehörte. Er löste das Problem auf seine Art und Weise: Zunächst kaufte er für seinen Vater zwei Sack Reis, so daß dessen Argwohn gegen ihn erst einmal besänftigt wurde. Der Reis sollte, da die letzte Ernte schlecht war, seine Mitarbeit auf den Feldern zumindest symbolisch ersetzen. Daneben kaufte er dem Alten noch regelmäßig Petroleum für die Lampen seines Hofes. Seiner Mutter sandte der junge Mann eine Nachricht, in der er sie bat, in den Hof seines Vaters zurückzukehren. Einige Wochen später erschien sie, und hier stellte er ihr nun die notwendigen Fragen. Aufgehoben hatte sie seinen Armreif nicht, aber sie wußte, daß er eine Python dargestellt hatte.

Durch die Lösung hatten sich die Verhältnisse zumindest etwas normalisiert. Zwar blieben die Schwierigkeiten zwischen den beiden Mitfrauen des Alten, und damit auch zwischen dem Alten und seinem Sohn N bestehen, aber der offene Bruch, zu dem sie geführt hatten, war vorläufig behoben. Der Ausgleich zwischen den Interessen der Beteiligten war ein Stück nähergerückt.

In diesem Fall war die Python eine persönliche Sache, die dem jungen Mann folgte, aber es gibt auch *yāwíígē*, die Gruppen oder ganzen Lineages folgen. Um einen solchen Fall geht es im folgenden: Eine junge, vielleicht 18 oder 19 Jahre alte Frau wird, wie üblich gegen ihren Willen, an einen etwa 15 Jahre älteren Mann verheiratet. Knapp zwei Jahre später im Mai, zu Beginn der Regenzeit, nimmt sie in kurzer Zeit stark zu, und man glaubt, daß sie ein Kind erwartet. Doch als im November der Regen endet, ist sie nicht niedergekommen. Schwanger war sie nicht. Die Frauen in ihrer Umgebung munkeln von einer rätselhaften Krankheit.

Ende November wird für die Reisernte ein großer Arbeitstag festgelegt. Alle Männer des Hofes und viele andere arbeiten auf dem Feld, während die Frauen sie mit Nahrungsmitteln und Getränken versorgen. Der Frau und ihrer jüngeren Schwester fällt die Aufgabe zu, von einem nahegelegenen Teich Wasser zu holen. Am Ufer dieses Teiches steht ein kleiner Galeriewald. Die Wurzeln der direkt am Wasser stehenden Bäume sind mit Moosen und

Flechten bewachsen und reichen bis in den Teich hinein. Die beiden Mädchen müssen über diese Wurzeln zu einer Wasserstelle hinuntersteigen, wo die Wasserhyazinthen, die sonst die ganze Oberfläche des Sees bedecken, einen Flecken freigelassen haben. Beim Herabsteigen rutscht die jüngere Schwester auf den glitschigen Wurzeln aus, kann sich nicht mehr festhalten und fällt in den Teich. Sie steht bis zur Brust im Wasser, ist aber unverletzt geblieben. Sie steigt heraus, füllt ihre Kalebasse mit Wasser und fährt ohne Umstände mit der Arbeit fort.

Für die ältere der beiden Schwestern ist der Sturz aber nicht so bedeutungslos wie für die jüngere, die ins Wasser gefallen ist. Sie sucht am folgenden Markttag einen Wahrsager auf, um sich dieses merkwürdige Ereignis deuten zu lassen. Der Besuch hat Erfolg: Der sàdòʔò bezieht das Geschehen, nachdem er zusätzliche Details von seiner Klientin erfahren hat, auf eine Geschichte, die weit in die Vergangenheit der Lineage der beiden Schwestern zurückreicht: Einst folgte der ganzen Lineage eine Wasserschildkröte. Sie war schon in der Generation der Urgroßmutter erschienen. Damals waren vor allem die Schwierigkeiten bei der Geburt der Großmutter der beiden Schwestern auf die Intervention des Tieres zurückgeführt worden. Auch für andere Probleme im Leben der Großmutter und ihrer Schwester wurde von den Wahrsagern diese Wasserschildkröte, ihre yāwíígē, verantwortlich gemacht. Um forthin in Ruhe leben zu können, hatten alle Mitglieder der Lineage zwei Verbote zu beachten: Sie durften kein Fleisch dieser Wasserschildkröten essen. Außerdem sollten sie kein Wasser aus einem Teich schöpfen, der damals als Wohnort des Tieres bestimmt worden war, das ihnen nun folgte. Die Frauen der Lineage trugen auf Geheiß der Wahrsager kleine Anhänger an der Hüfte, die sólò̩, die Wasserschildkröten darstellten. Er war das Zeichen ihrer Verbundenheit mit der Tierart, weshalb die Anhänger auch einfach yāwíígē, ›die Sache, die (einem) folgt‹, genannt werden.

Später verlor sich diese Spur. Die Mutter der beiden Schwestern hatte keine solchen Probleme; die Wasserschildkröte besaß für sie nicht mehr die gleiche Bedeutung. Irgendwann verzichtete sie auch darauf, jenen kleinen Anhänger zu tragen. Auch der kleine Weiher, in dem das Tier zu Hause war, existierte nicht mehr, als die junge Frau sich ratsuchend an den sàdòʔò wandte. Er lag im Bereich eines großen Rückhaltebeckens, das eine staatliche Entwicklungsgesellschaft als Tränke für die Rinderherden der aus Mali und Burkina Faso eingewanderten Fulbe-Hirten angelegt hatte.

Der Wahrsager bezog alle diese Hintergründe in seine Interpretation des Erlebnisses der Klientin ein: Die Stelle, an der die beiden Schwestern während der ganzen Regenzeit regelmäßig Wasser geschöpft hatten, lag vielleicht zwei Kilometer unterhalb jenes Rückhaltebeckens, wo früher die Wasserschildkröte gelebt hatte. Durch das Wahrsagen stellte sich nun heraus, daß sie ihren Wohnort gewechselt haben mußte. Der sàdòʔò fragte seine Klientin mehrmals und eindringlich, ob sie nicht gesehen oder gehört habe, daß kurz vor dem Sturz ihrer Schwester eine kleine Wasserschildkröte vom Ufer in den Weiher gesprungen sei. Die junge Frau war sich nicht sicher: Das sei möglich, da sie ja nicht auf solche Dinge geachtet habe. Tatsächlich verbringen diese Tiere, die sich im Gegensatz zu Landschildkröten erstaunlich schnell fortbewegen können, oft Stunden damit, sich am Rande des Wassers zu sonnen. Wenn sie aufgeschreckt werden, springen sie mit einem Satz in ihr Element zurück und verschwinden in der dichten Vegetation unter der Oberfläche.

Abb. 40
Beerdigung, Senufo Ende 19. Jh.
(n. Binger, 1982a)

Dadurch, daß das Tier nun hierher gezogen war, war jedes Wasserschöpfen dort eine Verletzung seines Lebensraumes. Das betraf beide Schwestern, auch wenn die Jüngere keinerlei Beschwerden hatte und dem Sturz keine weitere Bedeutung beimaß. Es war eine persönliche Einstellung, aber die rätselhafte Krankheit der Älteren war nun nicht mehr nur ihre Angelegenheit.

Der Wahrsager trug seiner Klientin auf, sich auf jeden Fall einen der üblichen, die Wasserschildkröte darstellenden Gelbgußanhänger gießen zu lassen. Dazu sollte sie zwei Baumwollfäden mehrfach miteinander verknoten und sich mit dieser Schnur den Anhänger umbinden. Keinesfalls dürfe sie den Anhänger ablegen. Außerdem sagte er ihr, sie solle dem Doyen ihrer Lineage Kolanüsse geben, damit er sie zum Schutz der Verwandten opfern könne. Bei der Übergabe der Nüsse sollte sie ihm genau von dem Ergebnis der Konsultation berichten. Er empfahl ihr außerdem, der jüngeren Schwester von dem Ergebnis der Sitzung zu erzählen, damit sie sich sicherheitshalber auch einen solchen Anhänger beschaffen könne. Schließlich wurde allen Mitgliedern der Lineage aufgelegt, nicht länger aus dem Teich Wasser zu schöpfen oder den neuen Wohnort der Schildkröte sonst irgendwie zu verletzen. Natürlich wurde auch das Verbot, Fleisch dieser Tiere zu essen, noch einmal bekräftigt.

Farbtfl. VII
Hütte eines Heilkundigen, Odia (1986)

Die junge Frau erhielt bald nach dieser Konsultation auf ihr Fragen hin einen alten Anhänger von ihrer Mutter, den diese bereits von der Großmutter geerbt hatte. Fortan trug sie ihn ständig an einem Band an der Hüfte. Jedes Detail dieser Anhänger fügt sich in das Bild, das die Senufo von der Wasserschildkröte und ihrer Lebensweise haben: Da ist zunächst der Panzer, dessen Zeichnung durch eine Spirale dargestellt ist. Sie soll gleichzeitig die Wellen versinnbildlichen, die entstehen, wenn das Tier sich ins Wasser fallen läßt. Der Schwanz ist als liegendes Dreieck, ähnlich einer Flosse, wiedergegeben. Man sagt, daß diese Schildkröten solche Schwänze hätten, um sich schneller im Wasser fortbewegen zu können. Die vier Beine schauen nur kurz unter dem Panzer hervor. Der Kopf endlich ist ebenfalls durch ein Dreieck dargestellt, die Augen sehen in der Regel direkt nach oben und liegen nicht seitlich, wie in der Natur.

Auch in dieser Wahrsagesitzung sind wieder drei Bereiche verhandelt worden. Einmal sind allgemein anerkannte Deutungsschemata wiederhergestellt worden: Tiere verlangen ihren Lebensbereich, wer hier eindringt, hat mit Konsequenzen zu rechnen. Das ist eine kulturelle Kategorie. Im Vordergrund stehen in diesem Fall jedoch soziale Normen, genauer die Zugehörigkeit zur eigenen Lineage, auch über die Heirat hinaus. Man verständigt sich über sie mit Hilfe jener kulturellen Konzepte. Durch die *yāwíígē*, die Schildkröte, die der Lineage folgt, wird deren korporativer Charakter bekräftigt und für jedermann kenntlich gemacht. Das ist in der Situation der noch nicht lange verheirateten jungen Frau nicht ohne Bedeutung; sie kann ihre eigene Identität in der neuen Umgebung, dem Hof des

Abb. 41
Beerdigung eines Seilers, Tanz über den in Tüchern eingenähten Leichnam, Tyelikaha (1986)

Mannes, besser behaupten. Ob ihr das bei ihrer rätselhaften Krankheit weiterhelfen wird, bleibt zunächst abzuwarten. Der *sàdò?ò* hatte sich zu diesem Punkt nicht eindeutig geäußert, sondern der Frau in einem Nebensatz nahegelegt, einen Heilkundigen aufzusuchen. Er mag sich hier auf eine Erfahrung berufen haben, von der ältere Frauen immer wieder berichten: Nach drei, vier oder fünf Jahren hat sich das Verhältnis der Ehepartner normalisiert, man respektiert sich und lebt ohne Auseinandersetzungen zusammen. Solche Deutungen sind kritisierbar, je nachdem, ob die entsprechenden sozialen Normen durch Verweisungszusammenhänge als ein relevanter Bestandteil der Situation gesehen werden oder nicht. Der Ehemann der jungen Frau kann also einwenden, dies oder jenes spiele hier gar keine Rolle. Dann müßten sich die beiden engangierten Parteien, und das sind immer auch die beiden Lineages, noch einmal unterhalten. Erst wenn man sich darüber einig ist, was und welche Normen hier gelten sollen, können die Handlungen der Beteiligten koordiniert werden und zu einer schnellen Beseitigung der Probleme führen. Auch das wird dem Wahrsager bewußt gewesen sein, als er sich zu diesem Grenzfeld nicht noch eingehender äußerte. Das kann durchaus in einer anderen Konsultation zu einer anderen Gelegenheit geschehen. Man sieht, daß dieser Prozeß nicht abgeschlossen ist. Die Bekräftigung der allgemein anerkannten Lineagezugehörigkeit der jungen Frau ist dagegen ein unproblematischer Schritt. Diese Norm wird anerkannt, und die Bestätigung ihrer sozialen Zugehörigkeit macht auch geordnete, legitimierte interpersonelle Beziehungen möglich. Schon daher wird ein Beitrag zur sozialen Integration geleistet. Auf der Ebene der Persönlichkeit wird damit einer Entfremdung der Frau vorgebeugt. Der Sturz ihrer jüngeren

Abb. 42
Kuto-Maske der Seiler bei einer Beerdigung, Tyelikaha (1986)

Farbtfl. VIII
Begräbnis eines Dorfältesten, Herantragen des Toten,
Nafoun (1982)

Farbtfl. IX
Xylophonensemble bei Begräbnisfeierlichkeiten, Nafoun (1982)

Schwester war für diese ein persönliches Erlebnis, das einen über sich selbst hinausweisenden Sinn nur als Zeichen für die Situation der älteren erhielt, und so einen Verweisungszusammenhang auf die *yāwíígē* der Lineage herstellte. Der ganze Fall hätte einen anderen Verlauf genommen, wenn Sturz und Krankheit von vornherein als persönliche Schwierigkeiten gedeutet worden wären, wie es im ersten Fall des jungen Mannes geschah. Solche Interpretationen sind kaum weniger häufig. Die Wahrsager können dann auch von der Krankheit sprechen: einer, die die Zurechnungsfähigkeit des Klienten vorübergehend (oder dauernd) einschränkt. Man muß sich dabei vor Augen halten, daß eine solche Einschränkung zu keinerlei Stigmatisierung des Klienten führt, wie es in Europa der Fall wäre. Aber damit ist bereits das Feld der Heilkundigen betreten.[33] Auch in diese Richtung könnte der Weg der jungen Frau noch führen.

So verweist jeder Anhänger oder Armreif, jede ›Sache, die (einem) folgt‹, jede *yāwíígē*, auf eine Geschichte; die Lebensgeschichte einer Person und ihrer Umgebung, in der sie lebt. Kultur, Gesellschaft und Person sind Teil einer Lebenswelt, die sich in diesen Geschichten abbildet und fortsetzt.

Im Grunde sind diese Geschichten Geschichte. Sie können sich endlos fortsetzen, sie verlaufen sich, oder sie brechen ab. Eine persönliche *yāwíígē* muß nicht vererbt werden. Wird sie aber vererbt, dann folgt man nicht den normalen Regeln der Erbschaft, die eine

Abb. 44 ▶
Xylophon-Ensemble und Sänger bei einer Beerdigung, Odia (1986)

Abb. 43
Präsentation der als Kondolenzgaben dienenden Baumwolldecken, Nafoun (1983)

Farbtfl. X
Beerdigung eines Schmiedes, Ehrung der Musiker durch eine *kōdāl*-Maske, Nafoun (1983)

Farbtfl. XI
Beerdigung eines Schmiedes, Tanz einer *kōdāl*-Maske, Nafoun (1984)

Weitergabe entsprechend den matrilinearen Deszendenzregeln vorschreiben. Vielmehr wird eine persönliche *yāwíígē* vom Sohn des Verstorbenen weitergetragen, was auch der Weitergabe der schon erwähnten persönlichen Schutzgeister entspricht. Dieses Vorgehen ist bezeichnend, denn natürlich werden alle die, die für eine ganze Lineage gelten, matrilinear vererbt.

Daran schließt sich ein letzter Punkt an, der in diesem Kapitel behandelt werden soll: Die Bedeutung von Beerdigungsfeierlichkeiten, in deren Rahmen die in Messing oder heute auch Aluminium gegossenen Gesichtsmasken der Senufo auftreten. Solche Beerdigungen sind sehr komplexe Rituale, die hier leider nicht in ihrem ganzen Umfang und in allen Details beschrieben werden können. Ich muß mich auf die wesentlichen Merkmale ihrer rituellen Organisation und die wichtigsten gesellschaftlichen Zusammenhänge beschränken. Es sei gleich hinzugefügt, daß das hier Beschriebene nicht für jedermann gilt. Große und aufwendige Beerdigungen werden nur für alte Notable durchgeführt. Kinder werden ohne Umstände sofort beerdigt, und wer nicht älter als etwa 30 oder 35 ist, erhält nur wenig Aufmerksamkeit. Seine Beerdigung dauert einen Tag und eine Nacht, manchmal zwei. Der volle rituelle Aufwand wird nur für Männer oder Frauen getrieben, die eine entsprechend große Lücke in der sozialen Struktur hinterlassen.

Ein zweiter, nicht weniger bedeutender Punkt ist die Zugehörigkeit zum Poro. Wer ihn nicht hinter sich gebracht hat, der muß auf seine organisatorische und rituelle Unterstützung, die nur Mitgliedern zusteht, verzichten. Wenn die Verwandten darauf großen Wert legen, werden Verstorbene gelegentlich posthum in den Bund aufgenommen. Dies geschieht vor allem, um Schwierigkeiten bei den Feierlichkeiten zu vermeiden. Die Hinterbliebenen führen dann an, daß allein der Poro den korrekten Ablauf einer so großen Unternehmung gewährleisten könne. Damit ist nicht nur der organisatorische Ablauf gemeint, sondern mehr noch die richtige Umverteilung des angesammelten Kapitals, von der oben schon gesprochen wurde. Durch die Einschaltung einer Institution wie der des lineageübergreifenden Poro-Bundes kann man sich gegen eventuelle Einsprüche oder Einwände von dritter Seite absichern. Auf ritueller Seite kann durch den Poro eine den Vorschriften entsprechende Trennung von Körper und *nyī,* das mangels eines besseren Begriffes hier einmal als »Seele« bezeichnet werden soll, besser vollzogen werden.

An dritter Stelle ist die Zugehörigkeit zu einer Handwerkergruppen zu nennen, die im Zusammenhang mit den Metallmasken eine größere Rolle spielen. Die Poro-Bünde jeder dieser Gruppen unterscheiden sich nicht nur von dem der Bauern, sondern auch untereinander. Die deutlichsten Differenzen gibt es hier zu den *cēlíbèlè,* den Seilern und Gerbern, die im Grunde keine Senufo sind. Sie sprechen von Hause aus nicht nur einen Dialekt der Malinké, sondern sind auch kulturell eher Vertreter dieses Volkes, wo sie als griots eine besondere soziale Stellung innehalten. Ihr Bund weist stärkere Parallelen zum Lo auf, dem Gegenstück des Poro im Bereich der Malinké.[34] Auch ihre Masken sind anders als die der Senufo, von denen sie wohl nur die gehörnten zoomorphen Helmmasken übernommen haben. Heute sind allerdings viele Seilergruppen zum Islam konvertiert.

Anders liegen die Dinge bei den Schmieden, *fǫnō:bèlè,* und den Schnitzern, *kùlíbèlè,* die sich als nahe verwandt betrachten. Beide Gruppen kannten bis in die zweite Hälfte des

Abb. 45
Tanz einer *Kōdāl*-Maske bei der Beerdigung eines Schmiedes, Nafoun (1984)

Abb. 46
Der Tanz der *Kōdāl*-Masken wird immer wieder durch kleinere Pausen unterbrochen, in denen sich die Maske auf ihren Tanzwedeln abstützend niederkniet, Nafoun (1984)

19. Jahrhunderts hinein nicht die örtlich gebundene Organisation des Poro in Hainen (vgl. Förster 1986: 30–31). Ihren eigenen oralen Überlieferungen zufolge erlaubten ihre häufigeren Ortswechsel nicht die Anlage solcher Haine, die sich über Jahrzehnte hinziehen kann. Erst, als sie seßhaft wurden, legten sie wie die Bauern Haine für ihre Bünde an. Als wesentlichen und ursprünglichen Teil ihres Bundes sehen sie ein Ensemble von Musikinstrumenten. Es besteht aus zwei bis vier eisernen, geschlitzten Aufschlagröhren, die mit einem ebenfalls eisernen Stab geschlagen werden. Daneben wird noch eine Querflöte aus Holz verwendet, und zu bestimmten Anlässen eine mittelgroße Faßtrommel, die »Schmiedetrommel«. Dagegen waren den Schmieden die großen und schweren Musikinstrumente, die für den Poro der Bauern so typisch sind, früher fremd. Spielt man zur Unterhaltung auf, treten noch zwei oder drei Sanduhrtrommeln hinzu. Dieses Ensemble tritt in seiner einfachsten Form bei Beerdigungen auf, wo es zusammen mit einem Sänger den Leichnam umschreitet. Das geschieht mehrmals im Laufe des vier bis fünf Tage dauernden Rituales. Am ersten Abend findet es in der Hütte, in der der Tote liegt, statt.

Am zweiten Tag, manchmal am dritten, werden die Kondolenzgaben überreicht. Dabei handelt es sich, wie bei den Bauern, um mehr oder weniger große Tücher. Früher war es das bei den Senufo übliche Schmalbandgewebe aus naturweißer oder in Schußmustern mit Indigo gefärbter Baumwolle. Heute sind daneben schon industriell gefertigte Stoffe und Decken zu finden. Neben den Tüchern und Decken werden direkte Zahlungen geleistet, früher in Kaurischnecken, heute in Geld. Zur Übergabe versammelt man sich im Hof des Verstorbenen, wo die Hinterbliebenen Hocker, Stühle und Bänke aufgestellt haben. Nacheinander wenden sich die Trauergäste an ein jüngeres Mitglied der Lineage des Toten und zeigen ihm, was sie mitgebracht haben mit der Bitte, es dem Notablen vorzulegen. Die Größe der Tücher und die Höhe der Geldbeträge richten sich nach der Beziehung, die zwischen dem Geber und dem Toten bzw. seiner Lineage bestand. Ist zum Beispiel der Doyen einer befreundeten Lineage gestorben, dann wird man den eigenen Doyen mit einem großen schönen Tuch schicken und ihm außerdem einen angemessenen Betrag für die Notablen der anderen Seite mitgeben. Das ist obligatorisch. Kleinere Münzen wird er an alle wichtigen oder anwesenden Mitglieder der betroffenen Lineage verteilen. Hier kommt es darauf an, daß niemand vergessen wird und niemand ungerechtfertigt viel oder wenig erhält. Auch Mitglieder seiner Altersklasse werden etwas geben, wie überhaupt jede Gruppe, zu der der Tote gehörte, oder zu der er eine Tauschbeziehung unterhielt, hier vertreten sein wird.

Auf dem Platz steht ein Ausrufer mit einem Gehilfen, der die Tücher oder das Geld hochhält und laut verkündet, von wem und für wen sie gegeben wurden. Das ist eine verantwortungsvolle Aufgabe. Eine kleine Nachlässigkeit, ein kleines Versehen, können später zu Beschwerden und Anklagen führen. Zum Teil sind die Tücher so groß, daß man sie nur mit Hilfe zweier Besenstiele in ihrer vollen Höhe vorzeigen kann. Auch das muß erwähnt sein. So gibt es Leute, die als gute »Ausrufer« bekannt sind und immer wieder darum gebeten werden. Sie erfüllen ihr Amt oft mit Witz und Ironie. Letztlich kann aber ein kleines, unscheinbares Tuch eine größere Bedeutung gewinnen als ein großes, das aus gegenseitiger Verpflichtung gegeben wurde. Denn auch persönliche Freundschaften können so ausgedrückt werden, oder auch das Ende eines Konfliktes. Jemand kann zum Beispiel einen Streit mit dem Verstorbenen gehabt haben und diesen nun mit dieser Gabe beile-

◀ Farbtfl. XII
Traditionelle Keramik,
Markt Korhogo (1987)

gen. Natürlich wird umgekehrt, auch das Fehlen von Gaben genau registriert. So entsteht ein abschließbares, umfassendes Bild von den sozialen Beziehungen des Toten und der Gruppen, zu denen er gehört: Lineage, Clan, Altersklassen und andere.

Der eigentliche rituelle Höhepunkt der Beerdigungsfeierlichkeiten folgt am gleichen Tag. Etwa die Hälfte der Tücher wird zum Vorrat der Lineage getan, wo sie als Kondolenzgaben für andere Beerdigungen zur Verfügung stehen. Die andere Hälfte wird im Hof des Verstorbenen oder dem des Ältesten des Viertels aufgeschichtet. Der Leichnam wird von Angehörigen der Altersklasse, zu der der Tote gehörte, herbeigetragen, auf den Stapel gelegt und nach und nach in die Tücher eingenäht. Dazu spielt das Musikensemble und in aller Regel auch das Xylophonorchester der Bauern des Ortes. Je mehr Tücher, desto länger dauert also auch das Einnähen. Währenddessen tanzen Verwandte und Freunde entgegen dem Uhrzeigersinn um den Toten und die, die am Boden kauern und ihn in die Tücher einnähen. Ist das letzte Tuch vernäht, nähern sich die geheimen Masken des Poro, und alle, die diese nicht sehen dürfen, haben sofort den Platz zu räumen. Die dann folgenden Riten sind bis auf den heutigen Tag streng geheim. Sie werden hier nur sehr verkürzt beschrieben: Die Masken des Poro begleiten den Toten zum Grab, in das der Leichnam bei Sonnenuntergang gebettet wird. Die anschließende Nacht wird ›die Wacht‹ genannt. Man tanzt, unterbrochen von weiteren Auftritten des Poro, bis zum Morgengrauen. Am Nachmittag des folgenden Tages wird die Grablegung symbolisch mit einem Stab wiederholt. Auch hierzu treten wieder die Masken des Poro auf.

Der nächste und letzte Tag der Beerdigungsfeierlichkeiten gehört der Jugend, genauer den Altersklassen, die in den Hain des Bundes initiiert werden, wenn die, die dort jetzt für

Abb. 47
Tanz einer *Kōdāl*-Maske anläßlich der Beerdigung eines Schmiedes, Nafoun (1984)

den Bund arbeiten und auch dessen Masken tragen, in die nächste Klasse, die der Alten, aufgerückt sein werden.

War der Tote ein Schmied, sind es die jungen Schmiede, bei einem Schnitzer sind es die jungen Schnitzer des Poro-Bundes, zu dem der Verstorbene gehörte, sowie die, die einmal in die anderen Poro-Bünde der Schmiede am Ort eintreten werden. Dazu kommen noch die jungen Männer, die in den benachbarten Orten in die dortigen Bünde eintreten sollen. Denn wie die Notablen der Bünde untereinander rituelle Austauschbeziehungen unterhalten, so gibt es solche auch unter den jungen Schmieden, die sich gegenseitig bei Beerdigungen besuchen und einander bei den anfallenden Arbeiten helfen. Dieses Netz ist bei Handwerkern aufgrund ihrer Geschichte meistens weiter geknüpft als bei den Bünden der Bauern. Nicht selten kommen noch Schmiede aus einer Entfernung von 50 oder sogar 100 Kilometern. Ihr Tag, der letzte der Feierlichkeiten, hat einen ganz anderen Charakter als die vorangegangenen, die für die Teilnehmer von Trauer, der Last der Organisation und Verantwortung geprägt waren. Bei den Auftritten des Poro steht keineswegs der ästhetische Genuß im Vordergrund, wie häufig Europäer und mitunter sogar Ethnologen annehmen[35]. Beurteilungskriterium für die Senufo ist vielmehr, ob Ablauf und Durchführung den rituellen Regeln Genüge tun und damit auch den Ansprüchen der beteiligten Gruppen. Nur dieser letzte Tag, an dem der eigentlich wichtige rituelle Teil bereits abgeschlossen ist, gehört weitgehend dem Vergnügen und der unbelasteten Entspannung.

Die jungen Schmiede organisieren an diesem Tag einen Tanzwettbewerb der *kōdál*-Masken ihrer Altersklassenverbände. Jede Gruppe besitzt eine solche Maske, die von jedermann gesehen werden darf, auch Frauen und Kindern. Und vor allem dafür steht der Name

Abb. 48
Zwischen den Auftritten einzelner Masken imitieren junge Männer auf humoristische Art deren Tanz, Nafoun (1984)

kōdál. Ikonographisch sind es Vorsatzmasken des Typs, für den die Senufo so bekannt geworden sind.[36]

Das Besondere der Schmiedegruppen ist aber, daß sie Masken besitzen, die im Wachsausschmelzverfahren gegossen wurden. Die Bauern verwendeten nach Überlieferungen der Schmiede einst nur *kōdál*-Masken, die einen aus Raffia und Stoff geflochtenen Kopfaufsatz besaßen. Erst in neuerer Zeit hätten sie hier und dort auch aus Holz geschnitzte *kōdál*-Masken übernomen, die heute sogar teilweise außerhalb des Altersklassensystems von Jugendlichen zur Musik der Xylophonensembles getanzt wird. In vielen Gegenden hat sich diese Aufteilung aber erhalten. Dort sind Holz- und Metallmasken dieses Typs nach wie vor nur Schmieden und Schnitzern vorbehalten. Unter diesen beiden ist die Teilung allerdings nicht so streng, wie es die eben angeführte Tradition will: Danach sollen die Schnitzer Masken aus Holz und die Schmiede solche aus Metall verwenden. Die Schnitzer sind als eine relativ junge Abspaltung der *fǫnō:bèlè*, jedoch nicht überall vertreten und dort, wo sie fehlen, übernehmen die Schmiede auch ihre Arbeiten. Gelegentlich gibt es sogar schnitzende Schmiede in Orten, die auch eine Kolonie der *kùlìbèlè* beherbergen. So kommt es also auch vor, daß Schmiedegruppen *kōdál*-Masken aus Holz tanzen, während umgekehrt nie berichtet wird, daß solche Masken aus Metall von Schnitzern oder Bauern getanzt werden.

Für den Tanzwettbewerb der *kōdál*-Masken rufen die jungen Luete die Notablen der Schmiede des Dorfes und die Hinterbliebenen des Toten zusammen. Viele andere kommen hinzu und bilden ein großes Rund, wenn der Auftritt beginnt. Das kleine Ensemble der Schmiede aus Aufschlagröhren und Querflöte spielt auf, und unter der Führung der anderen Tänzer, die jetzt noch keine Kostüme tragen, betritt die erste Maske den Kreis. Das Gesicht hält sie so ruhig es geht, aber die beiden langen Pferdeschweife, die ihr als Tanzwedel dienen, schwingt sie um das Gesicht. Auch die Kleidung ist auf die schnelle, tänzerische Bewegung ausgerichtet. Kränze aus langem, farbigen Bast sind um Hand- und Fußgelenke sowie die Hüfte gebunden, eine großes Tuch ist an der Maske selbst befestigt und fällt bis über den halben Rücken. Die Maske tanzt zunächst auf die Musiker zu und ehrt sie, indem sie ihnen eine Hand auf die Schulter legt. Notable werden nach und nach durch das Auflegen beider Hände auf die Schultern geehrt. Dazwischen gibt es immer wieder schnellere Tanzeinlagen und Pausen. In diesen stützt sie sich mit Hilfe der beiden Pferdeschweife am Boden ab. Nach außen wird sie dabei von den anderen, noch nicht kostümierten Tänzern abgeschirmt, so daß sie für kurze Zeit den metallenen Gesichtsvorsatz nach oben schieben kann, um besser Luft holen zu können. Dann springt sie plötzlich wieder auf, um in ihren Darbietungen fortzufahren.

Ist sie erschöpft, verläßt sie den Kreis. Eine andere Maske bereitet sich vor. Während dieser Unterbrechung imitieren und parodieren die nicht kostümierten Tänzer die Masken und Musiker, so daß in diesen Pausen oft herzlich gelacht wird. Nach und nach erscheinen so die Masken der verschiedenen, bei den Beerdigungsfeierlichkeiten vertretenen Gruppen. Die der Gastgeber ist die letzte, und es steht von vornherein fest, daß schließlich sie den Wettbewerb gewinnen wird und »die Beste« ist. Der letzte, der Ehrenplatz, ist auch eine Anerkennung der Gastgeber. Auch hier, wo man zur Freude tanzt, sind soziale Normen und kulturelle Werte stets gegenwärtig.[37]

2. Die Technik

> »Sie (die Einwohner Aghmāt Warīka's) sind reich und Händler; In das Land der Schwarzen begeben sie sich mit einer großen Zahl von Kamelen, die mit rotem und farbigem Kupfer, Kleidung aus Wolle, Tüchern, allen Sorten von Colliers und Ketten aus Glas, Perlmutt und Stein, mit verschiedenen Mittelchen und Parfümen sowie Werkzeugen aus Eisen beladen sind. Wer solche Aufträge seinen Dienern oder Sklaven anvertraut, besitzt in der Karawane hundert, achtzig oder siebzig beladene Kamele.«
>
> al-Idrīsī, ca. 1154 n.Chr.[38]

Diese Beschreibung des arabischen Geographen al-Idrīsī charakterisiert nicht nur die Einwohner der Stadt Aghmāt Warīka, sondern sie gibt auch einen Eindruck vom Handel zwischen den Ländern des Maghreb und dem *bilād al-sūdān,* dem ›Land der Schwarzen‹, bevor europäische Seefahrer ihre Niederlassungen an der Guineaküste errichteten. Aghmāt Warīka war im 11. und 12. Jahrhundert eine jener wohlhabenden Handelsstädte im Süden des heutigen Marokko. Von hier aus zogen Karawanen mit den von al-Idrīsī aufgezählten Waren nach Süden zu den Städten Takrūr und Awdaghust, hierhin kehrten sie mit Sklaven, vor allem aber Gold von dort zurück. Dieser Reichtum an Gold sicherte den islamischen Ländern Nordafrikas bis ins 15. Jahrhundert eine Vorherrschaft auf den Geldmärkten des Mittelmeerraumes, die durch ihre christlichen Nachbarn nie ernsthaft gefährdet werden konnte – bis es gelang, einen anderen, schnelleren und direkteren Zugang zu Märkten zu finden, an denen Gold zu günstigeren Bedingungen zu erhalten war. In dieses Kräftefeld schreiben sich Entwicklung und Verbreitung des Wachsausschmelzverfahrens ein. Denn, wie jeder Handel, hatte auch dieser zwei Richtungen: Auch die Europäer mußten, wie die Händler der Karawanen, ihren Partnern Waren anbieten und verkaufen. Und beidesmal spielt Kupfer eine bedeutende Rolle.

Thema dieses zweiten Teiles werden Technik und Geschichte des Wachsausschmelzverfahrens im westlichen Sudan sein. Schon aus der kurzen Beschreibung al-Idrīsī's ist zu sehen, wie eng die Verbreitung dieser Technik mit der Geschichte des Handels und der politischen Entwicklung verknüpft ist. Unterschiedliche Bedingungen auf allen Ebenen, vom einfachsten Markt bis zum Kontinente verbindenden Fernhandel, greifen ineinander und müssen berücksichtigt werden.

Ein Hinweis mag dieses Problem verdeutlichen: Keines der Gelbgußobjekte der Senufo ist ein Goldgewicht. Die direkten Nachbarn der Senufo im Süden, die Akanvölker, sind dagegen gerade für ihre überaus reiche Produktion an Goldgewichten berühmt geworden. Wissenschaftler wie Ivor Wilks und Tim Garrad haben zeigen können, daß sowohl die Gewichte als auch deren Maßeinheiten unter dem Einfluß islamischer Händler aus den großen Handelsstädten am Niger entstanden sind. Nichts dergleichen findet sich bei den Senufo, durch deren Land doch die Handelswege zu den Akanvölkern führten. Offensichtlich waren sie jahrhundertelang kein interessanter Handelspartner für die Dyula, die in vielen Dörfern der Senufo eigene Viertel gebaut hatten. Dort fanden die wandernden Händler Schutz und Obdach. Und später wurden die Handelsrouten von Fürstentümern gesichert, die unter der Kontrolle eben jener Dyula oder anderer Malinké standen. So mag es zwar wenig erstaunlich sein, daß es im Senufoland keine Goldgewichte gibt, aber die Frage nach der Übernahme des Wachsausschmelzverfahrens durch die Senufo bleibt offen.

Ein Schwerpunkt dieser Darstellung soll daher auf den Bedingungen der Verbreitung des Wachsausschmelzverfahrens liegen. Wann und wo diese Technik zuerst praktiziert wurde, ist sicher ein wichtiger Punkt. Aber es erscheint uns weniger sinnvoll, diese Daten dann zu einem Bild einer mehr oder weniger kontinuierlich vorrückenden Front zu ordnen, als vielmehr zu untersuchen, wie sie in bestimmten Gebieten von den dort lebenden Menschen übernommen werden konnte. Erst mit diesem Wissen lassen sich Bewegungen in der Zeit näher erklären und verstehen. Oft können einzelne Daten nur so in einem größeren Zusammenhang erfaßt werden. Es wird nicht durchweg möglich sein, auf alle damit verbundenen Fragen bereits Antworten zu geben. In vielen Fällen wird man sich noch auf die Beschreibung dieser teilweise neuen Problembereiche konzentrieren müssen, zwar die entsprechenden Fragen formulieren, aber ihre Lösung nur in groben Umrissen andeuten können.

Es wird um die zeitliche Dominanz von Handels- und Wirtschaftsformen gehen, ihre Bedeutung für die ökonomische Entwicklung in verschiedenen Gebieten, die in dem uns interessierenden Raum durchaus unterschiedliche Wege einschlagen konnten. Vergleiche werden Kontraste und Variationen am besten verdeutlichen. Als Leitfaden können dabei Organisation und Umfang des Gütertausches dienen, die sich vor allem in der Rolle von Märkten und den Beziehungen zwischen Städten und ihrem Umland ausdrücken. Auf internationaler, zum Teil aber auch auf der überregionalen Ebene, werden Geld- und später Kreditzirkulation immer wichtigere Faktoren, die sich im Laufe der Zeit mehr und mehr auf lokaler Ebene auswirken. Umgekehrt können natürlich auch Ereignisse auf lokaler oder regionaler Ebene den Fernhandel entscheidend beeinflussen. Die Unverkäuflichkeit einer Ware kann zu einer starken Beeinträchtigung des Handels führen, politische Veränderungen können hergebrachte Handelswege blockieren und zumindest zeitweise den Austausch zum Erliegen bringen. Die für viele Fernhandelsstraßen, vor allem aber den Transsaharahandel, notwendigen hohen Kapitalbindungen mit Laufzeiten von mehreren Monaten bis zu einem, zwei oder gar drei Jahren, schließen weite Teile der Bevölkerung von vornherein von der Teilnahme an diesem Handel aus. Einige Gebiete können im Laufe der historischen Entwicklung ihre Stellung verbessern, aber andere bleiben bis in die Kolonialzeit an der Peripherie des marktbestimmenden Geschehens.

Zu diesen gehört in mancher Hinsicht auch das Senufoland, das zunächst am äußersten Rand des mittelalterlichen und frühen neuzeitlichen Handelssystems lag und später auch nur indirekt an dem von der Guineaküste ausstrahlenden europäischen Handel teilhatte. Sie waren damit auch von den Gewinnchancen ausgeschlossen, die, wie schon al-Idrīsī berichtete, enorm sein konnten. Gegen Ende des 10.Jahrhunderts sah Ibn Ḥawqal in Sijilmāsa, einem anderen Handelszentrum im südlichen Marokko, einen Scheck über 42000 dīnār, die aus dem Handel mit der Stadt Awdaghust im Reich Ghāna stammten.[39] Das sind umgerechnet etwa 170 bis 200 kg Gold[40], und das mag einen Eindruck von der Bedeutung dieses Handels geben. Dieser Reichtum konzentrierte sich aber sowohl nördlich als südlich der Sahara in den Händen einiger weniger Kaufleute, während der größte Teil der

Abb. 49
Befestigter Ort im Senufoland, Ende 19. Jahrhundert (n. Binger, 1892a)

Bevölkerung, besonders auf dem Lande, davon ausgeschlossen blieb. Das betraf nicht nur Bauern, sondern auch viele Handwerker, deren Produkte doch auf den Märkten verkauft wurden. Kurz, im Handel, in der Verteilung der Güter, war mehr Geld zu machen als in der Produktion.

2.1 Zur Geschichte des Wachsausschmelzverfahrens im westlichen Sudan und bei den Senufo

Der Guß in verlorener Form ist über den Handel zu den Senufo gekommen, dessen Entwicklung im westlichen Sudan auch die Verbreitung dieser Technik bestimmte. Einen umfassenden Überblick über Warenangebot und Nachfrage kann man sich wie seit Jahrhunderten auf den großen, lebhaften Märkten verschaffen. Ein Gang über die großen Plätze oder durch das Gedränge der engen Budengassen in Korhogo, Bobo Dioulasso oder Sikasso genügt. Hier schlägt das Herz der Handelsstädte, ist ihre Mitte, und hier zirkulieren Geld, Waren und Nachrichten. Wenig hat sich daran geändert seit der Ankunft der Europäer. In den größeren Städten gibt es zwar mehr und mehr Läden und Geschäfte, doch ihr Sortiment kann gar nicht so vielfältig und umfangreich wie das eines großen Marktes sein. In Kleinstädten und größeren Dörfern sind Märkte oft wie vordem die einzige Möglichkeit des Austausches, will man nicht in die nächste Stadt fahren. In vielen Gegenden gibt es aufeinander abgestimmte Marktsysteme. Hat die Stadt ihren Markttag, ist in den Marktflecken des Umlandes keiner, hat dagegen ein kleinerer Ort seinen Markt, wird nur der benachbarte darauf abgestimmt sein. So sind Netze entstanden, die im Rhythmus einer 6 oder 7 Tage Woche für alle Orte einer Region die Markttage festlegen, bezogen auf den Markt der Stadt, die den natürlichen Mittelpunkt des Gebietes und seines wirtschaftlichen Lebens bildet[41].

Große Märkte liegen, sofern der Platz es erlaubt, im Zentrum der Stadt, wo sie heute meist eine tägliche Einrichtung geworden sind. Dennoch ist auch hier der eigentliche ›Markttag‹ noch etwas Besonderes: Frühmorgens, lange vor Sonnenaufgang, sieht man schon auf den Straßen Frauen mit großen Schalen voller Tomaten, Gombo, Erdnüssen, Bohnen, Reis oder auch Körben und Tonwaren aus den Dörfern der Umgebung in die Stadt ziehen. Oft sind sie zwanzig oder dreißig Kilometer gelaufen, wenn sie den Markt erreicht haben und sich an ihrem Platz niederlassen. Denn auf den Märkten herrscht, trotz allen Gedränges, eine strenge Ordnung. Jedes Gewerbe, jeder Händler hat seinen Standort. Nur dem Fremden scheint alles wild durcheinander gewürfelt. Die Frauen vom Land sitzen einfach auf dem Boden und stellen ihre Schüsseln und Körbe vor sich. Was sie verkaufen, trägt zu ihrem ganz persönlichen Einkommen bei. Meistens handelt es sich um Dinge, die nur von Dorf zu Dorf ausgetauscht werden, leicht verderbliche Lebensmittel oder Tontöpfe und Schalen, für die ein weiterer Transport zu aufwendig wäre.

Für nahezu alle anderen Waren gibt es spezialisierte Händler. Da verkauft einer nur modernes Geschirr aus Aluminium, oder ein nächster nur solches aus Email in allen Far-

Abb. 50
Großhändler auf einem ländlichen
Markt, Sirasso (1985)

Abb. 51
Moderne Haushaltsgeräte auf dem
Markt von Korhogo (1986)

ben und mit allen Dekors. Früher war fast nur chinesische Importware zu finden, heute stammen die Näpfe, Schüsseln und Becken auch aus Fabriken der unteren Elfenbeinküste und zeigen häufig die Nationalfarben des Landes. Besonders in den Städten drängen sie langsam die traditionelle Keramik in den Hintergrund. Eine andere Sparte sind die kosmetischen Artikel, die auf Tüchern oder kleinen Tischen nur von Frauen angeboten werden. Da gibt es die verschiedensten Seifen, Waschmittel und Zahnpasten, auch Haarfarbe, mit der man sich die Haare tiefschwarz oder hellblond tönen kann, Mittel, mit denen sich krauses Haar glätten läßt, Pomade, selbst künstliches Haar, das in langen schwarzen Zöpfen auf den Tischen liegt. Daneben sind Babypuder, Sonnenöl und kleine Arzneien wie Crèmes und Salben aufgebaut. Eine wichtige Gruppe sind heute die Verkäufer von Fahrrädern, Motorrädern und deren Ersatzteilen, die man sowohl neu als gebraucht erstehen kann. Viele bieten zusätzlich noch Werkzeuge, Kerosinlampen, Nägel, Schrauben und andere Metallwaren an. Hacken, Beile und Äxte für die Landwirtschaft werden von wieder anderen ausgelegt, oft den Schmieden, die sie hergestellt haben. Sonst findet man sie zusammen mit Trittfallen für wilde Tiere, leeren Blechdosen, großen Plastikkanistern und anderem Gerät. Zu den modernen Luxusartikeln gehören Radios und Cassettenrecorder, die aufgereiht in kleinen Buden stehen. Mindestens aus einem in jedem Stand quillt Musik: Reggae und die neuesten Hits oder die nach wie vor im Senufoland sehr beliebte Xylophonmusik, oder auch die zu Kora, einer Stegharfe, gesungenen Balladen und Legenden der *griots* aus Mali oder Guinea.

Zu den traditionellen Luxusartikeln gehören dagegen Stoffe. Bis heute werden sie ausschließlich von Dyula, zu denen sich auch die aus Mali kommenden Soniké zählen, und von einigen Hausa gehandelt. Diejenigen unter ihnen, die sich den herkömmlichen Schmalbandgweben widmen, haben meist gleich hinter ihrem Verkaufsstand, wo sie ihre Tücher über Leinen hängen und dem Publikum die verschiedenen Muster und Farben zeigen, einen Stuhl und eine Nähmaschine stehen, an denen sie die einzelnen Streifen zusammennähen. Besonders wertvolle Stoffe sind die in Indigo gefärbten und durch Abbinden gemusterten, die wie früher aus Mali importiert werden (vgl. Menzel 1972b: nos. 234–6). Allgemein gebräuchlich sind dagegen die schweren Baumwolldecken, die aus handgesponnenem Garn hergestellt werden und während des Harmattan vor der Kälte der Nächte schützen. Für die Senufo sind es Decken, die ursprünglich mit den Dyula in ihr Land gekommen sind (vgl. Gardi 1985: 212–18, bes. Abb. 44).

Fremde Waren sind die modernen bedruckten Stoffe, deren Verkauf auf den Märkten ebenfalls von Dyula und Hausa kontrolliert wird. Hier gibt es wohl die vielfältigste Auswahl an Mustern. Da werden einerseits Stoffe der traditionellen Schmalbandweberei imitiert, aber man findet auch phantasievolle Kombinationen aus herkömmlichen Mustern und Darstellungen aller Art, von Hühnern und Moscheen bis zu Fußbällen mit den Namen der Städte, wo die Mannschaft der Republik Elfenbeinküste vor kurzem spielte. Auch Politiker und ihre Parolen werden auf Stoffe gedruckt und getragen. Diese Tücher sind keine Luxuswaren, wie die traditionellen oder die, die im echten Wachsdruck hergestellt sind. Sie tragen nicht zu Unrecht Namen wie »mon mari est capable«: »Mein Mann ist in der Lage [dieses Tuch zu bezahlen]«.

Schließlich gibt es noch jenen Bereich, der für Europäer oft am faszinierendsten ist; den des Schmucks und der Heilmittel. Auch hier hat industriell hergestellter Tand Eingang gefunden. Man sieht überall kleine Anhänger aus Buntmetall, die Aufschriften wie ›I love you‹ tragen. Doch ein größerer Teil des Abgebotes stammt nach wie vor aus traditioneller Fertigung: Da liegen auf den Tischen und Tüchern der Händler Ketten aus Glasperlen, die schon lange getragen und nach europäischen oder nordafrikanischen Vorbildern gegossen wurden. Direkt daneben sind solche, die heute industriell in Afrika hergestellt werden, und nun wiederum die afrikanischen zum Vorbild haben. Wenn man aufmerksam sucht, findet man manchmal sogar noch die alten Vorbilder beider: Alte Glasperlen aus Böhmen und Venetien, die vor Jahrhunderten nach Westafrika importiert wurden.[42] Viele Händler stellen zusätzlich noch eine Schale auf, in der einzelne Perlen liegen, so daß sich jeder eine Kette nach eigenem Geschmack zusammenstellen kann. Für Wohlhabende werden schließlich Ketten und Anhänger aus Achat und anderen Halbedelsteinen angeboten, und für die Frauen der Fulbe-Hirten gibt es viele Arten von Bernstein, der als Einzelglied verkauft wird. Sein Preis ist hoch, so hoch, daß eine einfache Senufofrau sich nie solchen Schmuck wird leisten können.

Für die Senufo-Frauen und Männer liegen andere Dinge bereit: Da gibt es Dutzende kleiner Fingerringe, die aus einfachem oder doppeltem Kupferdraht gebogen sind, ebensolche Ringe aus Eisen, kleinere und größere Armspangen aus Leichtmetall oder Messing, oft gepunzt, Armreifen, die aus zwei, drei oder mehr Drähten aus verschiedenen Metallen zusammengedreht sind. Vor allem sind hier jedoch alle jene Gegenstände zu haben, die

die Wahrsager ihren Klienten verordnen können. In langen Reihen liegen da alte, schon abgetragene, aber blitzblank geputzte Gelbgußarmreifen, die billiger sind, als die neu vom Gießer hergestllten. Daneben tauchen manchmal auch Armreifen auf, die von benachbarten Ethnien stammen, selbst alte Manillas aus der vorkolonialen Zeit sind zu finden. Es gibt ein großes, nahezu unüberschaubares Angebot von Anhängern der unterschiedlichsten Gestalt und Größe, alle im Wachsausschmelzverfahren gegossen, sowie Fingerringe mit Chamäleons oder anderen Tieren in der gleichen Technik. Auch die größeren Gelbgußgegenstände wie die am Fußknöchel getragenen Ringe, werden verkauft. Und schließlich können sich auch die Wahrsager selbst auf dem Markt ihre Ausrüstung zusammenstellen. Es gibt neben anthropomorphen Figuren, die für ihre Hilfsgeister stehen, größere, freistehende Darstellungen des Chamäleons, Reiterfiguren, sogar die einen großen Rinderkopf zeigenden Fingerringe des *nɔ̀kārigā* Bundes der Heilkundigen kann man bekommen. Die Händler haben, kurz gesagt, alles auf Vorrat, was im Wachsausschmelzverfahren hergestellt wird. Nur die Masken, die bei Beerdigungen getanzt werden, bieten sie ihren afrikanischen Kunden nicht an. Manchmal haben sie so ein Stück in Truhen unter ihren Verkaufstischen. Aber Touristen werden normalerweise nicht auf dem Markt bedient. Für sie gibt es Stände nahe der großen Hotels in Städten. Dort stehen die Händler aus dem Senegal, sind die Preise höher und die Waren schlechter.

Auf den Märkten, wo Senufo und Dyula kaufen, müssen nämlich noch andere Mittel bereitgehalten werden, die neben den Gelbgußgegenständen von ebendenselben Wahrsagern verordnet oder von Heilkundigen benötigt werden. Getrocknete Pfoten, Krallen, Tatzen von wilden Tieren, verschiedene Vogelköpfe, Federn, Krötenpanzer, Schlangenhäute und Schlangenköpfe, Felle und Häute von Raubkatzen, Eidechsen, Waranen, sogar kleinen Krokodilen und dergleichen mehr. Daneben werden Gewürze angeboten, die nur weiter nördlich im Sahel, aber nicht im Senufoland zu finden sind, auch Steinsalz aus der Sahara, das im Küchenbereich weitgehend von importiertem Salz verdrängt wurde, aber für bestimmte Kuren nach wie vor verwendet wird. Diese kurze, und bei weitem nicht vollständige Schilderung kann vielleicht schon einen Eindruck von der Reichhaltigkeit des Warenangebotes und den weitreichenden Verbindungen, die hier gepflegt werden, vermitteln. Nur zwei Produkte müssen noch erwähnt werden: Da sind einmal die aus dem Regenwald im Süden stammenden Kolanüsse. Sie werden zwar auch auf dem Markt verkauft, aber sie sind keine Handelsware wie andere. Wer mit Kolanüssen handelt, kann sich mit seinem Korb überall hinstellen, wo viele Menschen vorbeikommen: Auf dem Markt, vor der Post, an der Hauptverkehrsstraße. Es ist ein Gelegenheitskauf, wie in Europa der eines Päckchens Zigaretten am Kiosk. Zum anderen ist das Vieh gemeint. Heute werden im Süden des Senufolandes nur noch Geflügel, Ziegen und Schafe direkt auf dem Markt gehandelt, während der Verkauf von Rindern zu einem großen Teil von staatlichen Entwicklungsgesellschaften kontrolliert wird.

Der Markt ist der Ort, wo sich die Zirkulation von Gütern, Waren und Nachrichten direkt beobachten läßt. Hier kommen Verwandte aus entfernten Dörfern zusammen, oder können zumindest einander durch Dritte Botschaften ausrichten lassen. Auch soziale Aspekte wie diese sind im Wortsinn offensichtlich. Und aufgrund dieser einfachen Zugänglichkeit eignen sich Handel und Marktwesen gut, historische Entwicklungen nachzuzeichnen. Schilderungen, die im letzten Jahrhundert entstanden sind, unterscheiden sich kaum von

Farbtfl. XIII
Moderne Plastikwaren,
Markt Korhogo (1987)

Abb. 52
Ausstellung modernen Modeschmucks auf einem ländlichen Markt, Kanoroba (1986)

Abb. 53
Moderner Modeschmuck auf einem
städtischen Markt, Korhogo (1986)

Farbtfl. XIV
Münzen als Schmuck auf einem städtischen Markt, Banfora (1987)

Farbtfl. XV
Münzen und Armreifen
auf einem ländlichen Markt,
Sindou (1987)

der hier gegebenen, wenn man einmal von den modernen Luxusartikeln absieht. Selbst einem jener arabischen Geographen des Mittelalters wären die heutigen Auslagen und Angebote nicht völlig fremd gewesen. Er hätte sich zurechtfinden können. Freilich zirkulierten damals die Güter auf anderen Wegen, mit anderen Zielen und mit anderen Mitteln – genau dies ist Thema dieses Kapitels –, aber es gibt einige Konstanten und Gesetzmäßigkeiten, die genannt werden sollten. Noch einmal al-Idrīsī über das ›Land der Schwarzen‹ südlich der Länder Takrūr und Ghāna: »Sie zieren sich mit Schmuck aus Kupfer, mit Gehängen, mit Ketten aus Glas und Stein... und verschiedenen Arten falschen Onyx, der aus Glas hergestellt wird« (1866: 5,Übers.5–6). Al-Idrīsī hatte selbst die Sahara durchquert und kannte aus eigener Anschauung zumindest die Stadt Awdaghust, die damals zum Reich Ghāna gehörte und ein Umschlagplatz für Waren war, die, wie das Salz, weiter nach Süden gebracht werden sollten, oder, wie das Gold, von dort kamen. Hier wurden sie auf Kamele verladen, um dann den weiten Weg durch die Wüste zu beginnen. Auch die nördlich gelegenen Städte waren Umschlagplätze in solchen Kontaktzonen. In Nūl Lamta, in Sijilmāsa oder in Wargla wurden, oft auf Eseln, die Waren zusammengeführt und die großen Karawanen gebildet. Wer an solchen Stellen saß, der kontrollierte Verteilung und Zirkulation, der konnte reich werden. Ein Blick auf die Lage der damaligen Handelszentren und ihre Herren sagt nicht nur viel über die Organisation des Handels aus, sondern auch über seine naturräumlichen Bedingungen, die von allen berücksichtigt werden mußten.

Da sind zunächst Kapazität und Geschwindigkeit der Transportmittel. Für sie lassen sich in der Geschichte des westafrikanischen und Transsaharahandels vier größere Zeitphasen unterscheiden: a) Die der Ochsen- und Pferdekarren. b) Die der Kamelkarawanen. c) Die der europäischen Seeschiffahrt an der Guineaküste. d) Die mit der Kolonialisierung einsetzende Erschließung durch moderne Verkehrsmittel. Die Phasen dürfen aber keineswegs als einander ablösende Epochen gesehen werden. Vielmehr existierten die verschiedenen Wirtschaftsformen oft jahrhundertelang nebeneinander. So hat, um nur ein Beispiel zu nennen, die europäische Schiffahrt an der Guineaküste den kontinentalen Transsaharahandel durchaus nicht zum Erliegen gebracht, wohl aber Verteilung und Produkte verändert. Oft genug konnten Portugiesen ihre Waren nicht absetzen, weil sie auf eine starke und effektive Konkurrenz einheimischer Händler stießen (vgl. Goucher 1981).

Einen Einschnitt stellte dagegen im 8.Jahrhundert die Einführung des Kamels im westlichen Afrika dar. Mit seiner Hilfe konnte sich überhaupt erst ein nennenswerter, regelmäßiger Handel durch die Sahara entwickeln. Zwar gab es auch vorher schon Beziehungen zwischen dem Maghreb und den Ländern südlich der Sahara, aber die zu dieser Zeit verwendeten Ochsen- und Pferdekarren waren dem Kamel als Transportmittel weit unterlegen. Bei den mit Pferden bespannten Karren wird es sich zudem eher um Streitwagen gehandelt haben.

In der westlichen Sahara lebten damals wie heute berberische Nomaden, die Ṣanhāja. Sie waren durch die fortschreitende Austrocknung des Gebietes gezwungen, sich gegen die seßhafte Bevölkerung weiter südlich zu wenden, und diese mehr und mehr aus ihrem ursprünglichen Siedlungsraum, der sich bis weit in das heutige Mauretanien hinein erstreckte, zu verdrängen.[43] Die Beziehungen zwischen Bauern und Ṣanhāja blieben in diesem wie in anderen Teilen des Sahel gespannt. Einfälle und Übergriffe der Nomaden

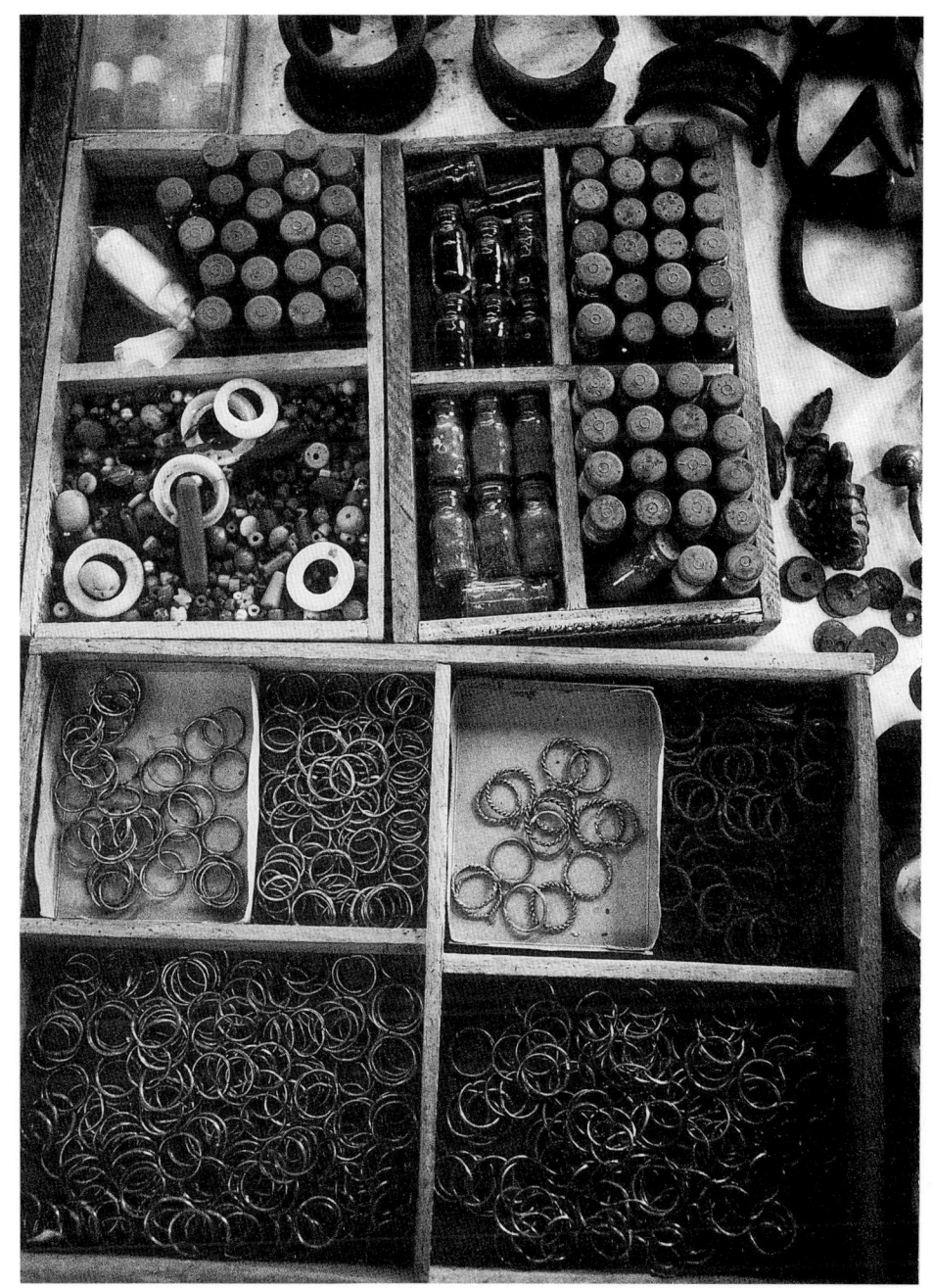

Abb. 54
Traditionelle Fingerringe aus Kupfer, Glas- und Plastikperlen, und älterer Kupferschmuck auf einem städtischen Markt, Korhogo, (1986)

Abb. 55
Traditioneller Kupfer- und Aluminiumschmuck auf einem ländlichen Markt, Nafoun (1986)

Abb. 56
Moderner und traditioneller Kupferschmuck auf einem städtischen Markt, Korhogo (1986)

Farbtfl. XVI ▶
Kleinstädtischer
Markt, Banfora (1987)

Abb. 57
Im Wachsausschmelzungsverfahren gegossene Anhänger in der Auslage eines städtischen Großhändlers, Korhogo (1986)

kennzeichnen die gesamte Geschichte der Reiche des westlichen Sudan. Andererseits wird ebenderselbe Druck die Organisation der seßhaften Bevölkerung in größeren staatlichen Gebilden zumindest teilweise mit provoziert haben, denn so konnten sich diese gegen die räuberischen Attacken aus dem Norden besser zur Wehr setzten. Dennoch gelang es den Ṣanhāja nicht nur einmal, ihre Herrschaft der bäuerlichen Bevölkerung aufzuzwingen.

Die politischen Organisationsformen der Nomaden selbst blieben dagegen stets locker und instabil, so daß den wenigen Staaten, die durch sie gegründet wurden, keine lange Lebensdauer beschieden war. Das Erscheinen der berberischen Ṣanhāja im Sahel brachte jedoch einen entscheidenden Vorzug mit sich: Durch sie konnten die südlich gelegenen Gebiete in den Transsaharahandel einbezogen werden. Die Bewohner der mittelalterlichen Reiche des Sudan wickelten ohne Ausnahme ihren Warenaustausch mit dem Maghreb durch eben jene Berbernomaden ab. Sie ermöglichten den Handel über das längste und am schwersten zu bewältigende Teilstück dieses langen Weges. Diese Konstellation war eine wesentliche Konstante für den gesamten Güterverkehr und beeinflußte die mit dem Handel verbundenen Wirtschaftsformen der Gebiete an dessen südlicher Peripherie.

Zu den Bedingungen dieses Güterverkehrs gehörte auch, daß die ausgetauschten Waren den aufwendigen und kostspieligen Transport über Tausende von Kilometern rentabel machen mußten. Ein Kamel kann nur ein bestimmtes Gewicht tragen. In der Regel liegt eine Last bei etwa 200 kg (Monod 1978: 346). Transporte über eine so große Distanz müssen daher von einem möglichst vorteilhaften Verhältnis zwischen Wert und Gewicht der Ware ausgehen. Es ist daher wenig erstaunlich, wenn sich in den Aufzählungen der arabischen Geographen fast nur Waren finden, die zu den Luxusgütern der damaligen Zeit gehörten und deshalb hohe Preise erzielten. Es waren Produkte, die auf der anderen Seite, also nördlich oder südlich der Sahara, gar nicht oder nur unter erheblich höheren Kosten herzustellen waren. Ideal war in diesem Sinne der Transport von Gold, das ein günstiges Wert/Gewicht-Verhältnis besaß und außerdem in Maghreb auf keine nennenswerte Konkurrenz stieß. Ähnlich war die Situation für das Steinsalz aus der Sahara. Im Sahel und in den nördlichen Gebieten des Sudan war es ohne Konkurrenz. Weiter südlich konnte auch aus Pflanzen gewonnenes Salz verwendet werden, aber dessen Gewinnung war mühsam und nur in geringen Mengen möglich. In den küstennahen Gebieten stand schließlich noch Salz zu Verfügung, das in Salinen gewonnen wurde. In dem feuchten Klima war es aber nur schwer zu transportieren und konnte keine größeren Regionen versorgen, wie es mit den Salzbarren aus der Wüste möglich war. Umgekehrt waren die Arbeiter der Salzbrüche in der Sahara vollständig auf Lebensmittellieferungen aus dem Süden und, zu geringeren Teilen, dem Norden angewiesen.

Offensichtlich gehörte – die Berichte der Araber zeigen das – auch Kupfer zu jenen Gütern, deren Wert den langen Transport durch die Sahara rechtfertigte. Und diesen hohen Wert muß es bereits seit Beginn der Zeit der Kamele[44] besessen haben, also auch

Abb. 58
Auslage eines städtischen Großhändlers für traditionelle Heilmittel und Accessoires, Ferkessedougou (1986)

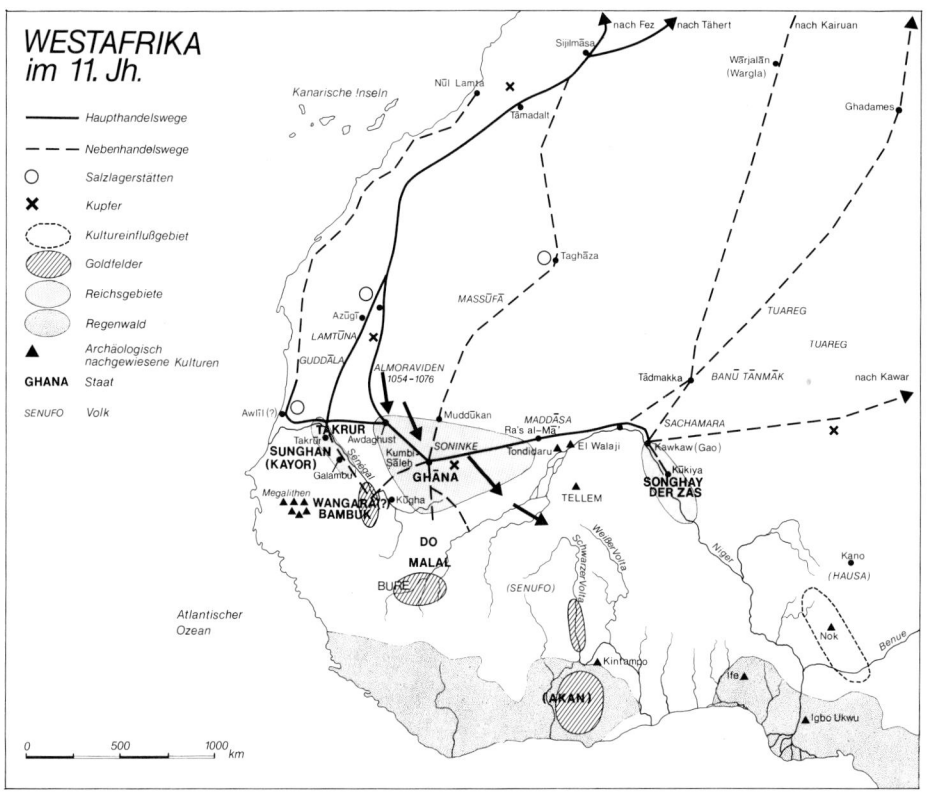

vor der arabisch-islamischen Expansion in den Maghreb zu Beginn des 8. Jahrhunderts (vgl. Oliver & Fagan 1975: 157–159). Die ersten Zeugnisse, daß südlich der Sahara Kupfer verarbeitet und gebraucht wurde, reichen sehr viel weiter zurück. Aufsehen erregende Ergebnisse haben in diesem Zusammenhang die sorgfältig durchgeführten und dokumentierten Grabungen in der Region In Gall und Tekkida n Tesemt gezeigt. Dort, in der heutigen Republik Niger, konnten aufwendig gebaute Öfen zur Kupferschmelze aus dem 2. vorchristlichen Jahrtausend[45] freigelegt werden (Grébénart 1985: 170–173). Diese Phase, Kupfer I genannt, stellt die älteste bekannte Verarbeitung des Metalls auf afrikanischem Boden außerhalb Ägyptens dar. Die Öfen wurden wahrscheinlich durch Handwerkergruppen, die ihr Wissen bereits mitbrachten, an dieser Stelle errichtet und betrieben (Grébénart 1985: 410–11). Sie haben in dieser Region und darüber hinaus keine Parallelen, und ihre Einordnung in einen größeren geschichtlichen Zusammenhang ist noch nicht geklärt.

Anders ist es mit der Phase Kupfer II, die etwa im 9. Jahrhundert vor Christus einsetzt und das ganze vorchristliche Jahrtausend umfaßt. Sie konnte nicht nur an verschiedenen Orten der Region In Gall nachgewiesen werden, sondern vor allem auch in dem Gebiet um

Fig. 1
Ohrring mit Anhänger, Kupferdraht, Mauretanien (n. Lambert 1971)

Fig. 2
Anhänger (Bruchstück), Messing, Mauretanien (n. Lambert 1971)

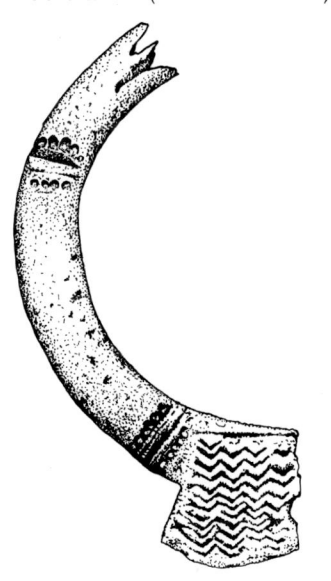

Akjouit im heutigen Mauretanien, also dort, wo auch die ersten Handelswege zwischen Maghreb und Sudan entstanden. In beiden Gebieten wurden Öfen des gleichen Typs verwendet. Er unterscheidet sich deutlich von dem der Phase Kupfer I, so daß eine kontinuierliche Entwicklung nicht anzunehmen ist: Kupfer II ist nicht aus Kupfer I hervorgegangen. Die Kupferverarbeitung in Mauretanien und die der zweiten Phase im Niger können dagegen mit großer Wahrscheinlichkeit auf einen anderen, gemeinsamen Ursprung zurückgeführt werden, der wohl im Mittelmeerraum zu suchen ist. Dort fanden zur gleichen Zeit ähnliche Öfen Verwendung. Wichtig sind hier die Beziehungen und Parallelen zwischen dem Maghreb und dem heutigen Mauretanien (Grébénart 1985: 411, Rosenberger 1970), die die weitere Entwicklung im westlichen Sudan stärker bestimmen werden und deshalb hier im Vordergrund stehen sollen.

In Mauretanien und an den Ufern des Flusses Senegal entwickelte sich seit dem 8. vorchristlichen Jahrhundert eine umfangreiche Kupferindustrie. Sie geht in diesem Gebiet der Eisenverarbeitung voraus, während im übrigen Afrika südlich der Sahara Kupfer und seine Legierungen erst nach dem Eisen bekannt wurden. Die aus dem Norden kommenden Anregungen trafen hier auf sehr günstige regionale Voraussetzungen, denn ohne die Minen in Akjouit wäre eine Kupferverarbeitung in diesem Umfang sicher nicht möglich gewesen. Die Transportmittel konnten, im Gegensatz zu der Zeit der mittelalterlichen Reiche, noch nicht ausreichend Rohmaterialien aus dem nördlichen Afrika herbeischaffen. So sind die Handwerker dieser Zeit gezwungen, sich der vor Ort vorhandenen Mittel zu bedienen, und ihre Erzeugnisse erhalten bald einen durchaus eigenständigen Charakter. Die Gegenstände sind klein, da das Material selten ist, einen hohen Wert hat und nur sehr sparsam verwendet werden kann. Es handelt sich um Klingen und Beschläge von Waffen, kleine, offene Ringe, die am Finger oder als Ohrring getragen worden sein könnten, ein offener Armreif mit rechteckigem Querschnitt und ein Ohrring mit einem Anhänger aus zu zwei Spiralen zusammengerolltem Kupferdraht (Fig. 1). Diese Objekte stammen aus dem 5. Jh. vor Chr.[47], während eine zweite Gruppe von Messing- und Bronzeobjekten jünger zu sein scheint. Hier müssen ein dekorierter Messinganhänger (Fig. 2) und eine Fibel aus Bronze erwähnt werden. Sie entspricht einem Typ, der im 6. Jahrhundert im Mittelmeerraum weit verbreitet war[48], in der Region von Akjouit fremd ist und daher als ein Import aus dem Norden angesehen werden kann. Im 3. Jahrhundert vor unserer Zeitrechnung wird die Ausbeutung der Kupferminen jedoch unterbrochen, um erst im 8. Jahrhundert nach Christus für kürzere Zeit wieder aufgenommen zu werden.

Mit den gesellschaftlichen Veränderungen, die im frühen Mittelalter zur Gründung des Reiches Ghana führen, wandeln sich auch die Bedingungen dieser Produktion und ihre Erzeugnisse. Die Einführung des Dromedars erlaubt nun einen regelmäßigen und größeren Austausch zwischen Maghreb und Sudan. Zunächst spielen die Kupferminen Mauretaniens und zu der Zeit auch die in der Nähe des heutigen Nioro-du-Sahel und in der Region von Selibaby noch eine Rolle, aber sie werden mehr und mehr von importiertem Rohmaterial zurückgedrängt, das fortan den Markt bestimmen wird. Einen Eindruck von diesem Handel vermögen nicht nur die oben schon wiedergegebenen Schilderungen der arabischen Geographen zu geben, sondern auch der Fund eines Karawanendepots aus dem Anfang des 12. Jahrhunderts.[49] Das Depot bestand aus Messingstäben und Kaurischneckengehäusen und wurde wohl angelegt, um später wieder abgeholt zu werden. Es befindet sich in einem der unwirtlichsten und unzugänglichsten Teile des östlichen Mauretanien, welcher von den Nomaden Ma'den Ijāfen genannt wird: ›Mine des Ijāfen‹. Die dort gefundenen Messingstäbe waren sorgfältig gebündelt und konnten auf die Last eines Kamels (200 kg) oder die eines Esels (50 kg) geteilt werden. Jeder Stab war etwa 70 cm lang und wog knapp 500 g. Rund 2000 Stäbe befanden sich noch in dem Depot, was einem Gesamtgewicht von nahezu einer Tonne entspricht. Die genaue Herkunft dieses Metalls konnte bisher nicht bestimmt werden, aber es sprechen einige Gründe dafür, daß es aus dem heutigen Marokko stammte. In diesem Zusammenhang ist vor allem der Sūs südlich und östlich von Agadir zu erwähnen. Dort gibt es nicht nur leicht zugängliche Kupfervorkommen, sondern aus dieser Landschaft stammten auch andere Waren, die ihren Weg in das ›Land der Schwarzen‹ fanden.

Besonders aufschlußreich für die weitere Entwicklung sind die sehr sorgfältig durchgeführten Grabungen in Tegdaoust, heute ebenfalls in Mauretanien gelegen.[50] Mit großer Wahrscheinlichkeit handelt es sich um die mittelalterliche Stadt Awdaghust, die lange Zeit ein südliches Ziel der Transsahara Karawanen war. Ihre Blüte als Handelsplatz und handwerkliches Zentrum erlebte sie in der Zeit vom Ende des 8. Jahrhunderts bis etwa zum Jahr 1050 nach Christus. Vorher schon gab es hier eine reiche handwerkliche Tätigkeit, doch wird gleich von Beginn an auch Eisen verarbeitet. Es eignet sich für Waffen und Ackerbaugeräte sehr viel besser als das weichere Kupfer. Im 9. Jahrhundert existiert ein entwickeltes Kupferhandwerk, das unter anderem Schmuck hervorbringt. Schon zu dieser Zeit gibt es Importe aus dem Norden. Seltene und teure Produkte sind es: Glas und Perlen, aber auch Keramik, deren genaue Herkunft man noch nicht kennt, die aber der Ware aus dem islamischen Spanien und dem Maghreb des 9. und 10. Jahrhunderts entspricht (Tedgaoust III 1983: 554, Robert 1970: 479). Awdaghust muß eines der wichtigsten Zentren gewesen sein, von dem aus zuerst Handelsverbindungen mit den Staaten in Nordafrika geknüpft wurden: Tāhert im 8. Jahrhundert (Lewicki 1962: 513–5), mit den Aglabiden im 9. und Ifrīqiya im 10. und 11. Jahrhundert – damals eine weitgehend selbstständige und mächtige islamische Grenzprovinz, heute im östlichen Algerien und in Tunesien gelegen.[51] Nicht weniger bedeutend waren die Verbindungen nach Sijilmāsa[52], das ein Umschlagplatz auf dem weiteren Weg in den Norden des heutigen Marokko und nach Spanien war. In den Jahren 1065–68 schrieb dort al-Bakrī über Awdaghust, daß es eine »große Stadt und sehr bevölkert« sei. Auch finde man dort mehrere Moscheen mit Schriftgelehrten, die Stadt besäße Süßwasserbrunnen, und um sie herum erstreckten sich Dattelhaine: »Die Einwohner haben ein schönes Leben und besitzen große Reichtümer. Der Markt ist zu jeder Zeit voller Menschen, die Menge ist so groß und das Gerede so laut, daß man kaum verstehen kann, was der Nachbar sagt. Gekauft wird mit Goldpuder, denn dort findet man kein Silber...«[53] Die Gründe für den Aufstieg der Stadt sind offensichtlich: Im 10. und 11. Jahrhundert ist sie ein Hauptumschlagplatz für Waren, vor allem Gold, geworden, die den Sudan in Richtung Norden verlassen, und für Produkte, die von dort nach Süden gebracht werden.

Mit dieser Blüte geht ein außergewöhnlicher handwerklicher Reichtum einher: Man findet wertvolle Tonwaren, wie glasierte Öllampen (Robert-Chaleix 1983) und Teller, die in großer Zahl regelmäßig aus dem Maghreb importiert und hier kopiert werden. Dazu kommen die eben schon erwähnten Luxusgüter. Etwa zur gleichen Zeit setzt eine nicht weniger bedeutende technische Entwicklung ein. Das Rohmaterial für Kupferschmuck wir nun in Barren

Abb. 59
Steinsalz und Wismut, Boundiali (1986)

Fig. 3
Ohranhänger, Kupferlegierung, Tegdaoust (n. Tegdaoust III 1983)

eingeführt.[54] Der Schmuck selbst zeigt eine hohe Entfaltung der handwerklichen Fähigkeiten. Es gibt Ohrringe mit und ohne Anhänger, Fingerringe, kleine Spiralen, die als Kettenglieder gedient haben könnten, und Nadeln. Daneben ist eine Vielfalt von Armreifen und -ringen zu erwähnen. Offene und geschlossene mit rundem oder flachem Querschnitt. Einer dieser Reifen trägt ein feines, geometrisches Dekor, das graviert wurde (Vanacker 1983: 92–93, pl. 1 no. 5). An anderen Schmuckstücken liegen Perlen, Anhänger und Ohrgehänge vor. Besonders erwähnenswert sind kleine Glöckchen[55], die, zumindest zum Teil, im Wachsausschmelzverfahren hergestellt wurden (Fig. 3). Daneben wurden Bruchstücke von Gußformen gefunden, sowohl einfache, als auch solche, an die ein Schmelztiegel angesetzt werden konnte. Andere Fragmente stammen von Gußformen mit Trichtern, in die die Metallbruchstücke vor dem Guß eingelegt und anschließend verkleidet wurden. Damit ist in Awdaghust eine Technik nachgewiesen, die genauso noch heute von den Senufo und anderen Völkern Westafrikas praktiziert wird.

Auch das gesamte Umfeld von Awdaghust ist es wert, näher betrachtet zu werden. Die Technik hat sich wohl nicht nur von Zentren dieser Region aus im westlichen Sudan verbreitet, sondern die dort zuerst erscheinenden Zusammenhänge mit dem westafrikanischen Handelssystem und auch die damit verknüpften politischen Entwicklungen und Konstellationen werden die weitere Verbreitung des Wachsausschmelzverfahrens bestimmen.

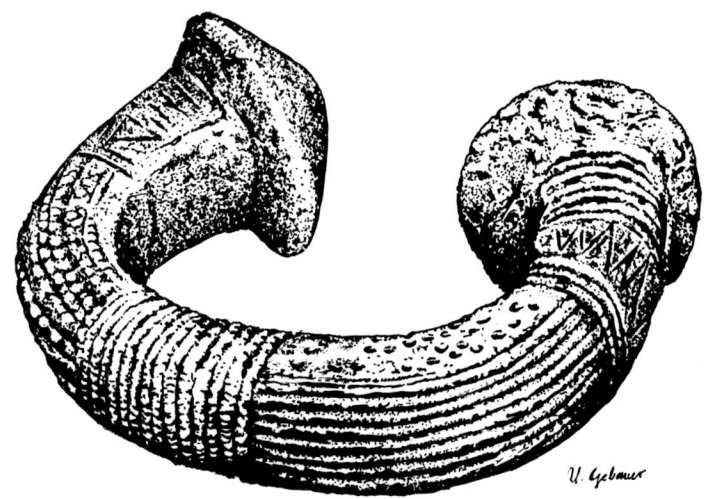

Fig. 4
Fußreif aus Podor, Senegal (n. Thilmans 1977)

Awdaghust war zunächst eine wirtschaftlich eigenständige Stadt. Von ihr führten Handelswege in das Reich Takrūr am Senegal und nach Südosten in das ›Goldland Ghāna‹. Nach den Schilderungen Ibn Ḥawqals[56] muß die Stadt im 10. Jahrhundert eine gemischte Bevölkerung von Ṣanhāja und Gruppen aus dem Sudan gehabt haben, wohl vor allem Soninké, die das staatstragende Volk des Reiches Ghāna waren. Die politische Herrschaft über Awdaghust besaß ein berberischer Fürst, sehr wahrscheinlich ein Lamtūna, der sich kaum in der Stadt aufgehalten (vgl. Levtzion 1973: 30–32), sondern seine nomadisierende Lebensweise bewahrt haben wird. Die Händler, die in Awdaghust den Austausch mit dem Norden organisieren, waren zwar auch Berber, gehörten meistens aber einer anderen Gruppe aus Ifrīqiya an. Die Lamtūna überwachten eher den Handel und erhoben Abgaben für ihren Schutz. Als wenig später Awdaghust vom Reich Ghāna vereinnahmt wurde, brachte das für die dort ansässigen Händler keine Nachteile mit sich. Ihr Zugang zum Goldhandel wurde nicht beeinträchtigt, sondern eher erleichtert: Durch die Integration in das Reichsgebiet entfielen die Zölle, die von den Herrschern Ghānas an den Grenzen auf Salz, Kupfer und Luxusgüter erhoben wurden (vgl. Levtzion 1973: 115). Die Lamtūna verloren dagegen eine wichtige, wenn nicht die wichtigste Einnahmequelle, an deren Kontrolle ihnen natürlich weiterhin gelegen war.

Unter der Herrschaft Ghānas wurden die Verbindungen zu dessen Hauptstadt und darüber hinaus erleichtert, und sicher war spätestens zu dieser Zeit die Kupferverarbeitung im gesamten Gebiet des Reiches verbreitet. Die Funde aus Kumbi-Ṣāleh[57], wahrscheinlich die alte Hauptstadt, zeigen das: Dort wurden unter anderem kleine Kupfer-›Fäden‹ gefunden, die in zwei Typen aufgeteilt werden können; einen kleineren und einen etwa doppelt so großen und schweren. Es wird vermutet, daß sie ein Tauschmittel waren, welches neben dem Goldpuder als ›Kleingeld‹ diente. Möglich ist aber auch, daß es sich um Halbfertigprodukte handelte: In Awdaghust konnte eine Industrie zur Herstellung von Kupferbarren –

allerdings anderer Form und Größe – nachgewiesen werden (10. & 11.Jh., Vanacker 1983: 94–98 pl.2). Es gab ein eigenes Viertel, in dem Werkstätten und Öfen konzentriert waren. Im einzelnen sind die Handelsbeziehungen noch nicht genau zu rekonstruieren, aber deutlich läßt sich ein homogener Komplex ›westlicher Sudan‹ ausmachen und von einem zweiten, weiter östlich im heutigen Niger gelegenen, abgrenzen[58]. Dies ist ohne Zweifel auf den durch das Reich Ghāna geschaffenen einheitlichen Wirtschaftsraum zurückzuführen. In diesem konnte sich das Wachsausschmelzverfahren relativ schnell verbreiten. Die Technik ist, wie der wirtschaftliche und politische Raum, in dem sie entstand, durchweg eine eigenständige, westafrikanische Erscheinung, die zwar dem Maghreb einige Anregungen verdankt, deren wesentliche Entwicklungsschritte jedoch hier vollzogen wurden (vgl. Vanacker 1983: 103).

Auch die formale Gestaltung des Schmuckes ist afrikanisch. In vielen Fällen lassen sich mittelalterliche Stücke direkt mit denen aus heutiger Zeit vergleichen. Ein Blick auf die in Podor[59] am Senegal gefundenen Armreifen bestätigen das. Der Ort lag zwar außerhalb des eigentlichen Herrschaftsbereiches Ghānas im Reich Takrūr, war aber wirtschaftlich mit diesem durch eine direkte Handelsroute eng verbunden.[60] Auch dort wurde das Wachsausschmelzverfahren praktiziert.[61] Es erscheinen auch Reifen, die eine beträchtliche Größe haben und wohl an den Fußknöcheln getragen wurden. In ihrer offenen Form mit ihren in Stempeln auslaufenden Enden gleichen sie weitgehend den späteren Manillas (Fig.4). Das geometrische Dekor wurde durch Punzen und Treiben aufgebracht.

In der zweiten Hälfte des 11.Jahrhunderts ist der wirtschaftliche und politische Komplex, in dessen Zentrum das Reich Ghāna steht, einschneidenden Veränderungen unterworfen. Es finden umfangreiche Bevölkerungsverschiebungen statt, die Haupthandelswege verlagern sich nach Osten zum Niger hin, das alte Reich Ghāna löst sich auf, und es entstehen südlich seiner Kernländer neue Staaten, erst der der Soso, dann das Reich Mali. Es wird über lange Zeit hin den westlichen Sudan dominieren. In dieser Epoche kann der Islam auch unter der nicht berberischen Bevölkerung wichtige Gruppen für sich gewinnen. Und mit der Verlagerung der wirtschaftlichen und politischen Zentren werden auch handwerkliche Erzeugnisse und Techniken in Gebiete gebracht, die bisher an der Peripherie Ghānas lagen und nur sporadische Kontakte dorthin unterhielten.

In den Wandlungsprozeß hinein wirkten eine ganze Reihe von Ursachen, von denen allein die genannt seien, die in der einen oder anderen Form bis ins 20.Jahrhundert die Entwicklung in diesem Gebiet beeinflußt haben. Im Jahre 1042/3 haben sich die Lamtūna unter der Führung eines religiös motivierten Führers, Ibn Yāsīn, neu formiert. Ibn Yāsīn stammte von den Guddāla ab, einer anderen Gruppe der Ṣanhāja. Diese vertrieben ihn aber, da ihnen die streng nach dem Islam ausgerichteten Gebote, die er ihnen auferlegte, unerträglich schienen. Ibn Yāsīn gab seine Unternehmungen von Anfang an als *jihād,* als heiligen Krieg aus und war Vater der Almoraviden-Dynastie, die in manchem eher die Züge eines Ordens trug. Dennoch dürfen die almoravidischen Eroberungen nicht nur als Ergebnis einer fundamentalistischen Bewegung verstanden werden. Es gab auch handfeste wirtschaftliche Interessen, die die von ihren bisherigen Einkommensquellen abgeschnittenen Ṣanhāja Gruppen, wie die Lamtūna, zu ihren Kriegszügen bewogen. Darunter war die Kontrolle des Goldhandels sicher nicht die geringste, und es war nur naheliegend, diese durch einen Angriff auf den damaligen Hauptumschlagplatz Awdaghust, der ja früher schon von Lamtūna beherrscht wurde, wiederherzustellen. Nach arabischen Quellen wurde die Stadt im Jahre 1054/55 von den Almoraviden erstürmt (Robert 1970: 492, Levtzion 1973: 37). Diese Angaben werden durch den archäologischen Befund bestätigt (Vanacker 1983: 104): Es ist nicht nur eine allgemeine Verringerung des Materials und ein architektonischer Bruch zu beobachten, sondern insbesondere die Öfen der Kupferindustrie werden nicht wieder aufgebaut, die Gußformen für Barren verschwinden ebenso wie die Zeugnisse des Wachsausschmelzverfahrens. Die metallurgische Zusammensetzung der noch bestehenden Kupfer- und Messingwaren verändert sich gleichfalls und deutet auf einen anderen, neuen Ursprung des Metalls hin. Mit großer Wahrscheinlichkeit wird es jetzt aus dem Süden Marokkos importiert.

In dieser Zeit werden unter dem Schutz und teilweise der direkten Intervention der Almoraviden weiter östlich gelegene Handelswege stärker bevorzugt. Awdaghust verliert nicht nur seine zentrale Stellung als Umschlagplatz, auch die verbleibende Klientel ändert sich. Die Almoraviden waren durch eine militante islamische Ideologie motiviert. Wo sie erschienen, kämpften sie immer auch für die ›reine Lehre des Propheten‹, die nicht nur ihre Kriegszüge gegen den damals noch kaum islamisierten Sudan legitimierten, sondern auch zu dessen rascher Verbreitung beitrug. Es ist denkbar, daß der schon von al-Idrīsī mit den ›Ungläubigen‹ assoziierte Kupferschmuck nun nicht mehr mit dem Bild eines Moslem vereinbar war, und deshalb abgelehnt wurde. Auch die traditionellen, häufig rituellen Hintergründe des Kupferschmucks in Westafrika müssen solche Reaktionen begünstigt haben (vgl. Herbert 1973). Das schließt natürlich keineswegs aus, daß solche Formen später nicht mit anderen Inhalten wiederbelebt wurden.

Den Transsaharahandel hätten die Almoraviden mit der Eroberung von Awdaghust nie ganz unter ihre Kontrolle bringen können. Es ist daher nur folgerichtig, daß in der zweiten Hälfte des 11. Jahrhunderts auch die nördlich der Sahara gelegenen Handelszentren eingenommen wurden. Eine desolate gesellschaftliche und politische Lage erleichterte ihnen schließlich die Eroberung Marokkos, wo 1062 das neugegründete Marrakesch Hauptstadt wird. Zu Beginn des 12. Jahrhunderts schließlich war die almoravidische Hoheit im gesamten islamischen Teil Spaniens hergestellt. Damit ist eine unanfechtbare Schlüsselstellung auf dem Gold- und Geldmarkt der mittelmeerischen Welt erreicht, der sich zu dieser Zeit hauptsächlich aus den Goldminen des westlichen Sudan speiste. Das gelbe Metall kam als Puder oder in kleinen Barren nach Marokko und Spanien, wo es in den Münzen von Sijilmāsa, Marrakesch, Fez, Sevilla, Cordoba, Malaga und Almeria geprägt wurde.[62] Die Almoravidischen Dinare waren aus reinem Gold und noch lange nach dem Untergang ihres Reiches in Nordafrika und Europa sehr begehrt. Die ersten portugiesischen Münzen, die marabotins, hatten den almoravidischen dīnār zum Vorbild (Magalhães – Godinho 1969: 131). Sein Gewicht diente auch als Maßeinheit, *mithqāl*[63], zum Wägen des Goldpuders im Transsaharahandel. Noch im letzten Jahrhundert war es bei Ankunft der Europäer gebräuchlich.

Die Wirtschaft des almoravidischen Reiches war daher auf einen regelmäßigen Austausch mit dem Sudan angewiesen, denn die eigentlichen Goldfelder, damals vor allem Bambuk, lagen außerhalb ihres Herrschaftsbereiches, als auch dem des alten Ghāna. Es konnte

Abb. 59 a ▶
Große Moschee,
Bobo Dioulasso (1987)

also nicht in ihrem Interesse liegen, den Zwischenhandel, den die Soninké Ghanas sehr erfolgreich betrieben, zu stören. Aus diesem und anderen Gründen[64] erscheint die oft wiederholte Behauptung, Ghāna sei 1076 von den Almoraviden gezielt erobert und zerstört worden, widersprüchlich: Vielmehr läßt sich vermuten, daß Ghāna noch einige Zeit weiter existierte, bevor es Anfang des 12. Jahrhunderts zusammenbrach und sich seine staatstragende Bevölkerung, die Soninké, in einer Diaspora weit über den westlichen Sudan verteilten. Die Gründe hierfür scheinen mehr in ökologischen Veränderungen, der Verlagerung der Goldfelder und in einer Schwächung der traditionellen Legitimation des Staates durch den gewachsenen islamischen Einfluß zu suchen zu sein. Die oralen Traditionen der Soninké stellen den Zusammenbruch des Reiches sehr eindringlich dar (Conrad & Fisher 1983): Danach wurden einst Wohlhabenheit und Fruchtbarkeit des Landes von einer Schlange namens Bida gewährleistet. Ihr mußten die Herrscher jedes Jahr ein junges Mädchen als Opfer darbringen. Eines Jahres stellte sich aber der Verlobte des Mädchens, ein Moslem, dagegen. Als der Tag der Rite herannahe, und alles für das Opfer vorbereitet war, erschien er und schlug der Schlange den Kopf ab. Sterbend sprach sie einen schrecklichen Fluch über das Land: Sieben Jahre sollte es nicht regnen, die Goldfelder (von Bambuk) sollten versiegen, die Soninké ihr Reich verlieren und in alle Welt zerstreut werden. Der Kopf der Schlange fiel in Bure nieder, dessen Goldfelder für das Reich Mali die gleiche Bedeutung erlangen sollten wie die von Bambuk für Ghāna. So geschah es. Sieben Jahre lang regnete es keinen Tropfen. Einst üppige Weiden verdorrten, Ghāna wurde wüstes Land.[65] Die Menschen waren gezwungen, in Gegenden zu ziehen, wo sie bessere Lebensbedingungen fanden. Diese lagen im Süden und vor allem um das innere Niger-Delta, wo das Wasser des Stromes ihnen regelmäßige Ernten versprach.

Als Ghāna zu existieren aufhörte, war seine Bevölkerung sicher nicht vollständig zum Islam bekehrt, sondern vor allem wohl die Händler, die aber, wenn man der Überlieferung Glauben schenken darf, auch Anspruch auf die Herrschaft im Lande erhoben. Sie fanden sicher Bestätigung in der Ideologie Ibn Yāsīn's. Der andere, wahrscheinlich größere Teil der Soninké, nahm jedoch auch traditionelles Wissen mit in die neue Heimat. Es gibt keinen Grund anzunehmen, daß davon ein hoch entwickeltes Handwerk wie die Kupferindustrie und das Wachsausschmelzverfahren ausgeschlossen gewesen sein sollten. Andererseits läßt sich heute nicht genau klären, wie weit von anderer Seite, der Kupferindustrie im Gebiet um Agadez, Einflüsse ausgingen. Da es schon längere Zeit Handelsverbindungen von Timbuktu nach Gao und von dort nach Takedda gab, waren sie sicher präsent. Doch die wichtigste Bewegung war in dieser Zeit ohne Zweifel die der Soninké, die aus dem Nordwesten kommend den Niger erreichten. Eines der größten neuen Handelszentren dort war Dia (Diakhao) am Westufer des Flusses. Für viele Soninké wurde es zur Durchgangsstation auf ihrem Weg weiter nach Südosten oder Westen, wo Städte wie Diakha-sur-Bafing von ihnen gegründet wurden.

Nach den örtlichen Legenden soll auch Jenne von Soninké aus Dia gegründet worden sein. Ausgrabungen zeigen aber, daß dort bereits ab etwa 900 nach Christus ein städtisches Zentrum existierte (McIntosh & McIntosh 1980, 1981). Es muß eine bedeutende Rolle für die Entwicklung der Flußschiffahrt auf dem Niger gespielt haben. Die Stadt lag zu dieser Zeit außerhalb des Herrschaftsgebietes von Ghāna, dessen Einflußbereich aber am Westufer des Flusses begann. Es wäre erstaunlich, wenn man nicht auch dorthin Kontakte unterhalten hätte. Jenne betrieb zudem einen regen Handel mit der Gegend Bélédougou südlich und östlich der Stadt, von wo sie Eisen und Eisenwaren sowie lagerbare Lebensmittel bezog. Diese Waren wurden auf Pirogen flußabwärts zu den Städten am nördlichen Ende des inneren Nigerdeltas verschifft, vor allem nach Timbuktu, das zusammen mit Jenne ab dem 12./13. Jahrhundert einen stürmischen Aufschwung erlebte. Auch dorthin kamen Händler aus dem Reich Ghāna, vor allem von der Stadt Walāta (Levtzion 1973: 158). Timbuktu bot gegenüber den älteren Umschlagplätzen des Karawanenhandels einige Vorteile: Es gab bessere Verbindungen über Tuat und Wargla nach Ifrīqiya und über Taghāza und Sijilmāsa nach Marokko, und es entfiel vor allem der aufwendige Landtransport nach Süden, der von Städten wie Walāta und Awdaghust auf Eseln oder durch Träger organisiert werden mußte. So floß bald der größte Teil des Warenstromes über die Achse Timbuktu-Jenne nach Süden. Für Jenne sprach zudem noch die direkte Verbindung zu den Goldfeldern von Bure, die flußaufwärts am dort nicht mehr durchgängig schiffbaren Niger lagen.

So, wie vordem Ghāna durch Handel mächtig und wohlhabend geworden war, so stieg nun das Reich Mali auf. Sein Kernland lag weiter südlich am Oberlauf des Niger. Niani, nicht weit von den Goldfeldern, war wohl seine Hauptstadt (Filipowiak 1979, Hunwick 1973). In seiner Blüte beherrschte Mali nicht nur die größten Teile des alten Ghāna, sondern sein Einflußbereich erstreckte sich von der Mündung des Senegal und der Atlantikküste im Westen bis nach Gao am Niger im Osten. Es gab im westlichen Sudan keine Handelswege, die nicht durch das Territorium dieses Reiches führten. Im Gegensatz zu ihren Vorgängern bekannten sich die Herrscher Malis zum Islam. Es entstanden zu jener Zeit nicht nur Koranschulen und andere Zentren der Glaubenslehre, wie in Timbuktu sondern auch verschiedene Gruppen islamischer Händler, die von den großen Städten wie Jenne aus ihre Waren und ihren Glauben bis an die Grenzen des südlichen Regenwaldes trugen. Dennoch hat nie eine Massenbekehrung stattgefunden, dazu war diese Religion viel zu eng mit den Reichen und Mächtigen verknüpft, die die ›ungläubigen‹ Bauern überall, wo sie hinkamen, pauschal als Bambara bezeichneten. Vielerorts haben diese bis heute ihre eigenen Lebensformen bewahrt, auch wenn der jahrhundertelange Austausch mit den islamischen Händlern seine Spuren hinterlassen hat.

Man kann davon ausgehen, daß auch zur Zeit der Blüte des Reiches Mali, also vom 13. bis Anfang des 15. Jahrhunderts, Kupfer ein relativ seltenes und teures Produkt war, das nicht in größeren Mengen verarbeitet wurde. Leider sind die archäologischen Untersuchungen aus der wichtigsten Region des Reiches entlang des Niger nicht so weit fortgeschritten, daß sie einen Überblick über die handwerkliche Verarbeitung des Metalls erlauben wür-

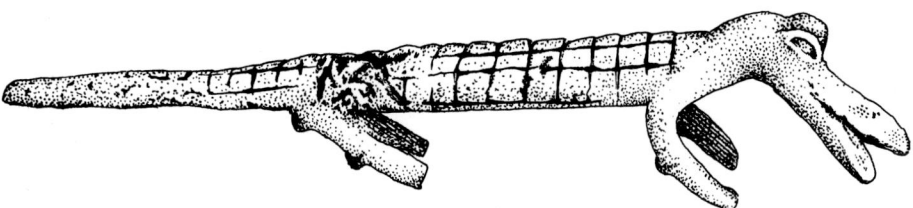

Fig. 5
Reptil, Kupferlegierung, Tumulus von Killi (n. Desplagnes 1903)

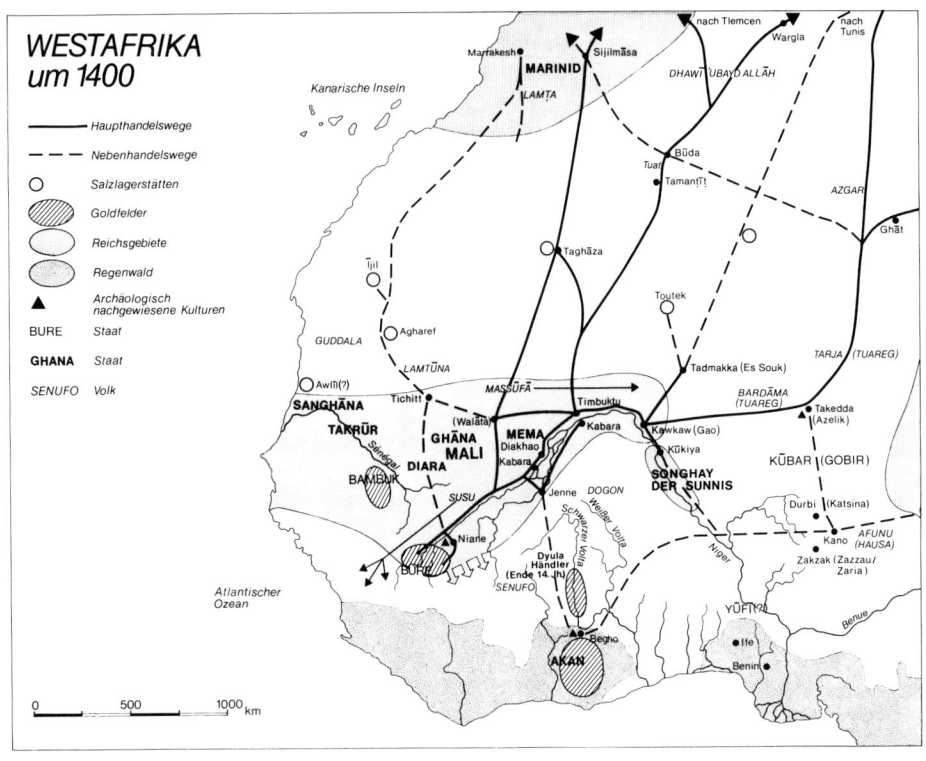

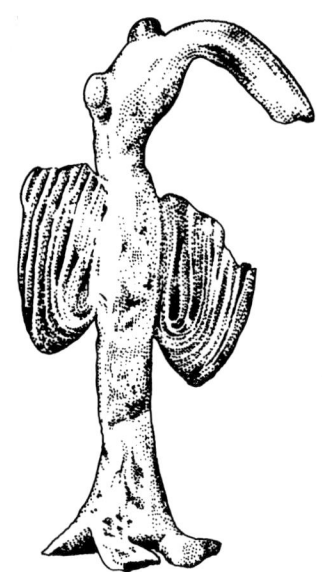

Fig. 6
Hornrabe, Kupferlegierung, Tumulus von Killi (n. Desplagnes 1903)

den. Einige Anhaltspunkte sind gleichwohl erkennbar, wobei die Tumuli genannten Grabhügel im und um das innere Niger Delta eine besondere Rolle spielen.[66] Einige von ihnen wurden bereits Anfang des Jahrhunderts von einem Leutnant der französischen Kolonialverwaltung ausgegraben (Desplagnes 1903, 1907, 1951). Die Tumuli in der Nähe von Goundam am nördlichen Ende des Deltas haben neben einigen Arm- und Fußreifen aus Kupfer, auch zoomorphe Figuren hervorgebracht, die im Wachsausschmelzverfahren gegossen wurden (Fig. 5, 6). Dargestellt sind ein männliches und ein weibliches Krokodil sowie ein Vogel mit langem, nach unten gebogenem Schnabel, dessen Flügel die für das Verfahren so typische Wachsfadentechnik zeigen.[67] Leider sind diese hervorragenden Zeugnisse des Wachsausschmelzverfahrens nicht genau zu datieren.[68] Bei Grabungen, die 1974 und 1977 in der Nähe von Mopti und Jenne durchgeführt wurden, konnte das Wachsausschmelzverfahren indirekt nachgewiesen werden (Bedaux et alii 1978: 92, 144–147 fig. 35). Dort fand man Bruchstücke von Gußformen und kleinerem Messingschmuck; vor allem Anhänger und Ohrringe. Die Gußformen konnten auf den Beginn des 12. Jahrhunderts datiert werden.[69] Besonders auffallend ist hier die Zusammensetzung des Metalls, die recht genau der der in Ma'den Ijâfen gefundenen und aus der gleichen Zeit stammenden Messingstäbe entspricht (siehe oben). In Sanga, einem Ort an den Felswän den östlich des Niger, wurde ebenfalls ein Ohrring mit Anhänger[70] gefunden, der im Wachsausschmelzverfahren hergestellt wurde. Er gehört mit großer Wahrscheinlichkeit zur Kultur der Tellem, die den heute dort lebenden und den Guß in verlorener Form praktizierenden Dogon vorausgingen. Auch diese Zeugen der Technik wurden auf das 11. bis 12. Jahrhundert datiert. Im alten Jenne, das wohl vor dem 13. Jahrhundert aufgegeben und mit dem Übertritt des die Geschicke der Stadt lenkenden Ältesten Koi Kombara[71] zum Islam in unmittelbarer Nähe neu gegründet wurde, fand sich bei Ausgrabungen zwar Kupferschmuck, aber kein Beleg für Messing oder das Wachsausschmelzverfahren. Sollte die ab 900 n. Chr. einsetzende städtische Entwicklung des alten Jenne, wie angenommen wird (McIntosh & McIntosh 1980b: 455), zu früh liegen, um für diese Technik Belege beisteuern zu können, so läßt sich, mit allen Vorbehalten der noch lückenhaften Daten, vermuten, daß das Wachsausschmelzverfahren etwa ab dem 11./12. Jahrhundert entlang der Nigerachse praktiziert wurde, also etwa in der Periode, als Soninké aus dem sich auflösenden Reich Ghāna in diesem Gebiet erschienen (Fig. 7). In dieser Zeit waren zudem die materiellen Möglichkeiten zur Ausübung des Handwerks durch den sich verstärkenden Handel und den Import von Kupfer gegeben.

Der Handel im Reich Mali hing zunächst sehr stark von den Goldfeldern in Bure ab. Doch bis zum 14./15. Jahrhundert wurde nicht nur der Zugang zu anderen Goldfeldern erschlossen, sondern auch das Warenangebot diversifiziert. Die umfassendsten Berichte hierzu liefern wiederum arabische Geographen, später aber auch europäische Seefahrer und Händler.[72]

Aus dem Süden, den feuchteren Savannen, vor allem aber dem Regenwald, wurden Metalle, Kolanüsse, Gewürze und einige Nahrungsmittel sowie Sklaven in die großen Handelszentren des Sudan gebracht. Aus dem Norden kamen ebenfalls Nahrungsmittel, vor allem Weizen, Feigen, Datteln, Zucker, Rosinen, Nüsse und andere, die sich nur wohlhabendere Leute leisten konnten. Daneben hatte Salz aus der Wüste eine besondere Bedeutung, die jedoch schwer durch archäologische Funde zu belegen ist. Aus dem nördlichen Afrika wurden als weitere Luxuswaren wertvolle Tücher, Glas und Glasperlen, einige Pferde, Kauris und eben Kupfer importiert. Die gleichen Waren wurden von hier aus weiter in den Süden verhandelt, doch ein nicht geringer Teil stammte nun aus dem Sudan: Lokale Pferdezuchten wurden durch die Importe wertvoller arabischer Rassen aufgefrischt. An die Fürstentümer weiter südlich gab man dann diese Kreuzungen weiter. Pferde blieben bis weit ins 19. Jahrhundert eines der wichtigsten Herrschaftsinstrumente der Fürsten dieser Region. Vielerorts, auch bei den Senufo, sind Reiter und Pferde bis heute Zeichen der Macht und auch Gewalt. Mit ihnen wurden Razzien durchgeführt, deren Ziel es war, Menschen zu fangen und in die Sklaverei zu verschleppen.

Fig. 7
Figur und Reiter, Kupferlegierung, inneres Niger-Delta (n. Nesmith 1984)

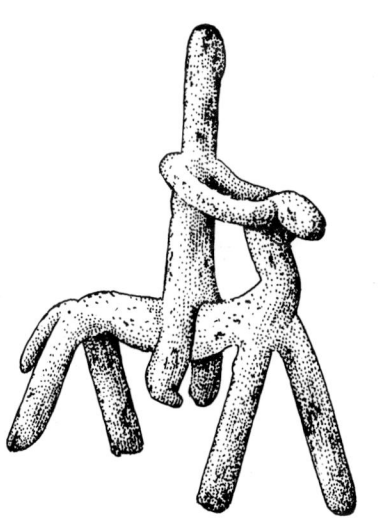

Daneben wurden vielerlei Waren nach Süden verhandelt. Glasperlen wurden im westlichen Sudan nach europäischen Vorbildern gegossen und zum Teil zusammen mit diesen weiter südlich verkauft. Auch Tücher wurden in der hier üblichen Schmalbandweberei hergestellt und in den feuchteren Gegenden gehandelt, wo sie zunächst fremde, teure Produkte waren. Wie die verschiedenen Völker dort mit diesen Waren umgingen, ist kennzeichnend: Bei den Senufo, die keine zentrale politische Herrschaft kannten, waren solche wertvollen Tücher der Zirkulation alsbald entzogen. Sie wanderten zunächst in den Vorrat, den

›Schatz‹ der Lineage, um dann früher oder später einen Toten zu verhüllen und mit ihm unter der Erde zu verschwinden (siehe oben). Bei den Akan-Völkern im heutigen Ghana und der östlichen und zentralen Elfenbeinküste entwickelte sich dagegen eine eigene Webkunst, deren beste Stoffe zu Repräsentationszwecken gebraucht wurden. König und Notable unterschieden sich durch ihre aufwendige und wertvolle Kleidung von der übrigen Bevölkerung (McLeod 1981: 143–156).

Die Verbindung zu den Akan-Völkern wurde von den Dyula, den Händlern unter den Malinké, wahrscheinlich im ausgehenden 14. Jahrhundert hergestellt. Bereits im frühen 15. Jahrhundert existierte am nördlichen Rand des Siedlungsgebietes der Akan eine ständige Handelsniederlassung der Dyula, die sich bald zu einer lebhaften Stadt, Begho, entwickelte.[73] Von hier aus führten Verbindungen nach Süden in den Regenwald und weiter an die Guineaküste. Nach Norden führten die Handelsrouten entlang des schwarzen Volta und weiter nach Jenne am Niger, aber auch östlich bis zu den Fürstentümern der Hausa mit ihren Handelsstädten wie Kano oder Katsina.

Dyula brachten nicht nur die schon erwähnte Schmalbandweberei, die von den Asante, dem bedeutendsten Volk der Akan im heutigen Ghana, wohl im 16. Jahrhundert übernommen wurde.[74] Unterschiedlichkeit und Vielfalt der Waren machten ein weithin akzeptables Tauschmittel notwendig. Für den Goldstaub, der damals für größere Transaktionen verwendet wurde, mußten einheitliche Gewichte geschaffen werden, damit der Handel auf einer sicheren Grundlage aufbauen konnte. Die Dyula besaßen bereits ein eigenes, auf dem islamischen *mithqāl* aufbauendes System von Gewichten.[75] Natürlich wandten sie es auch in Städten wie Begho im Handel mit den Akan an. Genauso gingen später die Portugiesen vor, die ihrem Handel an der Guineaküste Einheiten wie Peso oder Cruzado zugrundelegten. Aus beiden entwickelten die Akan-Völker dann eigene Maße, die die Grundlage der bekannten Goldgewichte bildeten.

Auch die Technik des Gusses in verlorener Form geht dort mit sehr großer Wahrscheinlichkeit auf die Handelsbeziehungen mit Jenne und dem inneren Niger-Delta zurück (vgl. Garrad 1980: 99–102): In Begho gefundene Gelbgußarmreifen weisen Parallelen zu denen im Norden auf; es gibt formale Ähnlichkeiten zwischen den figürlichen Funden aus den Tumuli am Niger und späteren Darstellungen der Akan. Die dekorativen Motive auf *kuduo*-Behältern der Asante können als Reminiszenzen islamischer Messingwaren gedeutet werden.[76] Wichtiger noch ist die Tatsache, daß in Begho sogar Gewichte, die mit dem *mithqāl*-System aufbauten, verwendet wurden, und weitere typische Waren aus dem Handel der Dyula vertreten sind; etwa blaue Glasperlen (Posnansky 1973: 158–59). Man kann davon ausgehen, daß man dort zwischen 1350 und 1450 begann, regelmäßig Handel zu treiben. Ihre Blüte als Umschlagplatz erreichte die Stadt aber erst im ausgehenden 16. und 17. Jahrhundert, also lange nach dem Erscheinen der Portugiesen an der Küste.[77] Goldgewichte in verlorener Form wurden spätestens ab dem 16. Jahrhundert gegossen, wahrscheinlich aber schon ab Mitte des 15. Jahrhunderts.[78] Zunächst wurde wohl Schmuck hergestellt, dann geometrische Goldgewichte, und ab dem 17./18. Jahrhundert die berühmten figürlichen Gewichte.

Leider ist der genaue Verlauf der Handelsstraßen zwischen Begho und Jenne in den frühen Epochen, vor allem bis zum 16. Jahrhundert, nicht genau rekonstruierbar. Man kann

Abb. 59 b ▶
Islamische Weberkolonie im Senufoland, Waraniéné (1986)

jedoch davon ausgehen, daß sie das Senufoland zumindest streiften, wahrscheinlich an seinem östlichen Rand in der Nähe der Goldfelder um Poura und entlang des schwarzen Volta. Zu dieser Zeit wird den Senufo auch Kupfer- oder Messingschmuck, der im Wachsausschmelzverfahren gegossen wurde, bekannt geworden sein. Jedoch ist nicht anzunehmen, daß sie zur gleichen Zeit wie die Akan-Völker, die mit den Dyula der Stadt Begho handelten, die Technik übernahmen und selbst praktizierten. Senufo waren keine attraktiven Handelspartner für die Dyula, die den weiten Weg bis an den Rand des Regenwaldes doch nur zurücklegen konnten, wenn er ihnen einen Gewinn ermöglichte, der die langen Ausfallzeiten während der Reise kompensierte. Dazu konnten nur Produkte wie Gold und teilweise Kolanüsse dienen, die in Städten wie Jenne konkurrenzlos waren oder nur zu noch ungünstigern Bedingungen beschafft werden konnten. Die Waren, die das Senufoland bieten konnte – hauptsächlich einige Lebensmittel und Eisenprodukte –, waren dagegen in der direkten Umgebung der Stadt Jenne billiger zu beschaffen. Die Händler waren schon aus ökonomischen Gründen gezwungen, möglichst wenig Zeit auf die Reise in den Südosten zu verwenden. Daher wird sich zu dieser Zeit der Austausch zwischen Dyula und Senufo auf ein bescheidenes Maß beschränkt haben, das zur Versorgung der Dyula-Niederlassungen diente, die den Weg nach Begho sicherten. Diese Orte, in denen Dyula zunächst in eigenen Vierteln neben den Senufo lebten, waren sicher auch Innovationszentren neuer handwerklicher Techniken. Sie werden sich kaum in einer kontinuierlich vorrückenden Front über das Land verbreitet haben, sondern durch die Art der Dyula-Siedlungen eher lokal und regional gebunden gewesen sein. Zudem waren Kupfer und Messing bis zur Etablierung des regelmäßigen Seehandels durch die Portugiesen ausgesprochen selten und dementsprechend teuer. Nicht zuletzt diese Tatsache stand einer flächenhaften Verbreitung entgegen, so daß man mit einigem Recht vermuten kann, daß diese Metalle und das Wachsausschmelzverfahren bis ins 16. Jahrhundert nur eine sehr eingeschränkte Verbreitung im Senufoland gefunden haben werden. Diese Rahmenbedingungen änderten sich erst mit Erscheinen der Europäer an der Guineaküste.

Aufschlußreich sind in diesem Zusammenhang die 1505–08 niedergelegten Berichte des Portugiesen Duarte Pacheco Pereira. Er schrieb: »(In Jenne)... sind Messing und Kupfer sehr viel wert, so wie rote und blaue Stoffe und Salz, und alles wird nach Gewicht verkauft, ausgenommen die Stoffe. Und auch die Gewürznelken, Pfeffer, Safran, Ware aus feiner Seide und Zucker haben dort großen Wert« (n. Mauny 1956: 53). Diese Äußerung über die Marktsituation im Innern Westafrikas ist gleichzeitig ein Zeugnis der portugiesischen Expansion, die ganz bestimmte wirtschaftliche Ziele verfolgte. Man muß sich dazu in Erinnerung rufen, daß im ausgehenden 14. und im 15. Jahrhundert der mittelmeerische Gold- und Geldmarkt weitgehend von islamischen Münzen beherrscht wurde[79]. Insbesondere die Jahre zwischen 1383 und 1433 waren von einem rapiden Wertverlust der portugiesischen Währung gekennzeichnet, wodurch dem Staat ein großer Teil seiner Einkünfte entzogen wurde. Auf der anderen Seite begann sich im 15. Jahrhundert der Frühkapitalismus zu entwickeln, der einen erhöhten Geldumlauf und damit Edelmetalle verlangte. Dieser Bedarf konnte auf dem europäischen Markt nicht vollständig gedeckt werden. Die portugiesische Expansion war nicht Ausdruck der Entdeckerneugier Heinrich des Seefahrers, sondern folgte wirtschaftlichen Interessen: Schließlich war bekannt, daß das Gold der almorawidischen dinare und anderer in Maghreb geprägter Münzen aus dem Süden kam, und Ziel der Portugiesen war es schlicht, diesen Handel unter ihre Kontrolle zu bringen. Ihr Unter-

Abb. 60
Glasperlenketten im Aushang eines
städtischen Großhändlers, Boundiali
(1986)

lich blieb. Der Handel mit Kupfer und Kupferlegierungen wurde zudem durch die bereits existierende und vollständig auf Importe angewiesene Metallgußindustrie im Bereich der Akan wesentlich erleichtert.[80] Die Portugiesen konnten hier einem schon bestehenden Bedarf gerecht werden. Sie verhandelten daher bald eine große Zahl von Fertigwaren aus Kupfer und Messing, mehr aber noch jene, nach Wünschen der Afrikaner gefertigten Armreifen, die unter der portugiesischen Bezeichnung *manilha* bekannt wurden. Später, im 17. Jahrhundert, wurden sie im westlichen Afrika ein universelles Tausch- und Zahlungsmittel (Werner 1972: 370–71).

Auf der anderen Seite, in Europa, war der Export der Metalle mit einem wichtigen Entwicklungsschritt zum Kapitalismus hin verbunden, denn gegen Ende des 15. Jahrhunderts »…bringt das kaufmännische System auch die Produktion selber an sich, um sie künftig nach eigenen Vorstellungen zu organisieren.«[81] Hohe Kapitalinvestitionen, wie sie sich nur Häuser wie das der Fugger leisten können, werden im Bergbau getätigt und erlauben eine rapide Steigerung der geförderten Mengen. Wichtige Kupferbergwerke waren zu dieser Zeit in den Tiroler Alpen, Ungarn, Böhmen, Mansfeld in Thüringen und vor allem um Neusohl (heute Banská Bystrina) in der Slowakei, das damals zur ungarischen Krone gehörte. Von hier aus wurde das Metall auf zwei Wegen zur Ostsee gebracht: Einmal über Krakau und die Weichsel nach Danzig oder über Breslau und die Oder nach Stettin. In den Ost-

Abb. 62
Reißscheibe aus Kupfer, bestimmt zum Transport nach Afrika, Ende 15. Jh., Museum für Völkerkunde Berlin

Abb. 63
Kupferbarren mit Händlermarkierung,
Ende 16. Jh., Museum für Völkerkunde
Berlin

seehäfen wurde es auf niederländische oder hanseatische Schiffe verladen und über Hamburg oder andere Nordseehäfen nach Antwerpen verschifft (vgl. Runge 1983). In den niederländischen Häfen traf dieses Material mit Halbfertig- und Fertigprodukten aus anderen Gegenden und Werkstätten, besonders denen um Nürnberg und am Niederrhein zusammen (Strieder 1932: 250–52). Noch größere Gewinne als in der Produktion waren aber mit der Verteilung der Kupfer- und Messingwaren zu erzielen. Und darin besaßen die Fugger im mitteleuropäischen Raum und die Portugiesen für den überseeischen in der ersten Hälfte des 16. Jahrhunderts ein Monopol. In einem Vertrag aus dem Jahre 1548 verpflichten sich die Fugger, dem Antwerpener Faktor des Königs von Portugal »viel Tausende von Zentnern gegossener Messingspangen *(manilhas de latam)*«[82] und eine nicht weniger bedeutende Zahl von Messingtöpfen und anderen Waren zu liefern. In Lissabon wurden alle diese für den Export nach Westafrika bestimmten Waren in der *Casa da Mina y Guinea,* später der *Casa da India y Mina* zwischengelagert, wo auch die von dort hereinkommenden Schiffsladungen registriert wurden.

Der Handel in São Jorge da Mina und an der gesamten Guineaküste war aber auch verschiedenen Unsicherheiten ausgesetzt, die den Absatz der europäischen Metalle stark beeinflußten. Zunächst, in der zweiten Hälfte des 15. Jahrhunderts, profitierten die Portugiesen von den politischen Umwälzungen im westlichen Sudan. Mali wurde als Hegemonialmacht von den Songhay abgelöst: 1468 fiel Timbuktu, 1473 Jenne an die neuen Herrscher, und wahrscheinlich noch vor 1512 wurde der König von Mali ihnen tributpflichtig.[83]

Durch diese Ereignisse waren die Dyula vorübergehend von ihren Quellen abgeschnitten, was das rapide Wachstum des europäischen Handels an der Küste erklären könnte (Wilks 1982b: 466–67). Der dortige Einbruch um das Jahr 1520 spiegelt dahingegen eher die Normalisierung der Verhältnisse im Norden wider, bevor 1540–50 erneut Kriege das innere Niger Delta überziehen.[84] Dies heißt aber auch, daß die Händler nicht in der Lage waren, größere Mengen der europäischen Waren weiter nordwärts zu transportieren: Während der Krisen im Sudan werden die aus Portugal kommenden Produkte hauptsächlich den Raum der Akan Völker ereicht haben. Eine weitere, massenhafte Verbreitung vor der Stabi-

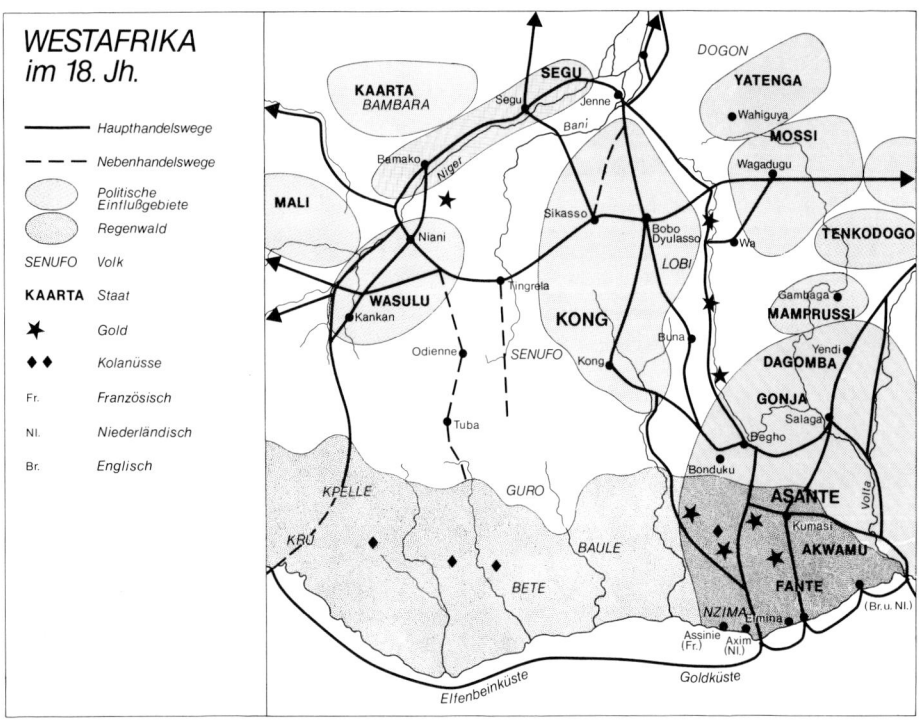

lisierung in der ersten Hälfte des 16. Jahrhunderts erscheint zumindest unwahrscheinlich, obwohl die Handelsströme nach Norden sich anschließend schnell gesteigert haben dürften. Mit der leichteren Zugänglichkeit der Metalle wird in dieser Zeit auch das Gießerhandwerk entscheidende Wachstumsimpulse erhalten haben. Vielleicht ist es kein Zufall, daß die *kpɛɛbèlè,* die unter den Senufo die wichtigste, den Gelbguß betreibende Berufsgruppe darstellen, sich ihren oralen Traditionen zufolge gegen Ende des 16. Jahrhunderts als Gießer konstituiert haben.[85]

Untersuchungen über die Handelsbeziehungen zwischen der Guineaküste und dem Sudan leiden unter dem vollkommenen Mangel statistischer Daten, die hier so notwendig wären und Aufschluß über die materiellen Grundlagen des Handwerks bieten könnten. Neben den schon angeführten lassen sich aber noch indirekte Hinweise auf die Entwicklung dieses Handels finden. Da ist einerseits das Gesamthandelsvolumen an der Küste, das zumindest Hinweise geben kann, ob überhaupt die Möglichkeiten eines weiteren Austausches gegeben waren. Dort spiegeln sich nicht nur Ereignisse im Hinterland, sondern auch die in Europa wider. São Jorge da Mina ist dafür ein gutes Beispiel. Nacheinander gerät es unter die Herrschaft der dominierenden wirtschaftlichen Mächte Europas: 1637 werden dort die Portugiesen von den Niederländern abgelöst, bis 1872 das nun Elmina genannte Fort mit allen westlich gelegenen niederländischen Besitzungen an Großbritannien abgetreten wird.

Wichtiger ist aber die Entwicklung der Dyula-Siedlungen entlang der Handelswege, die die Akan-Völker mit dem Norden, besonders dem Niger, verbinden.[86] Kong war zunächst eine solche Dyula-Niederlassung im Senufoland.[87] Die ersten Händler sind dort zu Beginn des 16. Jahrhunderts erschienen, waren aber eine kleine Minderheit unter den hauptsächlich bäuerlich lebenden Senufo. Erst als die Zahl islamischer Händler zunahm und andere Malinké, vor allem die sehr kriegerisch eingestellten Sonongui, zuzogen, wurde Kong auch Zentrum eines politischen Gebildes. Bis zur Mitte des 17. Jahrhunderts blieb die Stadt ein kleineres Fürstentum: Zu einem bedeutenden Handels- und Wirtschaftszentrum entwikkelte sich Kong mit der Machtübernahme durch Séku Watara um das Jahr 1700.[88]

Besonders aufschlußreich sind in diesem Zusammenhang Aufbau und Entwicklung des entstehenden Reiches. Es besaß – dem Verlauf der Handelsstraßen entsprechend – eine Nord-Süd Orientierung und versuchte, alle wichtigen Umschlagplätze in dieser Region unter seine Kontrolle zu bringen, vor allem Sikasso und Bobo Dyulasso im Norden sowie Dabakala auf der südlichen Route, die über Kumasi, der Hauptstadt des Asante-Reiches, bis zu den europäischen Niederlassungen an der Küste führte. Nach Süden war der Herrschaftsbereich Kong's aus verschiedenen Gründen nicht sehr ausgedehnt. Vor allem die Umweltbedingungen für die Kavallerie (vgl. Law 1980), einer der Hauptstützen seiner Macht, verschlechterten sich dort rapide. Die daher notwendigerweise eher nördlich orientierte Politik widersprach jedoch nicht dem Hauptinteresse der Reiches; nämlich der Kontrolle der Handelswege. Sie stellten ohne Zweifel die Lebensader Kong's dar.[89]

Abb. 64
Manillas verschiedener westafrikanische Märkte, Museum für Völkerkunde Berlin

Einen Einblick in den Handel unter der Herrschaft Kong's können noch die späten, erst 1888 gemachten Beobachtungen Binger's geben: Danach wurde von den Dyula in Bonduku Gold gegen Sklaven eingetauscht, wohingegen nur wenig Goldstaub nach Jenne ging. Ein großer Teil des Goldes wurde zu Binger's Zeit bei den Lobi und deren Goldfelder entlang des Volta gegen Kupferbarren oder Sklaven erworben (Binger 1892a: 270, 307–08, 316), dagegen kam früher der Verbindung zu den Akan-Goldfeldern stärkeres Gewicht zu (vgl. Green 1984: 42–43).

Ende des 19. Jahrhunderts hatte der Goldhandel bereits viel von der Bedeutung verloren, die er im 17. und 18. Jahrhundert, als Kong groß wurde, besessen haben muß[90]. Nun konnten die Senufo den Dyula in der Regel zwar kein Gold liefern, doch wird berichtet, daß die Herrscher der Stadt Bouna am östlichen Rand des Einflußbereiches Kong eine Senufo-Untergruppe, die Pallaka, ins Land holten, um die Lobi-Minen auszubeuten (Person 1964: 330). Auch darf nicht übersehen werden, daß mit dem Aufstieg des Fürstentums im 17. und 18. Jahrhundert auch andere Wirtschaftszweige expandierten, die eine Intensivierung des regionalen Austausches mit sich brachten. In diesem Handel wurden mehr und feinere Querverbindungen geknüpft, an denen ohne Zweifel auch die bäuerliche Bevölkerung teilhatte. So ist zum Beispiel überliefert, daß die Lobi sehr gerne kleine Messingfiguren erwarben, die in der Gegend von Sikasso hergestellt wurden (Green 1984: 43). Und einige Gruppen der schon erwähnten Gelbgießer der Senufo, die *kpɛɛbèlè* geben an, daß sie aus der

Abb. 65
Blick auf die Stadt Kong am Vorabend der Kolonisation (n. Binger, 1892b)

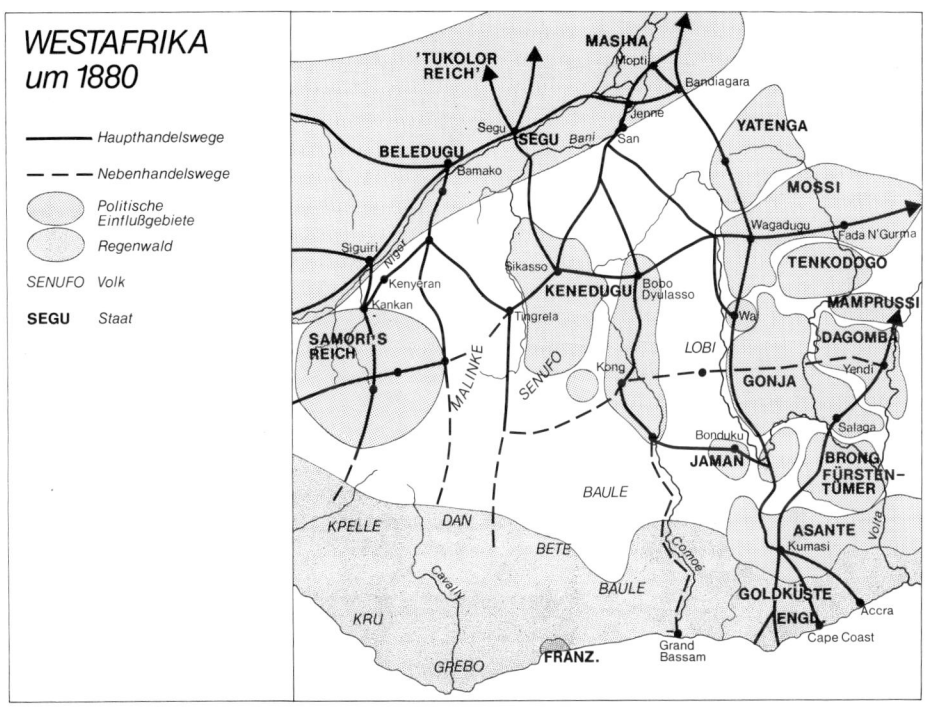

Region Kong stammen, oder doch östlich des Bandama ihren Ursprung haben[91]. Eine ähnliche Stellung könnten die heute im ganzen südlichen Senufoland verbreiteten Jeli haben. Sie sind wahrscheinlich im 17.Jahrhundert aus Boron in das Gebiet von Kong gekommen und sprachen ursprünglich einen Manding-Dialekt, wie er in dieser Malinké-Siedlung wohl üblich war (Person 1964: 328–332). Besonders interessant ist, daß sie ebenfalls Spezialisten für Kupferarbeiten sind.

Die kpɛɛ̀bèlè oder andere Handwerkergruppen werden zwar die bäuerliche Bevölkerung nicht mit Kupfer, Messing und dem Wachsausschmelzverfahren bekannt gemacht haben, aber ihre Überlieferungen sind in einem anderen Sinne bezeichnend: Sie sind Ausdruck veränderter wirtschaftlicher Rahmenbedingungen, die erst die Konstitution solcher spezialisierter Handwerkergruppen und die massenhafte Verbreitung dieser Technik und der so erzeugten Produkte erlaubte. Und da kommt der Stadt Kong im 17. und 18.Jahrhundert tatsächlich eine überragende Bedeutung zu. Zu dieser Zeit wird es auch den bäuerlich lebenden Senufo möglich gewesen sein, sich größere Schmuckstücke oder Masken für ihre Bünde gießen zu lassen.

Die weitere Entwicklung kann hier knapp zusammengefaßt werden, da sie, was das Wachsausschmelzverfahren betrifft, wenig Neues mit sich bringt. Im zentralen und nördlichen Senufogebiet entstand im 19. Jahrhundert ein anderes Fürstentum, das ebenfalls vom Handel der Dyula lebte und von diesen kontrolliert wurde: Kénédougou, dessen Herrscher bis zum Anbruch der Kolonialzeit in Sikasso residierte. Sehr einschneidende Bevölkerungsverschiebungen brachten in den achtziger Jahren des 19. Jahrhunderts die Kriegszüge Samory Touré's mit sich. Er zerstörte die Stadt Kong, so daß vorübergehend der Handel in der Region zusammenbrach. Bei der Reorganisation, schon unter französischer Herrschaft, werden die Bedingungen der kolonialen Wirtschaft bestimmt. Die Handelsstraßen verschieben sich: Eine Eisenbahnlinie wird gebaut und erreicht 1936 Bobo Dioulasso. Ferkessedougou und Korhogo werden die wichtigsten Handelsplätze im Senufoland. Den Gießern stehen nun neue Metalle, vor allem Aluminium, zur Verfügung. Doch die Formen bauen bis heute auf alten Vorbildern auf. Auf den großen Märkten in Korhogo, Ferkessedougou, oder auf den kleinen, überall im Senufoland sieht man Schmuck der gleichen Art: In Kupfer, Messing oder auch Aluminium gegossen.

2.2 Das Werkverfahren

Heute wird das Wachsausschmelzverfahren im Senufoland von drei Handwerkergruppen praktiziert. Den *fǫnō:bèlè* Schmieden, *cēlíbèlè*, Seilern und den *kpęębèlè*, den Gelbgießern im engeren Sinne. Alle drei Gruppen wurden, und werden zum Teil noch heute, als Kasten bezeichnet. Diese Benennung ist aber zumindest für zwei, *fǫnō:bèlè* und *kpęębèlè* unangebracht. Zwischen ihnen und der bäuerlichen Senufobevölkerung existieren keine Heiratsverbote oder andere, grundsätzliche Einschränkungen des Austausches. Für die *cēlíbèlè*, die sich in erster Linie als Seiler, Gerber und Weber betätigen, trifft dies so nicht zu: Heiratsverbindungen zwischen ihnen und den Bauern oder anderen Handwerkergruppen werden als unmöglich angesehen. Auch Geschlechtsverkehr zwischen Mitgliedern beider Gruppen ist durch schwerwiegende rituelle Verunreinigungen belastet, die unweigerlich den Tod eines der beiden Partner provozieren sollen. Insofern stellen die *cēlíbèlè* eine Kaste dar, während *fǫnō:bèlè* und *kpęębèlè* nur Geburtsgruppen sind. Zu einem Schmied oder Gelbgießer wird man durch die verwandtschaftliche Herkunft in der mütterlichen Linie. Andererseits fehlt allen diesen Gruppen, auch den Seilern, die für Kasten so kennzeichnende Hierarchisierung, die ihnen in der Gesellschaft entweder eine privilegierte oder eine untergeordnete Stellung zuschreiben würde. Ihnen ist weder wirtschaftlich noch sozial eine besonders herausragende Position zu eigen. Eine solche stünde zudem in auffallendem Widerspruch zur segmentären und egalitären Gesellschaftsstruktur der Senufo, deren Ausgleichsmechanismen auch die Handwerkergruppen einbeziehen. Eine in diesem Sinne anders orientierte Wirtschaftsweise verfolgen die Dyula (wie oben beschrieben). Alle Handwerkergruppen bestellen Felder, wenn auch früher die Landwirtschaft für sie geringere Bedeutung besaß. Mit der stärkeren Verbreitung industriell hergestellter Waren verloren traditionelle Erzeugnisse immer größere Marktanteile. Das hat vor allem die Weberei getroffen: Bedruckte Tücher beherrschen in den Städten den Markt fast vollkommen. Schmalbandgewebe werden als alltägliche Kleidung noch auf dem Land oder als aufwendig und teuer gestaltete Prunkstücke zu besonderen Anlässen getragen.

Farbtfl. XVII
Auslagen eines Händlers, rechts Gelbgußarmreifen, Korhogo (1982)

Schmiede und Metallgießer sind von dieser Entwicklung weit weniger betroffen. Eisenwaren, die Produkte der herkömmlichen Schmiede ersetzen sollten, standen nicht ausreichend zur Verfügung und berücksichtigten nicht die gewachsenen Gebrauchsmuster. Die Erzeugnisse der Gießer konnten in der Regel gar nicht oder nur in sehr beschränktem Umfang durch Industriewaren ersetzt werden. Außerdem kann ein vor Ort lebender Handwerker sehr viel besser auf die durch die weitgefächerten Vorgaben des Wahrsagers sehr individuellen Wünsche seiner Kunden eingehen. Es gibt zwar Gießerwerkstätten, die auf Vorrat produzieren und diesen durch Händler auf den größeren Märkten der Region vertreiben lassen, ein größerer Teil der Ware wird aber im Rahmen direkter und persönlicher Aufträge hergestellt. Das gilt vor allem für größere Stücke, etwa die schweren Fußknöchelreifen und die Vorsatzmasken, die nur im Auftrag der entsprechenden Altersklassen gegossen werden.

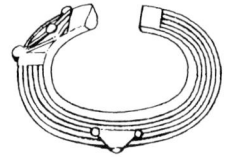

Fig. 8
Wachsmodelle des Armreifs

Für alle diese größeren Objekte ist nicht nur das Werkverfahren aufwendig und langwierig, sondern auch der Verbrauch an metallischem Rohstoff hoch. Auch heute noch verlangen Gießer, die in abgelegenen Dörfern arbeiten, gelegentlich von ihren Klienten, einen Teil des Rohmaterials selbst zu beschaffen. Alte Gießer berichten, daß vordem der Materialwert erheblich höher gewesen sein muß, während er heute so stark gefallen sei, daß mehr jener großen Stücke gegossen werden könnten. Auch deren Wert sei damit gefallen. Dennoch arbeitet man nach wie vor nur auf persönlichen Auftrag, damit die Wünsche des Kunden berücksichtigt werden können. Eine Ausnahme stellen nur die Gießer in Korhogo dar. Sie produzuieren heute vorwiegend für den touristischen Markt, wo es, wie sie sagen, nicht darauf ankommt, wie ein Stück aussieht.

In den ländlichen Gebieten haben sich gelegentlich Personen oder ganze Gruppen, die sonst nicht das Wachsausschmelzverfahren praktizieren, der Technik zugewandt. Sie versuchen auf lokaler Ebene von den günstigen Rahmenbedingungen zu profitieren. Ein Beispiel kann solche Prozesse gut verdeutlichen: In einem Ort abseits der Hauptverkehrswege waren zur Zeit der Kriege Samory's sowohl *fɔnɔ̀:bèlè* Schmiede, als auch *kpɛɛbele* ansässig, die unter allen Handwerkergruppen am engsten mit dem Gelbguß verbunden sind. Aufgrund der angespannten wirtschaftlichen Lage wurde der Zugang zu Rohmaterialien erschwert. Auch das islamische Sendungsbewußtsein des Almamy mit seinen militanten Zügen spielte eine Rolle, so daß sich einige unter den Gießern veranlaßt sahen, ihr Handwerk aufzugeben und zum Islam zu konvertieren. Sie wendeten sich nun der Weberei zu. Offensichtlich – das geht indirekt aus den oralen Traditionen der Gruppe hervor – versprach man sich von diesem Schritt unter der neuen Herrschaft, deren Dauer man freilich nicht abschätzen konnte, wirtschaftliche und soziale Vorteile. Die Wahl des Metiers, das sonst vor allem mit den islamischen Dyula assoziiert wird, ist bezeichnend. Ein direkter Zwang war nicht der Beweggrund, denn nach wie vor blieb die Mehrheit der Gruppe ihren hergebrachten Überzeugungen und ihrem Handwerk treu. Nach der Besetzung des Gebietes durch die Franzosen ergaben sich zunächst keine weiteren Veränderungen. Aber nach einigen Jahren, wohl im zweiten oder dritten Jahrzehnt des 20. Jahrhunderts, beschlossen auch die übrigen Notabeln formell, sich zum Islam zu bekehren.[92] Der bis dahin auch von ihnen aufrechterhaltene Poro-Bund mit seinen regelmäßig durchgeführten Initiationen wurde aufgegeben. Das Initiationszentrum, dem der Älteste der Gruppe vorstand, wurde zerstört, die Masken des Bundes außerhalb des Dorfes vergraben und

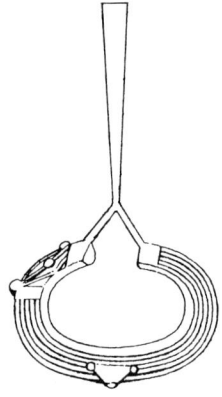

Fig. 9
Wachsmodell mit Gußkanälen

der Hain abgeholzt. Gleichzeitig gaben die verbliebenen Gießer ihr Handwerk auf, um sich ebenfalls der Weberei zu widmen oder nurmehr Landwirtschaft zu betreiben. Bereits nach dem Übertritt der ersten kpęębèlè und dem Ende der Kriegszüge Samory's hatte sich ein Schmied, der vorher nur selten Gelbgüsse herstellte, mehr dieser Tätigkeit zugewandt. Bis dahin arbeitete er hauptsächlich für den eigenen Bedarf anderer Schmiede oder den ihrer Frauen. Nach der Ankunft der Franzosen beruhigte sich die Situation. Er, und später auch sein Sohn erhielten mehr und mehr Aufträge von dritter Seite. Als später die kpęębèlè den Guß in verlorener Form ganz aufgaben, übernahmen die beiden Schmiede deren Handwerk und Kundschaft vollständig. Ein dritter wendete sich bald darauf ebenfalls dem Wachsausschmelzverfahren zu, jedoch wurden seine Fähigkeiten von den Auftraggebern deutlich zurückhaltender beurteilt als die der Schmiede, die schon vorher damit begonnen hatten.

Viele Schmiede nehmen für sich in Anspruch, daß sie ursprünglich die ersten waren, die im Senufoland das Wachsausschmelzverfahren praktizierten. Dagegen seien die kpęębèlè erst nach ihnen ins Land gekommen. Zwischen den Gießern und den fǫnō:bèlè existieren sehr ausgeprägte Scherzbeziehungen, die eine Heiratsverbindung zwischen beiden strikt ausschließen. Auch die kpęębèlè geben an, daß sie, als sie aus dem Osten, wahrscheinlich der Gegend um Kong kommend in das zentrale Senufoland zogen, die Schmiede dort bereits vorfanden. Andererseits weisen sie energisch darauf hin, daß allein sie selbst das Wachsausschmelzverfahren ›richtig‹ beherrschten und die fǫnō:bèlè es nur vereinzelt ausübten, nämlich dort, wo sich keine Gießer dieser Aufgabe angenommen hätten. Beide Überlieferungen haben einiges für sich und müssen sich nicht gegenseitig ausschließen. Es ist denkbar, daß, wie schon erwähnt, der Zuzug der kpęębèlè mit einem Expansionsschub in der Verbreitung des Verfahrens zusammenfällt. Danach könnten fǫnō:bèlè die Technik bereits früher, jedoch in wesentlich geringerem Umfang ausgeübt haben. Mit der Ankunft der kpęębèlè ergab sich dann eine weitergehende Arbeitsteilung, die nur unter bestimmten Bedingungen durchbrochen wurde. Solche Verschiebungen sind und waren sicher auch früher schon vor allem mit wechselnden wirtschaftlichen Voraussetzungen verknüpft. Eine entsprechende Veränderung stellt neuerdings der Guß von Leichtmetallobjekten dar, insbesondere die Herstellung großer Kessel zum Kochen.

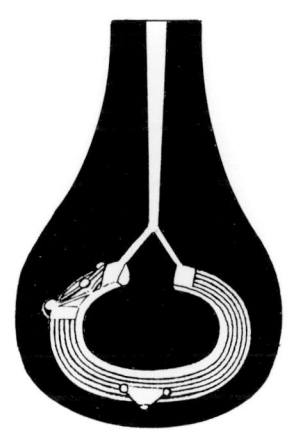

Fig. 10
Wachsmodell mit Holzkohle/Ton-Mantel

Die dritte, das Wachsausschmelzverfahren praktizierende Gruppe sind die cēlíbèlè, die hauptsächlich als Seiler und Gerber tätig sind. Zwischen ihnen und den anderen Handwerkergruppen und Bauern gibt es deutliche kulturelle und soziale Unterschiede. Ihrer Herkunft nach rechnen sie sich zu den Malinké. Sie sprechen einen eigenen Dialekt[93], obwohl sie heute alle auch Dyula und Senar beherrschen. Ihren Überlieferungen zufolge waren sie ursprünglich in Boron beheimatet, einer kleineren Handelsniederlassung südwestlich des Senufolandes, etwa in der Gegend des heutigen Séguéla (Person 1964: 327–29 n.6, 332). Im Bereich der Malinké sind die cēlíbèlè als Griots bekannt[94] und haben eine einzigartige gesellschaftliche Stellung: In ihren Gesängen bewahren sie die historischen Traditionen des alten Reiches Mali. Unter Berufung auf diese kritisieren sie die Mächtigen und ihr Verhalten. Im Senufoland entfällt diese Aufgabe weitgehend.

Einige cēlíbèlè-Gruppen sind bis heute nicht zum Islam übergetreten und besitzen eigene Poro-Bünde (Bochet 1960), die nicht nur anders als die der Senufo aufgebaut sind, son-

Farbtfl. XVIII
kɔ̄dāl-Maske, Messing, Museum für Völkerkunde, III C 44318

Farbtfl. XIX
kɔ̄dā̄l-Maske, Holz, h. 31,5 cm,
Sammlung Gottschalk

dern auch andere Maskengestalten kennen. Hauptsächlich diese cēlíbèlè sind als Spezialisten für Kupferarbeiten bekannt, während sich die zum Islam übergetretenen mehr Lederarbeiten und der Weberei zugewendet haben. Da heute der Islam unter den cēlíbèlè sehr schnell an Boden gewinnt, spielen sie, was den Guß in verlorener Form angeht, nur noch eine untergeordnete Rolle. Noch stärker gilt das für die sīāgíbèlè, die sich als Waffenschmiede verstehen und heute vor allem Gewehre für die Jagd und verschiedene Messer und Dolche herstellen. Als letzte Handwerkergruppe seien schließlich die sūbóróbèlè erwähnt, die sich auf die Herstellung von Glöckchen und Schellen spezialisiert haben. Sie zählen aber nur wenige Menschen und sind daher selten zu finden (vgl. Kientz 1979a: 14–15).

Im folgenden soll die Herstellung einer kōdál-Vorsatzmaske beschrieben werden, wie ich sie 1982 und 1986 im Gebiet der Kafibele-Senufo beobachten konnte[95]. Der Gießer gehörte in beiden Fällen zu den fònō:bèlè, war also von Hause aus Schmied. Dennoch kann das Werkverfahren weitgehend als repräsentativ bezeichnet werden. Vergleiche mit Gießern im südlichen Senufogebiet, in der Stadt Korhogo, östlich des Bandama und im westlichen Gebiet um Boundiali ergaben keine wesentlichen technischen Variationen. Auch die stilistischen Unterschiede waren nicht sehr ausgeprägt, von der touristischen Produktion in Korhogo einmal abgesehen[96]. Eine Maske wurde als Beispiel gewählt, da dabei die Technik ausführlich und in allen Details geschildert werden kann. Der Guß kleinerer Objekte ist einfacher, weniger aufwendig und stellt an die Fähigkeiten des Handwerkers geringere Anforderungen. Auf ihn wird anschließend eingegangen.

Gießer arbeiten in der Regel allein oder mit einem Gehilfen. In diesem Fall ließ der Schmied sich bei den Vorarbeiten und beim Guß selbst durch einen Sohn helfen. Bei der Herstellung des Wachsmodells war jedoch nur seine Frau anwesend, da diese Arbeit ohne weitere Vorkehrungen im Hof der Lineage stattfand. Die Ausgangsmaterialien werden sehr sorgfältig ausgewählt. Zum Guß einer Maske wird nur Wachs verwendet, das schon einmal benutzt wurde oder aus dem Kern von Bienenwaben stammt. Alle Unreinheiten werden durch wiederholtes Erwärmen an der Sonne und nachfolgendes Durchkneten entfernt. Diese Arbeit wird nicht vom Gießer ausgeführt, sondern von seinem Sohn, der ihm auch gegen Ende der Trockenzeit und zu Beginn der Regenzeit einen größeren Vorrat an Bienenwachs aus der Wildnis holt. Größeres Gewicht noch wird auf die Auswahl der Materialien zur Herstellung des Gußkernes und des Tonmantels gelegt, die gemeinsam von dem Gießer und seinem Gehilfen beschafft werden. Zunächst wird ein lößartiger Ton benötigt, der etwa drei Kilometer außerhalb des Ortes ansteht. Der Gehilfe wird dabei von seinem Lehrer auf dessen Konsistenz hingewiesen. Er hat verschiedene Proben mit den Fingern zu zerreiben. Schließlich wählt der Gießer die, die sich zu feinem Staub zerdrücken läßt und fordert den Jungen auf, eine ausreichende Menge davon in einen mitgebrachten Sack zu packen (Abb.66)[97]. Bei dieser Gelegenheit schneidet der Gießer auch einige Büschel kurzen Grases (Abb.67) und läßt es zusammen mit dem Ton von seinem Sohn ins Dorf bringen. Weitere Rohmaterialien sind ein gröberer, roter Sand, Holzkohle, Ziegenhaare und einfacher, laterisierter Boden, wie er in der Region üblich ist.

Bevor der Gießer mit der Herstellung des Gußkernes beginnt, werden die Rohmaterialien von dem Jungen vorbereitet. Die Holzkohle wird zerstoßen und mit einem Teil der Erde,

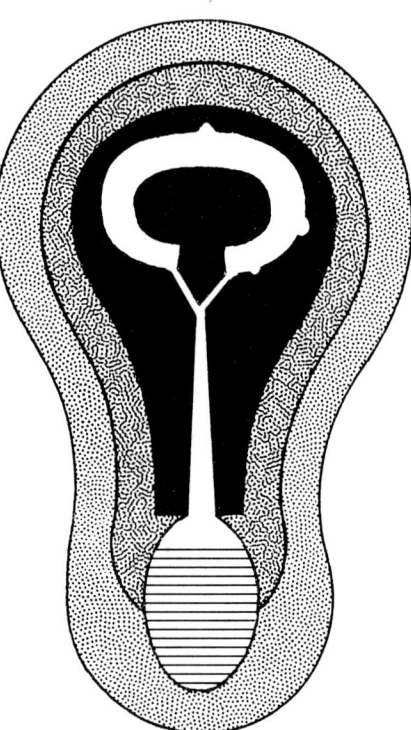

Fig. 11
Hohlform mit Gußmetall

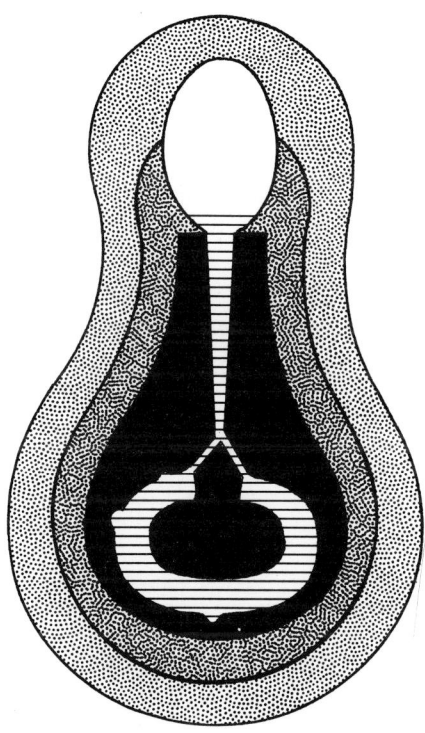

Fig. 12
Form mit flüssigem Gußmetall gefüllt

den Ziegenhaaren und etwas Wasser vermengt, zu einem Kloß geformt und auf einen Stein gelegt, der dem Alten als Arbeitsunterlage dienen wird. Der Sand wird in eine zerbrochene Kalebasse gefüllt, der Ton in einen gehöhlten Stein (Abb.68). Der Gießer beginnt nun mit der Formung des Gußkernes. Zunächst wird der Ton mit Wasser vermengt (Abb.69) und daraufhin mit der Holzkohlemasse. Dazu bedient er sich eines allgemein gebräuchlichen Hammers, mit dem die Masse immer wieder geschlagen wird (Abb.70). Dieser Vorgang dauert etwa eineinhalb Stunden, wobei kleinere Mengen Wasser und gelegentlich Ton zugesetzt werden. Gegen Ende wird die Masse, die jetzt eine feine und homogene Konsistenz hat, in dem Sand gewälzt (Abb.71), noch einmal durchgemengt und dann zu einem ovalen Kloß geformt.

Für die eigentliche Formung des Gußkernes beschafft sich der Gießer eine etwa kreisrunde, starke Holzplatte, auf die die Masse gelegt wird. Mit den Händen wird nun ein längliches, sich zu einer Seite verjüngendes Oval geformt, das annähernd dem Umriß eines Gesichtes entspricht (Abb.72). Als einziges Merkmal wird eine kleine Erhebung für den späteren Mund dargestellt, während sonst die Oberfläche mit den Fingern unter gleichzeitigem Drehen der Holzscheibe glatt verstrichen wird (Abb.73). Das Rohstück wird mit der Scheibe zum Trocknen in die Sonne gestellt.

Am folgenden Tag wird der Kern abgehoben und die Innenseite mit einer umgebogenen Messerklinge ausgehöhlt, so daß der Ton eine durchgängige Wandstärke von 1 bis 1,5 cm erhält (Abb.74). Während der Gießer an dem Gußkern arbeitete, hat sein Gehilfe das Wachs zu unregelmäßigen Platten vorgeformt und dem Lehrer auf einem kleinen Schemel bereitgelegt (Abb.75). Dieser Schemel dient dem Gießer auch als Arbeitsunterlage. Er beginnt damit, die vorgeformten Wachsplatten mit einem Stein auf eine gleichmäßige Stärke zu bringen (Abb.76). Dabei wird das Wachs mit Wasser benetzt. Mehrere Male hebt er die Platten gegen das Licht, um so ihre Stärke und Reinheit zu kontrollieren (Abb.77).

Bevor die Wachsplatten auf den Gußkern aufgebracht werden, schabt der Gießer dessen Oberfläche noch einmal mit einem herkömmlichen Messer ab (Abb.78). Dann nimmt er die längste und breiteste Platte, legt sie mit den Händen auf den Kern und zieht sie mit den Fingern von der Mitte zu den Seiten hin herunter (Abb.79). An den Seiten bleiben jedoch noch freie Flächen, die mit gesondert zugeschnittenen Teilen bedeckt werden (Abb.80). An den Rändern der Wachsplatten entstehen dabei kleinere Verwerfungen und Überlappungen (Abb.81). Sie werden ausgeglichen, indem der Gießer sie mit demselben Stein, der schon zur Vorbereitung der Platten diente, vorsichtig glattklopft (Abb.82). Anschließend wird das am Rand des Kernes überstehende Wachs mit einem Messer bündig weggeschnitten (Abb.83). Die jetzt noch vorhandenen kleineren Unregelmäßigkeiten gleicht er mit den Fingern aus, nachdem er das ganze Stück für kurze Zeit in die Sonne gelegt hat (Abb.84).

Am nächsten Morgen werden einzelne Elemente, die die Oberfläche der Maske zieren sollen, vorbereitet. Zunächst werden mit der Hand einige verschieden dicke Wachsfäden hergestellt, indem sie der Gießer mit den Fingern auf dem Schemel hin und her rollt (Abb.85). Um feinere Fäden auszurollen, bedient er sich eines kellenförmig zugeschnittenen Stücks einer Kalebasse (Abb.86). Einige der Fäden werden miteinander verdreht (Abb.87). Andere

Farbtfl. XX
Armreifen, Pythonschlangen darstellend, Museum für Völkerkunde, vorne
III C 44141, hinten III C 44137

Farbtfl. XXI
Anhänger, links Zwillinge, rechts Wasserschildkröte darstellend, Museum für Völkerkunde, III C 42045, III C 43982

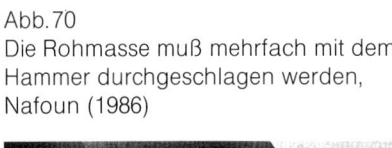

Abb. 66
Gelbgießer und Lehrling sammeln Ton zur Herstellung des Gußkernes, Nafoun (1986)

Abb. 67
Der Gelbgießer schneidet Gras, um es dem Ton des Gußkernes beizumischen, Nafoun (1986)

Abb. 68
Die Rohmaterialien zur Herstellung des Gußkernes, Nafoun (1986)

Abb. 69
Mit Wasser wird der Ton angemischt, Nafoun (1986)

Abb. 71
Nachdem die Masse die gewünschte Konsistenz erreicht hat, löst man sie in einem feinen Sand, Nafoun (1986)

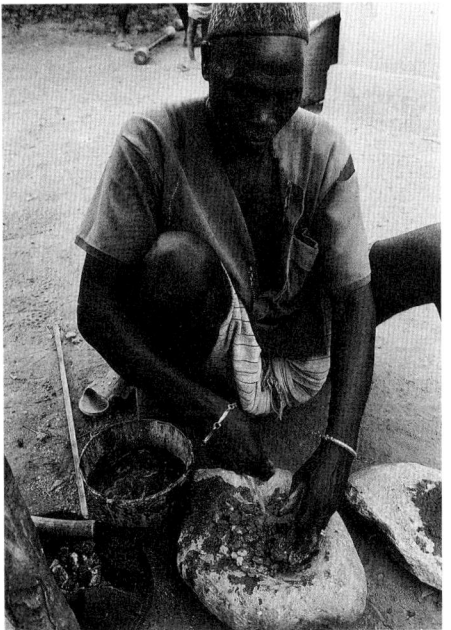

Abb. 70
Die Rohmasse muß mehrfach mit dem Hammer durchgeschlagen werden, Nafoun (1986)

Abb. 72
Auf einem runden Holzbrett wird der Gußkern ausgebreitet, Nafoun (1986)

Abb. 73
Mit der Hand formt der Gießer die Rohform des Gußkernes der zu gießenden Maske, Nafoun (1986)

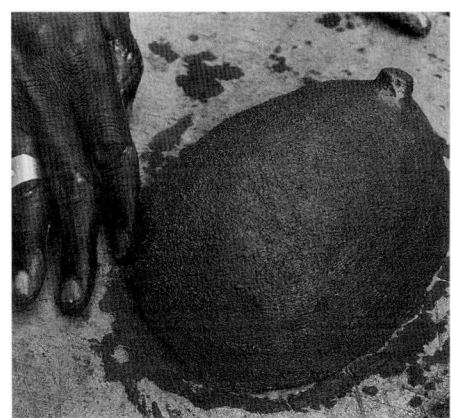

Abb. 74
Blick auf die Unterseite des fertigen Gußkernes, Nafoun (1986)

Abb. 75
Vom Lehrling vorbearbeitete grob geformte Wachsstreifen, Nafoun (1986)

Abb. 76
Glätten und Ausschlagen der Rohstreifen durch den Gelbgießer, Nafoun (1986)

Abb. 77
Die Gleichmäßigkeit der Wachsstreifen kontrolliert der Gießer, indem er sie gegen das Licht hält, Nafoun (1986)

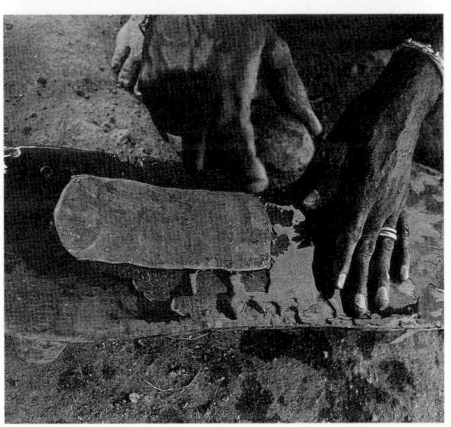

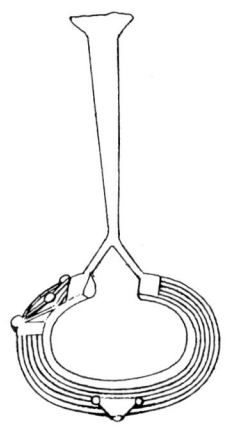

Fig. 13
Gießling nach Entfernen der Form

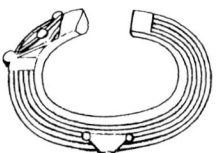

Fig. 14
Vollendeter Guß nach Entfernung des Gußkanals

◀ Farbtfl. XXII
Anthropomorphe Figuren, Hilfsgeister eines Wahrsagers, Museum für Völkerkunde, III C 44084, III C 44080

werden zu kleinen Spiralen aufgerollt (Abb. 88). Ein besonderes Muster ergibt sich durch einen Schnitt quer durch die Spiralen, so daß zwei halbkreisförmige Teile entstehen (Abb. 89). Der Gießer wendet sich nun der Ausgestaltung des Gesichtes zu. Zunächst setzt er einen kegelförmigen Pfropf auf, der das Kinn markiert und streicht die Übergänge mit einem Messer glatt (Abb. 90). Darauf wird ein breiterer Wachsfaden aufgebracht, der die Nase darstellt (Abb. 91). Augenbrauen und andere Teile werden aus Resten der Wachsplatten zugeschnitten, wobei sich gleichende Formen durch das Auflegen der zuerst geschnittenen auf eine weitere Platte reproduziert werden (Abb. 92). Diese Formen werden einzeln auf den Körper aufgelegt und festgedrückt (Abb. 93). Wachsfadenbegrenzungen und -ornamente werden angebracht, indem man den Faden direkt um die Formen, hier die Augenbrauen, zieht (Abb. 94). In diesem Stadium wird die Arbeit abgebrochen und erst am nächsten Morgen wieder aufgenommen.

Auch am folgenden Tag werden wieder einzelne Elemente für den späteren Gebrauch vorbereitet. Es handelt sich vor allem um die verschiedenen seitlichen Ansätze und Fortsätze, etwa Hörner, die für die Vorsatzmasken der Senufo so typisch sind. Dazu werden zuerst die einzelnen Teile in Wachs vormodelliert und, wenn nötig, zusammengefügt. Man schneidet Öffnungen, so daß die Wachsteile ineinandergesteckt werden können (Abb. 95). Auch in das Wachs des zukünftigen Maskenkörpers werden Schlitze geschnitten, in die die Ansätze eingepaßt und die Übergänge dann mit einem Messer glatt gestrichen werden (Abb. 96). Bei den seitlichen Ansätzen, die sich genau gegenüber liegen müssen, werden Proben gemacht, bevor man die Schlitze ansetzt (Abb. 97). Dabei beginnt der Gießer mit den an der Stirn der Maske ansetzenden Hörnern und setzt nach und nach die folgenden, tiefer gelegenen Fortsätze an (Abb. 98). Ausgespart bleiben aber die ebenfalls für Senufo-Masken typischen Fortsätze am Kinn, da diese später gleichzeitig als Gußkanäle dienen werden. Im folgenden werden die verschiedenen Wachsfadenornamente auf den Maskenkörper aufgebracht und festgedrückt (Abb. 99). Abschließend werden an diesem Tag noch kleinere Korrekturen an der Oberfläche der Maske vorgenommen. Dazu legt der Gießer das Modell einige Minuten in die Abendsonne und verstreicht dann mit dem Messer kleinere Unebenheiten. Auch der Mund der Maske wird bei dieser Gelegenheit ausgeschnitten (Abb. 100).

Am Morgen des nächsten Tages wendet der Gießer sich den Gußkanälen zu, die, wie gesagt, teilweise als Fortsätze am Kinn der Maske bestehen bleiben sollen. Bereits vorher waren zwei dickere, etwa 7 bis 8 mm starke Wachsrollen in eine entsprechende Form gebracht und an den Maskenkörper angepaßt worden (Abb. 101). Nun werden in den Wachskörper zwei entsprechende Löcher geschnitten, die beiden Stränge eingesetzt und die Übergänge verstrichen (Abb. 102). Die Enden der beiden Wachsstränge werden miteinander verbunden. Die letzte Arbeit am Wachsmodell besteht darin, Löcher in den Rand des Maskenkörpers zu bohren. Der Gießer verwendet dazu die Spitze einer Feile europäischer Herkunft (Abb. 103). Damit sind die Arbeiten am Wachsmodell der Maske abgeschlossen (Abb. 104).

Noch am gleichen Tag beginnt der Gießer mit der Einkleidung des Wachsmodells mit Ton. Besondere Sorgfalt wird dabei auf die Herstellung der Mischung für den direkt das Wachs umgebenden Ton gelegt. Hier muß, so der Gießer, der Anteil von Holzkohle größer und der

Abb. 78
Der Gußkern wird mit einem Messer geglättet, Nafoun (1986)

Abb. 79
Über den Gußkern werden die vorbereiteten Wachsplatten gezogen, Nafoun (1986)

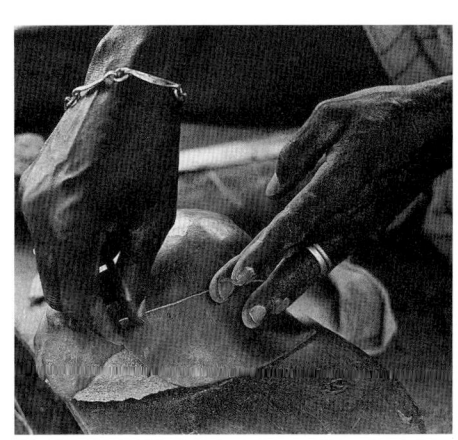

Abb. 80
Links und rechts bleiben am Gußkern freie Flächen, die durch eigens zugeschnittene Wachsblätter abgedeckt werden müssen, Nafoun (1986)

Abb. 81
Das Aufbringen der zusätzlichen Wachsblätter, Nafoun (1986)

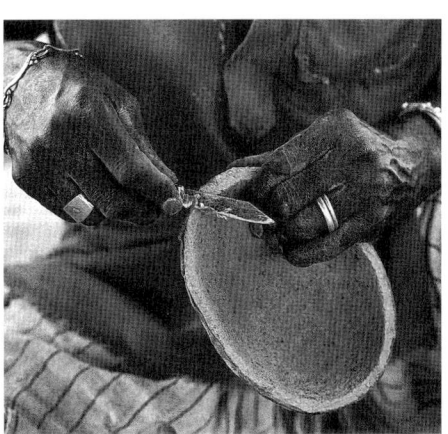

Abb. 82
Unebenheiten und Überlappungen werden vorsichtig mit einem Stein glatt geklopft, Nafoun (1986)

Abb. 83
An dem Rand des Gußkernes überstehende Wachsreste werden bündig mit einem Messer abgeschnitten, Nafoun (1986)

Abb. 84
Feinere Unebenheiten werden mit den Fingern ausgeglichen, Nafun (1986)

Abb. 85
Verschieden dicke Wachsfäden werden vorbereitet, Nafoun (1986)

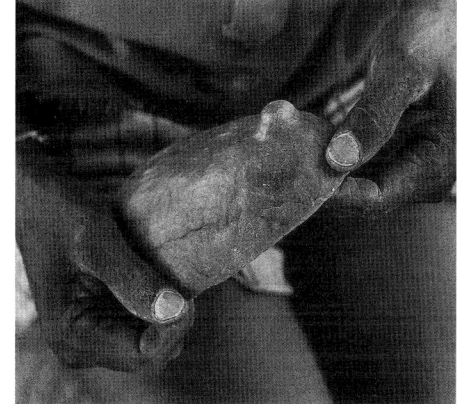
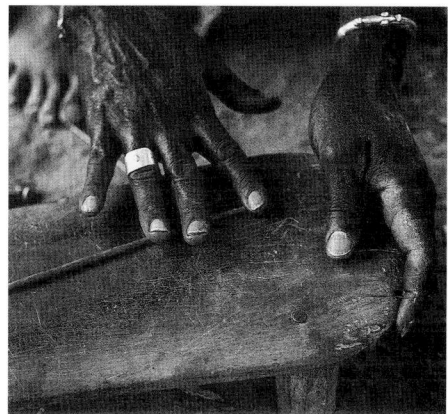

Abb. 86
Feine Wachsfäden werden mit einem schaufelartigem Kalebassenstück ausgerollt, Nafoun (1986)

Abb. 87
Fäden werden miteinander verdreht, Nafoun (1986)

Abb. 88
Andere Fäden werden zu kleinen Spiralen aufgerollt, Nafoun (1986)

Abb. 89
Spiralen werden mit dem Messer in zwei Halbkreise geteilt, Nafoun (1986)

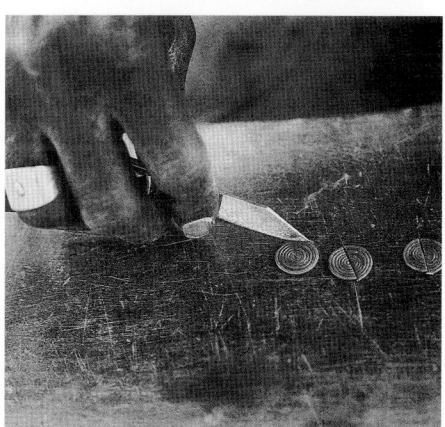

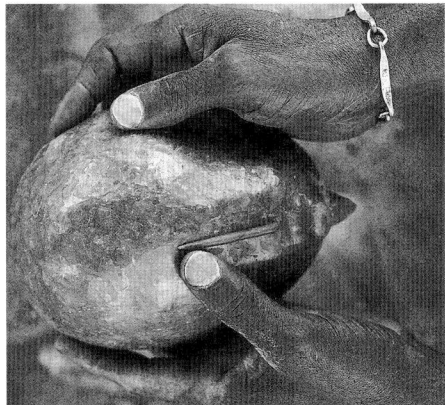

Abb. 90
Der das Kinn darstellende Wachspfropf wird aufgesetzt, Nafoun (1986)

Abb. 91
Ein sich verjüngender Wachsfaden stellt die Nase dar, Nafoun (1986)

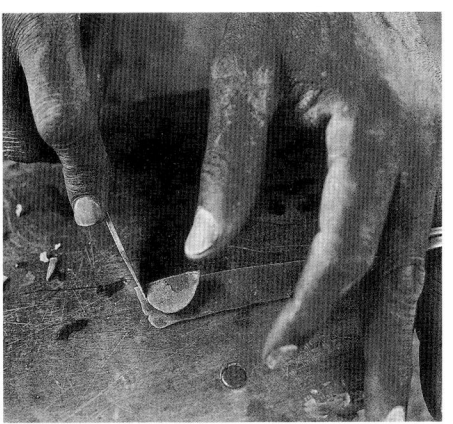
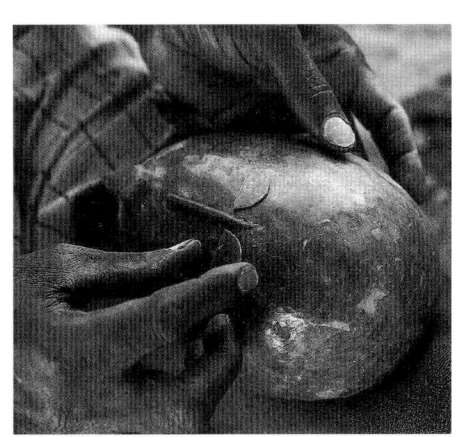

Abb. 92
Die sich gleichenden Formen der Augenbrauen werden geschnitten, Nafoun (1986)

Abb. 93
Aufbringen der ausgeschnittenen Formen, Nafoun (1986)

Abb. 94
Wachsfadenbegrenzungen werden aufgebracht, Nafoun (1986)

Abb. 95
Halb fertiggestellte Wachsmodelle zweier *Kōdāl*-Masken, Nafoun (1986)

Abb. 96
Ansetzen der Hörner, Nafoun (1986)

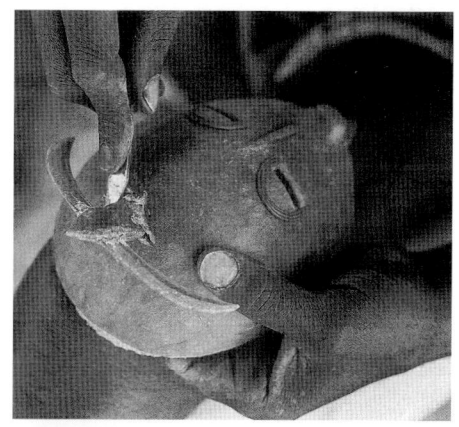

Abb. 97
Ansetzen der seitlichen Fortsätze, Nafoun (1986)

Abb. 98
Verstreichen der Übergänge, Nafoun (1986)

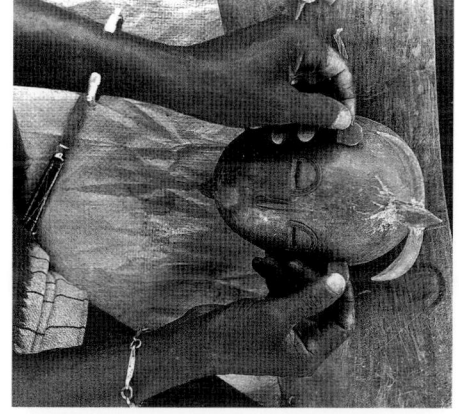 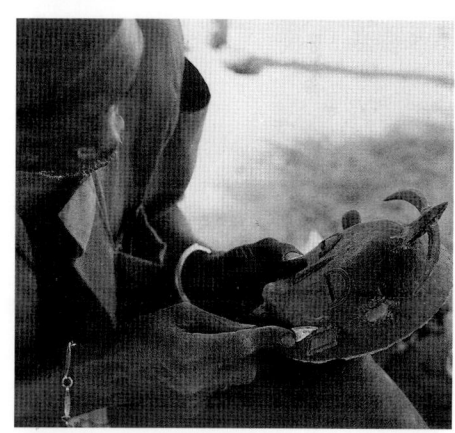

Abb. 99
Aufbringen eines Wachsfadenornamentes, Nafoun (1986)

Abb. 100
Vorläufiges Anpassen der unteren Fortsätze, die gleichzeitig als Gußkanäle dienen, Nafoun (1986)

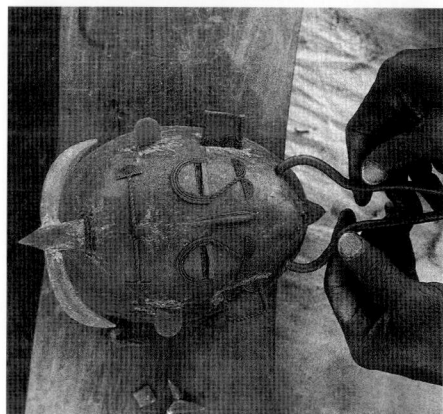

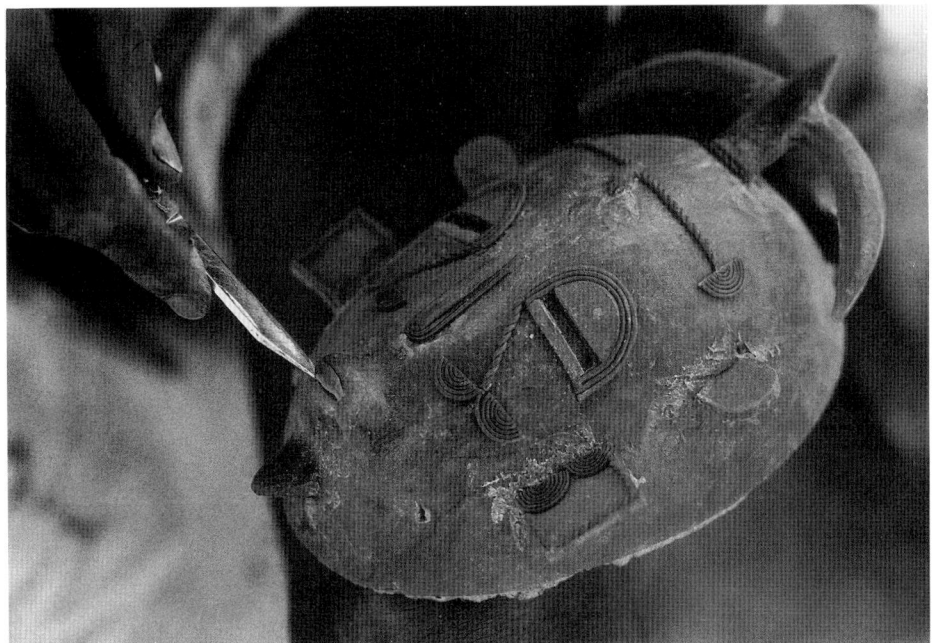

Abb. 101
Vor dem Ansetzen der Gußkanäle wird noch der Mund geschnitten, Nafoun (1986)

von Ziegenhaaren geringer als in den darauffolgenden Schichten sein. Die Masse wird nun nahezu zwei Stunden mit dem Hammer geschlagen und vermengt. Am Nachmittag kann er mit dem Auftragen der Tonmasse beginnen. Er setzt dabei zunächst an den freistehenden Hörnern an (Abb. 105), und zieht dann von oben nach unten einen etwa 5–8 mm starken Mantel über das Wachsmodell. Die Masse wird zunächst in dickeren Stücken aufgebracht und dann durch den Fingerdruck in die feineren Vertiefungen vorgetrieben. Eine Verbindung zwischen den freistehenden Hörnern und dem Maskenkörper wird hergestellt, um diese beim Guß zu stützen (Abb. 106). Dies sagt der alte Handwerker seinem Gehilfen, der bei dieser Arbeit zufällig anwesend ist. Die Herstellung des Modells beobachtete er jedoch nicht. Als letztes wird der Rand des Wachsmodells so mit einer Schicht Ton umschlossen, daß eine Verbindung mit dem Gußkern entsteht (Abb. 107). Der Mantel wird mit den Händen geglättet und hat nun eine dunkelgraue Tönung. (Abb. 108). Anschließend legt man ihn zwei Tage zum Trocknen in eine unbewohnte Hütte.

Die Masse, die zur Herstellung des zweiten Mantels dient, weist einen wesentlich höheren Anteil an Ziegenhaaren auf und enthält weniger Holzkohle. Sie wird zunächst stark mit Wasser verdünnt auf den dunkleren, ersten Mantel aufgetragen, und dann erst in einer zweiten, 6 bis 10 mm starken Schicht (Abb. 109). Nachdem dieser Mantel aufgetragen ist, wird ein herzförmig gebogenes Stück Baustahl so auf den Körper gelegt, daß das spitz zulaufende Ende an der Gußöffnung zu liegen kommt (Abb. 110). Der Gießer erklärt, daß dieser Stahl zur Versteifung der Form während des Gusses diene und Risse und Brüche

Abb. 102 ▶
Einpassen der Übergänge, Nafoun (1986)

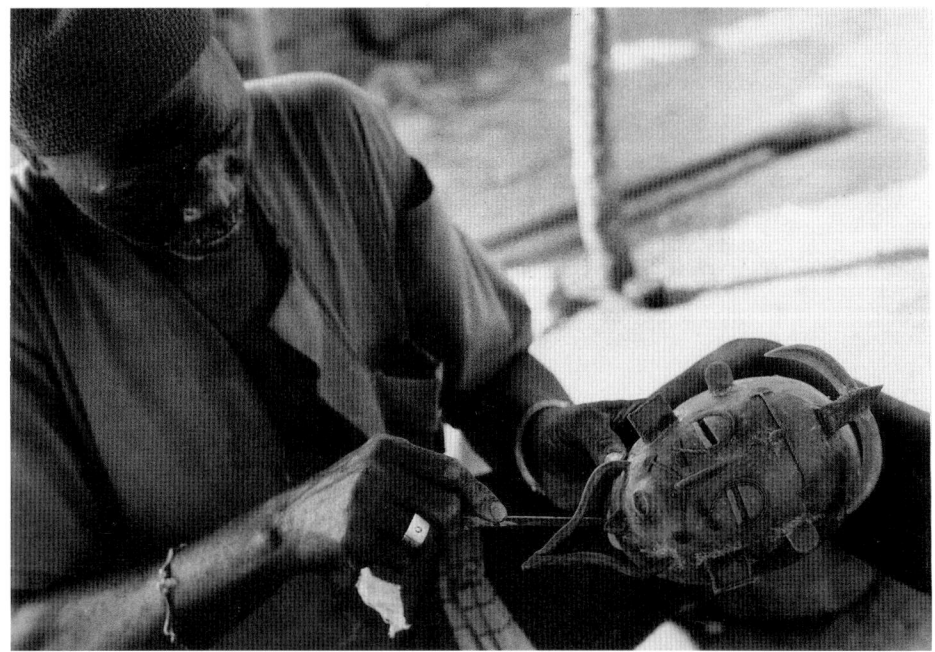

Abb. 103
Am Rand des Maskenkörpers werden
Öffnungen gebohrt, Nafoun (1986)

verhindere. Die Stütze wird sofort mit Tonmasse umkleidet. An den Wachssträngen, die später die Gußkanäle bilden sollen, wird ein Trichter geformt, so daß das Ende der Stränge leicht erhaben auf dem Boden zu sehen ist (Abb. 111). Vor dem Guß wird die Form noch einen Tag zum Trocknen in die unbewohnte Hütte gelegt.

Das Gießen der Maske beginnt früh am Morgen und findet in der Schmiede des Meisters statt (Abb. 112). Nur die Materialien, Rohstoffe und Werkzeuge werden im Hof vorbereitet, wo alle bisherigen Arbeiten durchgeführt wurden. Der Gießer nimmt einen großen Korb, füllt ihn zu drei Viertel mit Holzkohle und legt darauf die Gußform, eine etwa faustgroße Kugel noch feuchter Tonmasse, eine alte Emailschale, die das Metall für den Guß enthält sowie zwei Zangen. Als Rohmaterial werden neben Bruchstücken von Fehlgüssen und Füllungen von Gußkanälen und Trichtern, die als Abfall vorausgegangener Güsse entstanden, auch alte Arm- und Fußreifen verwendet, die zwar getragen wurden, aber durchaus noch brauchbar gewesen wären (Abb. 113). Alles zusammen wird vom Gehilfen des Gießers zu dessen Schmiede getragen.

In der Schmiede erweitert der Gießer zunächst mit einem spitzen Messer etwas die Öffnung der Gußkanäle (Abb. 114), während sein Gehilfe die Glut in der Esse anfacht und sich dann an das Gebläse dahinter setzt. Als Werkzeuge liegen hier noch zusätzlich ein Feuereisen, einige schwere, runde Schmiedehämmer und die allgemein gebräuchlichen

Abb. 104
Das fertige Wachsmodell, Nafoun (1986)

Abb. 105
Aufbringen der ersten Tonmischung auf das mit Wasser benetzte Wachsmodell, Nafoun (1986)

Abb. 106
Das Gesicht des Maskenkörpers wird mit der ersten Tonschicht überzogen, Nafoun (1986)

Abb. 107
Sorgfältig werden die Übergänge am Rand des Gußkernes mit dem Tonmantel verstrichen, Nafoun (1986)

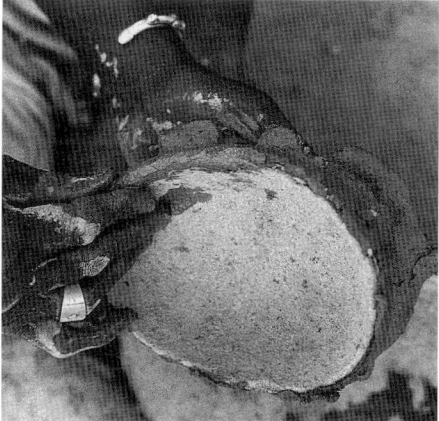

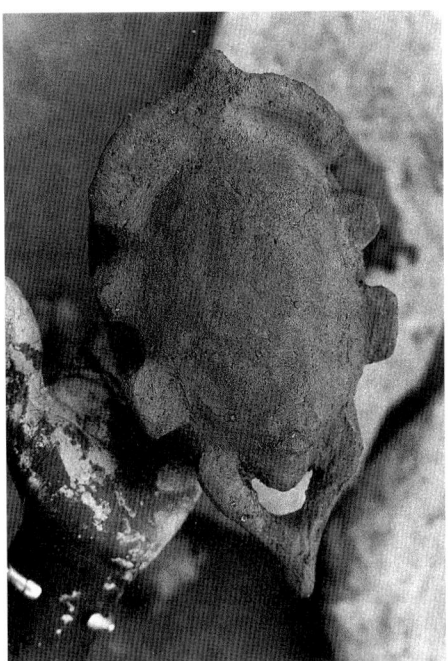

Abb. 108
Der fertige erste Tonmantel, Nafoun (1986)

Abb. 109
Aufbringen des zweiten Tonmantels, dessen Masse stark mit Ziegenhaaren vermischt ist, Nafoun (1986)

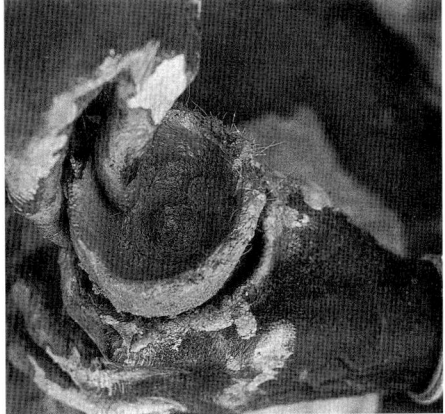

Abb. 110
Eine Stütze aus Baustahl wird in den zweiten Tonmantel mit eingearbeitet, Nafoun (1986)

Abb. 111
Das Formen des späteren Gußtrichters, Nafoun (1986)

Abb. 112
Blick auf die Schmiede des Gießers,
Nafoun (1986)

Hämmer bereit. Da sie täglich in der Schmiede gebraucht werden, bewahrt man sie ständig dort auf. Nachdem die Esse etwas Glut entwickelt hat, wird die Gußform längs hineingelegt, damit das Wachs gleichmäßig schmelzen kann (Abb. 115). Der Gießer greift nach etwa fünf Minuten die Form mit einer Zange und entleert das flüssige Wachs in eine mit Wasser gefüllte alte Konservendose, um es später wiederverwenden zu können (Abb. 116). Dieser Vorgang wird zur Sicherheit dreimal wiederholt. Mit einer kleineren Zange werden anschließend die Armreifen und Bruchstücke, die als Rohmaterial dienen, direkt in die Esse gelegt und erhitzt (Abb. 117), um dann auf dem Amboß mit einem Schmiedehammer in kleine Bruchstücke zerschlagen zu werden (Abb. 118). Die Teile werden auf einem alten Hackenblatt gesammelt und mit Wasser abgeschreckt (Abb. 119). Nachdem sie abgekühlt sind, schichtet der Gießer sie in den Gußtrichter bis dieser randvoll gefüllt ist (Abb. 120). Mit der mitgebrachten Tonmasse wird darüber eine den gesamten Trichter abschließende Kalotte geformt (Abb. 121). Es ergibt sich so eine geschlossene Gußform. Zur Isolierung des Metalls von der frischen Tonmasse legt der Gießer vorher einen Lumpen über den Gußtrichter. Es ist bemerkenswert, daß bei der Herstellung dieser geschlossenen Form kein gesonderter Tontiegel zur Aufnahme des Gußmetalls verwendet wird, wie es sonst weit verbreitet ist (vgl. Menzel 1968: 32–33).

Der eigentliche Schmelz- und Gußvorgang beginnt mit der Plazierung der Hohlform, die nun auch das Gußmetall enthält, in der Esse der Schmiede (Abb. 122). Dabei soll die

Kalotte mit dem Gußmetall möglichst gleichmäßig von allen Seiten mit Holzkohle umgeben sein. Über die senkrecht stehende Form wird nun ein alter Tontopf, dessen Boden ausgeschlagen wurde, gestellt. Um die unteren Ränder wird sorgfältig Asche und Sand aus der Schmiede aufgeschichtet (Abb. 123). Darauf wird ein zweiter Topf gestellt, und dessen Öffnung wird wiederum mit einem quer daraufgelegten Schaufelblatt einer alten Hacke abgedeckt (Abb. 124). Der junge Gehilfe beginnt nun mit aller Kraft das Gebläse zu betätigen. Die Flammen, die noch seitlich unter den Töpfen hervorschießen, sind rot, aber die, die oben unter dem Hackenblatt herausflackern, haben eine nahezu blaue Färbung. Das Schmelzen des Metalls dauert etwa zweieinhalb Stunden. Während dieser Zeit nimmt der Gießer wiederholt die Töpfe herunter, um Holzkohle nachzulegen und die Gußform zu betrachten (Abb. 125). Dabei achtet er auf senkrechten Stand und gegen Ende auch auf die Färbung der Kalotte, die das Gußmetall enthält. Erst, wenn diese weißglühend ist und man noch einmal nachgeheizt hat, so seine Aussage, kann man es wagen, die Form

Abb. 113
Gußform, Werkzeug und Rohmaterial des Gießers vor dem Gang zur Schmiede, Nafoun (1986)

Abb. 114
Der Zugang zum Gußkanal wird mit Hilfe eines Stabes etwas erweitert, Nafoun (1986)

Abb. 115
Die Gußform mit dem Wachsmodell wird in der Esse erhitzt, Nafoun (1986)

Abb. 116
Das geschmolzene Wachs wird ausgegossen und in Wasser aufgefangen, Nafoun (1986)

Abb. 117
Das Gußmetall wird zunächst direkt in der Esse erhitzt, Nafoun (1986)

umzudrehen und damit den Guß zu vollziehen. Ist der Moment schließlich gekommen, muß alles sehr schnell gehen: Der Gießer stellt die Töpfe beiseite, während der Junge das Gebläse noch mit voller Kraft betätigt. Mit einer großen Zange greift er die Form, zieht sie aus der Esse und dreht sie langsam um (Abb. 126). Die Kalotte mit dem Gußmetall verfärbt sich innerhalb von Sekunden: Weißglühend zuerst, dann gelb und leuchtend orange, bis sich auf der Oberfläche dunklere Stellen bilden. Der Gießer hält die auf dem Kopf stehende Form etwas mehr als zehn Minuten, bevor er sie zum Abkühlen auf den Boden der Schmiede legt. Nach etwa einer halben Stunde greift er sie erneut mit der Zange, trägt sie an den Eingang der Schmiede, wo die Form mit Wasser abgeschreckt wird (Abb. 127). Mit Hilfe des Jungen schlägt der Gießer nun den Tonmantel fort. Er beginnt mit der Kalotte, die mit einem kleinen Schmiedehammer zerschlagen wird (Abb. 128). Durch einen Blick in den Gußtrichter erhält man einen ersten Hinweis darauf, ob der Guß erfolgreich war (Abb. 129).

Das Entfernen der eigentlichen Form ist beim Guß einer solchen Maske ein ritueller Akt, den ich nicht beobachten konnte. Dies mag auch auf das erhöhte Risiko von Fehlgüssen bei der Herstellung solcher großen Objekte zurückzuführen sein. Der Gießling wurde mir nach dem Entfernen der Form, aber mit den Gußkanälen, am folgenden Morgen gezeigt (Abb. 130). Nach dem Entfernen der Kanäle wurde der Guß noch mit Feilen europäischer Herkunft nachbearbeitet, um kleinere Unebenheiten zu bereinigen.

Als Besonderheit sei noch erwähnt, daß der Gießer bei der Herstellung einer anderen Maske, mit deren Aussehen er vertrauter war, die Abstände und die Verteilung der seitlichen Ansätze dadurch bestimmte, daß er sie in einfacher oder doppelter Fingerbreite an den Körper des Wachsmodells anbrachte (Abb. 131). Abgesehen von diesem Detail unterschied sich die Herstellung anderer Masken nicht von dem beschriebenen Vorgehen.

Abb. 118
Anschließend wird es zu kleinen Bruchstücken zerschlagen, Nafoun (1986)

Abb. 119
Abschrecken des Gußmetalls, Nafoun (1986)

Die Herstellung anderer Gelbgußobjekte unterscheidet sich vor allem in den die Größe der Stücke betreffenden Aspekten von dem beschriebenen Verfahren. So werden bei kleineren Anhängern oder Armreifen keine Bewehrungen in den Tonmantel eingelegt. Ein weiterer Punkt ist die massenhafte Produktion, die nicht nur größere Übung der Gießer mit sich bringt, sondern bei einzelnen Handwerkern zu einem weitgehend standardisierten Verfahren beigetragen hat. Viele Gießer halten, was die besonders häufig gefragten Armreifen angeht, vorgeformte Wachsmodelle bereit, die nur noch in der Größe korrigiert und in einigen Details den Wünschen des Kunden entsprechend ergänzt werden müssen. Einige Handwerker in Marktstädten gießen auch ganze Armreifen auf Vorrat.

Da Armreifen eine so weite Verbreitung haben und so kennzeichnend für die materielle Kultur der Senufo sind, seien hier noch Hinweise auf ihre Herstellung angefügt: Die Arbeit

Abb. 121
Über dem Trichter des Tonmantels wird eine Kalotte geformt, die diesen ganz abschließt, Nafoun (1986)

Abb. 120
Das Gußmetall wird in den Trichter des Tonmantels gefüllt, Nafoun (1986)

Abb. 122
Zum Erhitzen wird die geschlossene Form mit dem Gußmetall nach unten in die Esse gestellt, Nafoun (1986)

Abb. 123
Zur Erhöhung der Temperatur wird ein Topf mit ausgestoßenem Boden über die Form gesetzt, Nafoun (1986)

Abb. 124
Ein zweiter Topf wird darauf gesetzt und oben mit einem alten Hackenblatt abgedeckt, Nafoun (1986)

Abb. 125
In regelmäßigen Abständen werden die Töpfe heruntergenommen und der Zustand der Form kontrolliert, Nafoun (1986)

Abb. 126
Ist die richtige Temperatur erreicht, greift der Gießer mit einer Zange die Form aus der Esse und dreht sie um, so daß das flüssige Gußmetall in die Hohlform fließt, Nafoun (1986, vgl. Abb. auf dem Umschlag)

Abb. 127
Nach einigen Minuten wird die Form mit Wasser abgeschreckt, Nafoun (1986)

Abb. 128
Die Kalotte wird zerschlagen, Nafoun (1986)

Abb. 129
Ein Blick in den Trichter der Gußform gibt Hinweise darauf, ob der Guß gelungen ist, Nafoun (1986)

Abb. 131
Messen der Abstände der seitlichen Fortsätze mit Hilfe des Fingers, Nafoun (1986)

◀ Abb. 130
Gießling nach Entfernen der Form, Nafoun (1986)

unten: von links nach rechts

Abb. 132
Justieren der Größe eines Armreifes, Nafoun (1982)

Abb. 133
Wachsstreifen werden um die Enden eines Armreifenmodelles gewickelt, Nafoun (1982)

Abb. 134
Zwei ineinander verdrillte Wachsfäden werden auf dem Rücken des Armreifes aufgebracht, Nafoun (1986)

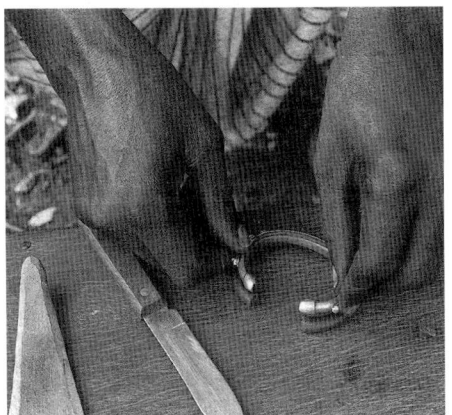

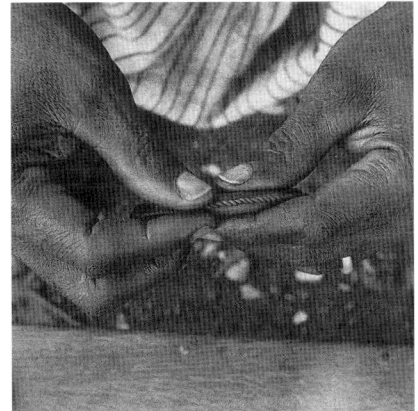

Abb. 135
Mit dem Messer werden die Pupillen in kleine, die Augen der Pythonschlange darstellende Wachskügelchen geschnitten, Nafoun (1982)

Abb. 136
Aufbringen eines Wachsfadens, Nafoun (1982)

Abb. 137
Zwei stärkere Wachsfäden bilden die späteren Gußkanäle, Nafoun (1982)

Abb. 138
Bei Anhängern wird der Gußkanal meistens an der Öse angebracht, Nafoun (1983)

Abb. 139
Zerschlagen des Tonmantels, Nafoun (1983)

Abb. 140
Beseitigung kleiner Unebenheiten mittels einer europäischen Feile, Nafoun (1982)

Abb. 141
Leichtmetallgießlinge, Sirasso (1983)

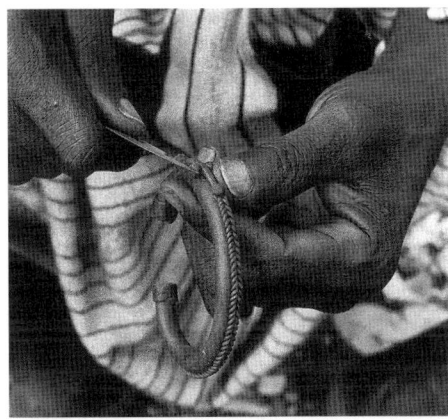
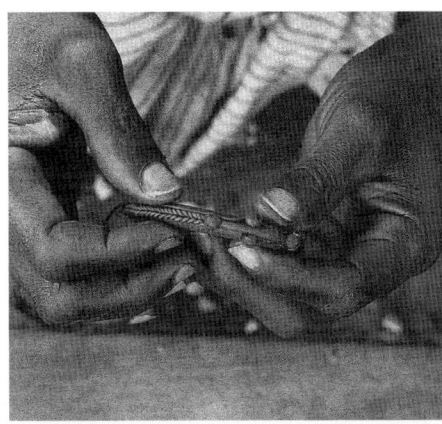

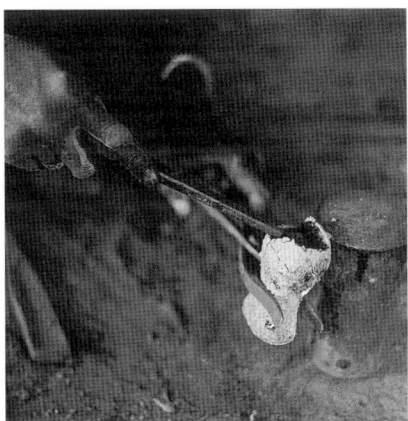

des Gießers beginnt in der Regel mit der Anpassung eines Rohstückes aus Wachs an den Durchmesser des Armes des Kunden. Wenn dieser bereits einen Armreifen trägt, kann der Gießer diesen direkt als Modell verwenden. Dazu legt er den getragenen Armreif einfach auf das Rohstück aus Wachs und schneidet die überstehenden Enden ab (Abb. 132). Danach werden die beiden Enden des Reifes mit Wachsstreifen umwickelt (Abb. 133) und auf der außenliegenden Seite je zwei ineinander gedrehte Wachsfäden aufgebracht (Abb. 134). Sie geben die Zeichnung auf dem Rücken der Pythonschlange wieder, die auf diesen Reifen dargestellt wird. Die Augen werden zunächst als kleine Wachskügelchen geformt. Ein Schnitt mit dem Messer gibt die Pupillen des Tieres an (Abb. 135). Ein weiterer feiner Wachsfaden wird als Kontur um die Schlange gelegt (Abb. 136). Als Gußkanäle werden an beiden Enden des Reifes zwei stärkere Wachsstränge angebracht und miteinander verdreht (Abb. 137).

Bei den noch kleineren Anhängern wird der Gußkanal in der Regel an der Öse angesetzt, durch die nach dem Guß die Hüftschnur laufen wird (Abb. 138). Das Einkleiden in Ton und der Guß der kleinen Objekte unterscheiden sich nicht wesentlich von dem bei den Masken angewendeten Verfahren. Bemerkenswert ist lediglich, daß hier das Entfernen des Tonmantels keinen rituellen Beschränkungen unterworfen zu sein scheint und deshalb auch von jedermann beobachtet werden kann (Abb. 139). Die Trennung des Objektes von den Gußkanälen wird mit Hilfe einer industriell gefertigten Feile oder einer Säge vorgenommen. Die Feile wird auch zur Beseitigung kleiner Unebenheiten verwendet (Abb. 140).

Eine weitere Besonderheit bei der Herstellung kleinerer Objekte ist die Zusammenfassung zweier oder dreier Hohlformen, so daß mit einem Guß zwei bzw. drei Objekte hergestellt werden können. Dieses Verfahren wird häufig bei dem heute weit verbreiteten Leichtmetallguß praktiziert (Abb. 141). Die Verwendung von Aluminium anstelle von Kupferlegierungen hat den Aussagen der Gießer zufolge zwei Vorteile: Das Metall läßt sich leichter handhaben, sein Schmelzpunkt liegt nicht so hoch wie der des Messings oder der Bronze, wodurch die Risiken beim Guß verringert werden, und es ist nicht so hart, was die Nachbehandlung erleichtert. Hinzu kommt, daß Aluminium heute leicht zugänglich ist. So wurden in der Elfenbeinküste über viele Jahre Aluminiumteile von Isolatoren, die zum Bau moderner Hochspannungsleitungen vorgesehen waren, von Gießern zweckentfremdet und umgegossen. Andererseits sagen die Gießer, daß mit Aluminium nicht so feine Oberflächenstrukturen wie mit Kupferlegierungen gegossen werden können. Die Objekte wirken gröber und sind nicht so dauerhaft wie die aus Messing. Während früher ein Armreif oder ein Anhänger über mehrere Generationen vererbt werden konnte, sind heutige Aluminiumobjekte gleicher Art nach einigen Jahren abgetragen. Sie erreichen daher auf den Märkten nicht die gleichen Preise wie die aus Messing gegossenen Reifen und Ringe. Einige Stücke, etwa die großen, mit Scharnieren versehenen Unterschenkelreifen, können gar nicht aus Aluminium hergestellt werden.

Mit dem Aluminium erschlossen sich den Gießern aber auch neue Anwendungsbereiche, die einigen unter ihnen den größeren Teil ihres Einkommens sichern. Besondere Bedeutung hat hier der Guß von Kesseln in verschiedenen Größen, die in den traditionellen Küchen verwendet werden. Die größten unter ihnen werden vor allem zum Brauen von Hirsebier verwendet, und da dieses wiederum eine der Haupteinnahmequellen der Frauen ist, sind diese großen und verhältnismäßig teueren Kessel eine begehrte Handelsware. Sie werden jedoch nicht im Wachsausschmelzverfahren, sondern im Sand- oder Kastenguß hergestellt, was nicht nur eine getreue Reproduktion des gewünschten Kessels, sondern auch eine Serienproduktion erlaubt. Anders geht man bei kleineren Reparaturen verschiedener technischer Geräte vor, wo, je nach Belastung und Anforderung, Messing und Aluminium im Wachsausschmelzverfahren eingesetzt werden. So werden zum Beispiel Messergriffe direkt an die Klingen gegossen (Abb. 141). Selbst komplex geformte Ersatzteile für Mopeds werden im Wachsausschmelzverfahren hergestellt, wenn die Originalteile nicht zur Verfügung stehen. Damit verwenden die Gießer der Senufo die gleiche Technik, die heute in Europa zu Herstellung von Objekten der Hochtechnologie dient.

Abb. 142
Maske, Zinnlegierung,
h. 17 cm, Linden-Museum,
Stuttgart

3. Katalog

In diesem Teil wird der im Museum für Völkerkunde aufbewahrte Bestand an im Wachsausschmelzverfahren hergestellten Ethnographica der Senufo dargestellt. Zur Gliederung wurde eine Klassifikation der Objekte nach formalen Kriterien herangezogen. Folgende Objektgruppen können dabei unterschieden werden: Masken, Armreifen, Beinreifen und Beinringe, Fingerringe, Anhänger, anthropomorphe Figuren, zoomorphe Figuren, Musikinstrumente (Glocken und Schellen). Diese Kategorien decken sich nicht mit den im Senufoland gebräuchlichen. Eine Ausnahme stellt allein die erste Gruppe, die der Masken, dar. Im Gegensatz zu allen übrigen steht sie nicht im Zusammenhang mit der Divination. Diese Objekte werden von den Senufo nach ihrem konkreten Gebrauch unterschieden. Eine solche, an sich wünschenswerte Klassifikation konnte hier jedoch aus zwei Gründen nicht übernommen werden. Einmal fehlen für viele Objekte der Sammlung entsprechende Angaben, oder sind nicht ausreichend genau. Eine Rekonstruktion anhand formaler Kennzeichen und durch den Vergleich mit den Informationen, die zu anderen Objekten vorliegen, ist nur in sehr begrenztem Umfang möglich, da die Art des Gebrauchs sich für die Senufo nicht durch solche formalen Kriterien bestimmt, sondern durch die individuellen, oben beschriebenen Ratschläge des Wahrsagers. Zum zweiten wäre eine auf dieser Grundlage aufbauende Klassifikation für den Leser unbrauchbar, da durch den individuellen Charakter des Gebrauchs die Zahl der Kategorien nahezu die Zahl der Objekte erreichen würde, also wiederum eine von außen herangetragene, fremde Gliederung nötig machte. Diese aber müßte durch eine immer zweifelhafte Gruppierung persönlicher Lebensgeschichten Fremder begründet werden.

Die einzelnen Abschnitte des Kataloges beschreiben daher zunächst die gemeinsamen, formalen Kennzeichen der Objektgruppe. Zur Erläuterung der regionalen und historischen Zusammenhänge werden, soweit möglich, Objekte benachbarter Ethnien oder Objekte aus Beständen fremder Sammlungen herangezogen. Diesen allgemeinen Bemerkungen folgen die Informationen zu den einzelnen Objekten der Abteilung Afrika des Museums für Völkerkunde. Diese sind in jeder Objektgruppe nach aufsteigenden Signaturen geordnet, wobei die Bezeichnung der Region Westafrika (III C) vorangestellt bleibt. Alle Angaben zu den Objekten werden nach Maßgabe der Sammler, bzw. Gewährsleute, gemacht. Anknüpfend an die Veröffentlichungen von Brigitte Menzel wurden, soweit bekannt, die Daten nach folgendem Muster geordnet:

Inventarnummer   Jahr des Erwerbs   Abbildung

Bezeichnung

V Verwendung nach lokaler Angabe

H Hersteller, Ethnie, Ort und Jahr

P Provenienz (Ethnie, Untergruppe, Ort)

m Material, Farbschattierung
Maße (l Länge, b Breite, h Höhe, ⌀ Durchmesser, f Länge figürlicher Darstellungen bei Reifen oder Ringen)

t Technik (WP Wachsplastik, WF Wachsfaden-T., Wachsschnitt-T.)

Material, das nicht durch eine nähere Untersuchung als Bronze, Messing oder Kupfer bestimmt wurde, ist mit dem Zeichens Æ als Legierung ausgewiesen, die üblicherweise als Gelbguß bezeichnet wird.

Alle Maße werden in Zentimetern angegeben. Die Angaben zum Durchmesser eines Reifes oder Ringes mit aufsitzender, figürlicher Darstellung berücksichtigen diese nicht, sondern allein den Träger. In solchen Fällen wird jedoch zusätzlich die Länge der Darstellung unter f angegeben. Handelt es sich um einen Fingerring wird die Gesamthöhe des Objektes einschließlich der Figur gemessen.

Einige Objekte wurden im Sommersemester 1986 von Studenten der Freien Universität Berlin im Rahmen einer Museumsübung beschrieben. Ihre Beiträge sind durch Namenskürzel kenntlich gemacht: Nikolaus Bernau (NB), Barbara Danckwortt (BD), Henrike Grohs (HG), Joseph Krafczyk (JK), Christiane Pantke (CP), Ivalu Wruck (IW). Ihnen allen sei an dieser Stelle herzlich gedankt.

3.1 Masken

Im Wachsausschmelzverfahren werden heute im Senufoland allein das Gesicht bedeckende Vorsatzmasken gegossen (vgl. Kapitel 2.2). Diese werden, wie ihre in Holz geschnitzten Gegenstücke, mit dem Sammelnamen *Kōdál* bezeichnet. Der Name steht für Maskengestalten – nicht etwa nur den Maskenkörper –, die von Frauen, Kindern und Nichtinitiierten gesehen werden dürfen, was sie von den Masken des Poro-Bundes unterscheidet. Nach Auskunft verschiedener Gewährsleute im Gebiet der Kafibele und Gbatobele-Senufo sind die entsprechenden Masken der Bauern aus Raffia und anderen pflanzlichen Bestandteilen hergestellt, die der Schnitzer aus Holz und die der Schmiede im Wachsausschmelzverfahren gegossen. Allerdings, so fügten sie hinzu, seien früher unter den Schmieden der Region auch Holzmasken verbreitet gewesen. Aber seitdem die Mehrheit der *kpęębèlè,* der herkömmlichen Gießer also, zum Islam übergetreten sei, hätten die Schmiede die Holzmasken aufgegeben. Eine solche Verbindung mit Berufsgruppen wurde andererseits im Gebiet der Nafara östlich Korhogo verneint.

Auch ikonographisch gleichen die Metallmasken ihren bekannten Gegenstücken aus Holz. Das Gesicht ist anthropomorph und zeigt verschiedene Narben und oft den früher im Senufoland verbreiteten Lippenpflock. Zwei Hörner auf der Stirn werden heute von den Kafibele und Gbatobele als Hinweise auf gehörnte Opfertiere, insbesondere Hammel, interpretiert. Die am Kinn ansetzenden, nach unten weisenden Ansätze sehen die gleichen Gruppen in der Regel als Hühnerknochen, bzw. Schenkel, an, ebenfalls ein bedeutendes Opfertier. Die rechteckigen oder runden Fortsätze zwischen ihnen und den Hörnern werden dagegen von den Schnitzern und Gießern als ästhetisch notwendig bezeichnet. Sie stehen daher nicht für etwas Drittes.

Mag die Deutung der Hörner und die der schmückenden Elemente zutreffend sein, so handelt es sich bei der der Hühnerknochen wahrscheinlich um eine nachgeschobene Interpretation. Auch hier ist eine Betrachtung des Verhältnisses zu den Malinké und Dyula aufschlußreich. René Bravman (1974) hat darauf hingewiesen, daß die Präsenz heute islamisierter Mandé-Völker in der Region durchaus nicht einen negativen Einfluß auf die Verbreitung künstlerischer Ausdrucksformen gehabt hat. Maskentypen, die als typisch für die Senufo gelten, sind (wie etwa die *kōrō̧blà,* eine zoomorphe Helmmaske) von heute islamisierten Gruppen oder Ethnien übernommen worden. Es gibt einige Hinweise darauf, daß auch die *kōdál*-Masken von Fremden, wahrschein-

Abb. 143 *Kore*-Maske, Marka (Soninké), Mali, Holz mit getriebenen Metallstreifen beschlagen, Museum für Völkerkunde Berlin

Abb. 144
Kŏdăl-Maske, Bronze,
Musée National
des Arts Africains
et Océaniens, Paris

lich Malinké und Bamana, angeregt wurden (vgl. Farbtfl. XVIII). Besonders sind in diesem Zusammenhang die nördlich der Senufo und Minianka lebenden Soninké-Gruppen zu erwähnen, die in der Regel unter dem Namen Marka bekannt sind. Ihre *kore*-Masken (Abb. 143), die ebenfalls ein anthropomorphes Gesicht zeigen, tragen seitlich an der Stirn ansetzende Zöpfe, die oft mit getriebenen Metallstreifen verkleidet sind.[98] Möglicherweise wurde dieses Motiv direkt dortigen Frisuren entlehnt, wo auch gegenwärtig eine Vorliebe für diese seitlichen Zöpfchen existiert (z.B. Fisher 1984: 166–177). Allerdings sind solche Frisuren kein spezifisches Merkmal, sondern weit im westlichen und zentralen Sudan und sogar bis zu den berberischen Bevölkerungsgruppen im Maghreb verbreitet. Auch einige Senufo geben an, daß ihre Frauen früher solche seitlichen Zöpfchen getragen hätten. Deutlicher ist ein Vergleich der im Übergangsgebiet Bamana, Minianka, Marka und Senufo zu findenden Masken. Dort kommen die Zöpfe – oder Beine, wenn man so will – in allen Positionen vor; von der Stirn bis zum Kinn. Es ist nicht unwahrscheinlich, daß sie sich derart im übrigen Senufoland verbreiteten. Schließlich sei noch darauf hingewiesen, daß es auch im Bereich der Senufo Gesichtsmasken gibt, die wie die der Marka mit getriebenen Metallstreifen überzogen sind. Sie stammen vor allem von den Djimini, die im Gebiet um Dabakala leben (z.B. Goldwater 1964: nos. 37–38). Gerade durch diese Region lief aber die Haupthandelsroute, die das Dyula-Fürstentum Kong mit den Akan verband. Im Norden führte sie über Bobo Diou lasso und San bis nach Djenné, also unter anderem auch durch das Gebiet der Minianka und Marka. Einige Gewährsleute berichteten, daß die Dyula auch selbst solche mit Metallstreifen beschlagenen Masken besäßen, sie aber heute aufgegeben hätten (vgl. Convers 1975: 26–27). Sicher ist diese Skizze zur Verbreitung dieser Masken und der mit ihnen verbundenen ikonographischen Elemente noch viel zu grob, um dem komplexen historischen Geschehen gerecht zu werden. Ihr Ziel ist die Stimulierung von Fragen, weniger deren Beantwortung.

Ein ähnliches Problem stellen die im Senufoland gefundenen Gesichtsmasken aus Zinnlegierungen, die offensichtlich Vorläufer der heutigen, im Wachsausschmelzverfahren gegossenen Masken sind (Abb. 142). Die übliche, zuerst von Michel Convers 1975 veröffentlichte Datierung dieser Masken auf das 11. bis 13. Jh. muß mit größter Vorsicht betrachtet werden.[99] Der Autor begründet sie mit der fragwürdigen Annahme, daß die Senufo zwischen dem 11. und 13. Jh. in ihr heutiges Siedlungsgebiet eingewandert seien und diese Masken aus dieser Zeit stammten. Eine weitere Begründung fehlt. Es wird nur erwähnt, daß eine der Masken in einem Grab gefunden worden sei, keine Gesichtsnarben trüge und deshalb aus den ›friedlichen Zeiten‹ vor den ›großen Wanderungen‹ stammen müsse, denn solche Narben seien erst dann als ›Klan-Zeichen‹ verwendet worden (Convers 1975: 32). Da die archäologischen Zusammenhänge weder dokumentiert, noch überhaupt erwähnt werden, müssen die Aussagen Convers' als willkürliche Behauptungen angesehen werden. Wissenschaftlichen Wert haben sie nicht.

Aus den oben dargelegten Gründen ist eine so frühe Datierung sehr unwahrscheinlich; vielmehr spricht vieles dafür, daß diese Masken nicht vor dem 16. Jahrhundert entstanden sind (vgl. Kapitel 2.1). Ich will die Gründe nicht noch einmal wiederholen, sondern nur auf die widersprüchliche und disparate Argumentation aufmerksam machen, die sich zum Thema früher Gelbgußarbeiten der Senufo und ihrer ›Bedeutung‹ entwickelt hat[100]. Vor allem die Angabe, daß auf einigen dieser Masken die Gesichtsnarben fehlen, ist durchaus kein Beweis ihres hohen Alters. Convers (1975: 32) verlegt den Beginn dieses Brauches in ein ›Zeitalter der großen Wanderungen‹. Daraus zu schließen, daß Masken, die diese Narben nicht zeigten, vorher entstanden sein müßten, zeugt eher von der mythisierenden Einstellung des Autors denn von historischen Realitäten.

Zudem ist durchaus nicht sicher, ob diese Masken immer von denselben ethnischen Gruppen angefertigt wurden. Es ist zumindest möglich, wenn nicht wahrscheinlich, daß sie anfangs nur von relativ kleinen, aber spezialisierten Handwerkergruppen gegossen wurden. Die Verbreitung der Jeli *(cēlibèlè)* kann einen Eindruck vermitteln, wie das ausgesehen haben könnte (vgl. oben S. 135). Die häufig den Senufo zugeschriebenen helmartigen Masken aus Bronze bzw. Messing sind nach einer neueren Untersuchung ein Beispiel dafür (Ravenhill 1984). Sie sind mit großer Wahrscheinlichkeit auf fremde ethnische Gruppen zurückzuführen.

Was die Gesichtsmasken betrifft, lassen sich mehrere stilistische Gruppen unterscheiden. Die erste bilden die erwähnten Masken aus Zinnlegierungen (s. Abb. 142). Sie zeichnen sich durch eine einfache Gestaltung des Gesichtes oder durch breite, auf der Stirn horizontal und auf den Wangen vertikal laufende Streifen aus. Häufig sind diese aus einer anderen Legierung. Wachsfadenornamente sind dagegen selten und eher an den Rändern des Maskenkörpers zu finden. Im Frühjahr 1986 führte ich mit Hilfe von Photographien eine kleine Umfrage bei 11 Gießern in 8 Orten durch. Die Masken dieser Gruppe wurden dabei von 10

Abb. 145
Kɔ̄dāl-Maske, Museum für Völkerkunde
Berlin III C 40136

Handwerkern als die ältesten eingestuft. Jedoch sind diese Aussagen sehr vorsichtig zu werten, denn man gab an, daß man solche Masken nie selbst gesehen habe. Es ist möglich, daß diese Masken nur, weil sie unbekannt waren, in jene weit zurückliegende Zeit verlegt wurden.

Eindeutiger waren dagegen die Aussagen zu der zweiten, hier zu erwähnenden Gruppe. Drei der ältesten Handwerker sagten, daß sie solche Masken noch aus eigener Anschauung kannten. Jedoch seien diese auch zu ihrer Kindheit nicht mehr in dieser Art gegossen worden. Die Masken dieser Gruppe zeigen die heute üblichen seitlichen Fortsätze schon mehr oder weniger ausgeprägt. Wachsfadenornamente werden verstärkt, zum Teil sehr reichlich aufgebracht (Abb. 144).[101] Bei der Frage, welche der ihnen gezeigten Masken ihnen am besten gefiele, wählten 7 der 11 Gießer ein Stück aus dieser Gruppe.

Eine weitere Gruppe läßt sich unter der Bezeichnung ›moderne Masken‹ zusammenfassen. Hierher gehören die meisten in diesem Jahrhundert hergestellten und heute getanzten Masken. Oft ist eine immer stärkere Angleichung an die aus Holz geschnitzten Gegenstücke zu beobachten (z.B. Goldwater 1964: no. 41). In neuester Zeit wird mehr und mehr in Leichtmetallen gegossen. Es werden auch Schriftzüge, etwa der Name des Heimatortes des Gießers, in Wachsfadentechnik aufgebracht.

III C 40136   (1965)   Abb. 145
Maske

V   on A
H   on A
P   Senufo
m   Kupferlegierung, dunkel bräunlicher Ton
    b 16,5   h 31
t   WP+WF+WS

Flache Gesichtsmaske des Typs kōdál. Flache, nach außen geschwungene senkrechte Hörner. Auf diesen Wachsfadenornamente. Unterhalb der Hörner an beiden Schläfen rankenförmige Fortsätze mit Wachsfadenornamenten, in Höhe der Wangen beiderseits Fortsätze in Form eines Quadrates mit horizontal verlaufenden Wachsfadenornamenten. Am Kinn T-förmige Fortsätze mit WF-Ornamenten. Gerade Nase, auf deren Rücken gerade Wachsfäden, die auf der Stirn in einen V mit je zwei Wachsfadenspiralhalbkreisen auslaufen. Augen durch rechteckige Stege mit Wachsschnittmustern eingefaßt. Augenbrauen durch je zwei Wachsfadenspiralhalbkreise dargestellt, desgleichen je einer unterhalb der Augen. Seitlich der Nase und an den Mundwinkeln je ein Wachsfadenspiralhalbkreis. Mund ist durch verdrillte Wachsfäden eingefaßt. Kurzer Fortsatz als Kinn.

Abb. 146
Kōdál-Maske, Museum für Völkerkunde Berlin III C 44319 a–b

III C 44318   (1986)   Farbtfl. XVIII
Maske

V Von der letzten Altersklasse vor der Initiation getanzt
H nicht erinnert
P Senufo, fǫnō:bèlè, Gebiet Korhogo
m Æ, dunkelgelb
  b 16,3   h 31
t WP+WF+WS, Gußmängel, abgetragen

Flache Gesichtsmaske des Typs kōdál. Halbmondförmige, senkrechte Hörner mit Schnittmustern. Dazwischen an der Stirn ansetzender Steg mit senkrechten Wachsfadenornamenten. Stirn durch zwei halbrunde Einschnitte begrenzt, seitlich je drei waagerechte Einschnitte. Außerdem auf der Stirn eine kleine Erhebung. Unterhalb der Hörner in Augenhöhe an beiden Seiten Fortsätze mit senkrechten Wachsfadenornamenten und schließlich je zwei Halbkreise aus Wachsfadenspiralen. Über den Augen je ein Bogen mit Schnittmustern und ebensolche Stege um die Augenschlitze, in der Mitte in die aus einem geraden Steg gebildete Nase übergehend. Seitlich davon drei Einschnitte auf jeder Wange und am Maskenkörper ansetzende seitliche Fortsätze in Form von Dreiecken. Diese am Rand durch Stege begrenzt. Darunter auf jeder Seite zwei gerade, senkrecht nach unten weisende Fortsätze. Dazwischen spitz auslaufendes Kinn mit Wachsfadenornamenten. Mund aus zwei waagerechten, vorstehenden Scheiben.

III C 44319a–b   (1986)   Abb. 146
Maske

V nicht verwendet, Auftragsarbeit
H Gießer, fǫnō:bèlè, Nafoun 1986
P Senufo, Kafibele, Nafoun
m Æ gelb, Überwurf Baumwolltuch
  b 14,2   h 22,8
t WP+WF

Flache Gesichtsmaske des Typs kōdál mit Überwurf aus industriell gefertigtem und bedrucktem Baumwollstoff. Herstellung und Beschreibung s. Kapitel 2.2 (nach Goldwater 1964: no. 45).

Abb. 147   Wachsmodell einer Kōdāl-Maske, Museum für Völkerkunde Berlin III C 44647

III C 44647　　(1986)　　Abb. 147
Wachsmodell einer Maske

V　Werkstück, Auftragsarbeit
H　s. III C 44319
P　Senufo, Kafibele, Nafoun
m　Wachs, Gußkern: Ton
　　　b 13,3　h 31
t　WP+WF+WS

Flache Gesichtsmaske vom Typ *kōdál;* Wachsmodell auf Kalotte aus Ton. Halbmondförmige, senkrechte Hörner. Die Fortsätze zu beiden Seiten des Kinns sind miteinander verbunden und bilden den späteren Gußkanal. Die Herstellung des Modells ist in Kapitel 2.2 dokumentiert.

3.2 Armreifen und Armringe

Armreifen[102] bilden zahlenmäßig die bedeutendeste Gruppe von Gelbgußobjekten bei den Senufo. Auch heute sind sie im ländlichen Raum bei Männern wie Frauen überaus weit verbreitet. Mancherorts ist es schwierig, jemanden zu finden, der nicht mindestens einen dieser Armreifen trägt. Häufig werden mehrere getragen. Oft zwei oder drei an einem Handgelenk, aber auch mehr auf beide Arme verteilt. Gelegentlich werden zwei oder drei Reifen in einem Stück gegossen. Handelt es sich um zwei gemeinsam gegossene, können sie mit Zwillingen in Verbindung gebracht werden. Sonst werden solche Reifen in Auftrag gegeben, um sich das Tragen zu erleichtern. Die stilistischen Variationen der Armreifen sind sehr groß. Es gibt einfache, glatte, ohne jedes Dekor, bis zu sehr aufwendigen, mit Wachsfaden- und Wachsschnittornamenten verzierten. Ihre Gestaltung wird anhand der einzelnen Objekte näher beschrieben.

Im Senar werden am Arm oder Bein getragene Reifen oder Ringe mit einem Sammelbegriff benannt: *kājí:n*. Dieses Wort sagt nichts über die Ursache der Benutzung oder die Gestalt des Objektes. Daher ist eine andere Bezeichnung sehr viel gebräuchlicher; *yāwíígē*. Als »eine Sache, die folgt« können alle Gelbgußgegenstände bezeichnet werden, die von einem Wahrsager ›verschrieben‹ wurden. Sie weisen also auf ein Tier oder Geistwesen hin, mit dem sich der Träger auseinandersetzen muß (s. Kapitel 1.2 und 1.3). Diese Aufgabe können Arm- und Beinreifen haben, auch Fingerringe und Anhänger, kurz, alles, was am Körper getragen wird. Wichtig ist, daß der Träger es tatsächlich ständig bei sich führt.

Darüber hinaus ist es üblich, Objekte, die ein Tier darstellen, oder eine solche Darstellung tragen, einfach als solches zu bezeichnen. ›Python‹, *fōō*, nennt man einen Armreif, der eine solche Schlange wiedergeben soll. Die meisten Armreifen sind Darstellungen dieser Tiere. Das ist einmal auf die Form der Reife zurückzuführen. Sie legt eine Assoziation mit Schlangen nahe. Wichtiger aber ist die Mittlerfunktion der Python im Weltbild der Senufo. Gelegentlich ist auf dem Rücken der Schlange noch ein weiteres Tier dargestellt, oft ein kleines Reptil, das die Senufo *námbéʔè* nennen. Dabei handelt es sich um eine Eidechsenart, die aber nicht im Dorf, sondern nur in der Wildnis lebt. Sie hat eine ähnlich große Bedeutung wie die Python. Auch solche Reife, die ein weiteres Tier tragen, werden im Gespräch einfach *fōō*, also ›Python‹, genannt. Erst bei Nachfragen wird eine Erklärung für das zweite Tier gegeben. Neben Tieren können auf Reifen auch Geistwesen dargestellt werden.

In neuester Zeit beginnen jüngere Leute, Armreifen auch als Schmuck ohne irgendeinen tieferen Hintergrund zu tragen. Obwohl es auch einen Sammelausdruck für alles Schmückende gibt, *féʔèò,* verwenden sie die herkömmlichen, auf dem Hintergrund der Divination aufbauenden Zeichen.

III C 42032　　(1969)　　Abb. 148
Armreif

V　♀, beim Abnehmen aufgebogen
H　on A
P　Senufo, Tyebara
m　Æ, dunkelgelb braun
　　　⌀ 8,3
t　WP+WF+WS

Eine Pythonschlange darstellend. Kopf als Rhombus, Rücken durch zwei ineinander gedrehte Wachsfäden mit je einem einfachen Wachsfaden links und rechts als Kontur. Augen mit senkrechten Schnitten. An beiden Seiten Schleifspuren.

III C 42033   (1969)
Armreif

V	♀
H	on A
P	Senufo, Tyebara
m	Æ, gelbbraun
	Ø 7,7
t	WP+WF

Eine Pythonschlange darstellend. Kopf als Rhombus, Rücken durch zwei ineinander gedrehte Wachsfäden mit je zwei einfachen Wachsfäden links und rechts als Kontur. Über dem Kopf je zwei zu Halbkreisen aufgeschnittene Wachsfadenspiralen. Eine Seite mit Schleifspuren.

Abb. 148
Armreifen, Museum für Völkerkunde Berlin,
(v.l.n.r.) III C 44152, III C 43985, III C 42032

III C 42034   (1969)   Abb. 149
Armreif

V	♀, bei der Abnahme aufgebogen
H	on A
P	Senufo, Tyebara
m	Æ, dunkelbraun
	Ø 8,7
t	WP+WF+WS

Eine Pythonschlange darstellend. Entspricht III C 44141, jedoch ohne Wachsfädenspiralen.

III C 42035   (1969)   Abb. 149
Armreif

V	♀, wg. Sterilität
H	on A
P	Senufo, Elfenbeinküste
m	Æ, braun
	Ø 8,4
t	WP+WF+WS

Eine Pythonschlange darstellend. Wie III C 44138, jedoch runder Querschnitt und Wachsfadenbügel auf dem Rücken. Die Enden spitz zulaufend.

III C 42036   (1969)
Armreif

V	♀
H	on A
P	Senufo, Elfenbeinküste
m	Æ, gelbbraun
	Ø 6,7
t	WP+WF+WS

Eine Pythonschlange darstellend. Außen umlaufende Wellenlinie, Augen mit quer zum Reif eingeschnittenen Pupillen. Auf dem Rücken Darstellung eines kleinen Tieres.

III C 42037   (1969)
Armreif

V	Kinder
H	on A
P	Senufo, Elfenbeinküste
m	Æ, dunkelbräunlich
	Ø 4,4
t	WP+WF

Eine Pythonschlange darstellend. Außen umlaufende Wellenlinie, Augen als Halbkugeln mit kreisförmigen Eindrücken als Pupillen.

III C 42038   (1969)   Abb. 150
Armreif

V	♀
H	on A
P	Senufo, Elfenbeinküste
m	Æ, gelbbraun
	b 3 Ø 7,1
t	WP+WF+WS

Drei Pythonschlangen darstellend. Die Körper nebeneinanderliegend, durch je einen schmalen Steg getrennt (WF). Einer der äußeren Körper mit umlaufender Wellenlinie, die beiden anderen mit kreuzweisen Schraffen. An jedem Ende sieben Augendarstellungen, davor glatt.

III C 42039   (1969)
Armreif

V	♀
H	on A
P	Senufo, Nafara
m	Æ, dunkelbraun bis schwarz
	b 2,8 Ø 7,2
t	WP+WF+WS, Gußfehler

Drei Pythonschlangen darstellend. Körper nebeneinanderliegend, die beiden äußeren mit umlaufenden Wellenlinien, der mittlere mit Schraffen (WS). Zwischen den Körpern je ein schmaler Steg (WF). An den Enden je fünf Augendarstellungen mit quer zum Reif geschnittenen Pupillen.

III C 42040 (1969) Abb. 151
Armreif

V	♀, am linken Oberarm getragen
H	on A
P	Senufo, Nafara
m	Æ, orangebraun
	Ø 9,5
t	WP+WS

Eine Pythonschlange darstellend. Körper mit kreuzweisen Schraffen und Schnittmustern (WS). Kopf als Rhombus mit aufgesetzten Augen. Daran ausschließend kreisrunde Scheibe mit Loch in der Mitte und dahinter 5 Kugeln.

Abb. 149
Armreifen, Museum für Völkerkunde Berlin, (vorne) III C 42034, III C 44142, (hinten) III C 42035

Abb. 150
Dreifacharmreifen, Museum für Völkerkunde Berlin, (hinten:) III C 44026, (vorne:) III C 42527, III C 42038

Abb. 151 ▶
Oberarmreif, Museum für Völkerkunde Berlin, III C 42040

Abb. 152 ▶
Armreifen mit figürlichen Darstellungen, Museum für Völkerkunde Berlin, (v. l. n. r.) III C 42041, III C 44136, III C 44173

III C 42041   (1969)   Abb. 152
Armreif

V ♀, seltener ♂, bei Eheschwierigkeiten
H on A
P Senufo, Tyebara
m Æ, braun
   Ø 7,3
t WP+WS, Feilspuren

Träger mit zwei parallelen umlaufenden Schnitten und kreuzweisen Schraffen (WS). An den Enden verdickt. Aufliegend eine anthropomorphe Figur, die ein Geistwesen der Wildnis darstellt.

III C 42510   (1969)   Abb. 153
Armreif

V ♀
H on A
P Senufo, Elfenbeinküste
m Æ, gelb
   Ø 6,6   f 2,3
t WP+WF+WS

Eine Pythonschlange darstellend. Glatter Träger mit umlaufendem Steg, in diesem schräge Einschnitte. Auf dem Steg aufsitzende Darstellung eines Chamäleons, *gbéri,* mit nach oben gerolltem Schwanz.

III C 42511   (1969)
Armreif

V ♀
H on A
P Senufo, Elfenbeinküste
m Æ, dunkelgraugelb
   Ø 6,4   f 2,3
t WP+WF, Feilspuren

Eine Pythonschlange darstellend. Außen umlaufende Wellenlinie, Augen zwei Kugeln mit kreisrunden Eindrücken als Pupillen. Auf den Rücken Darstellung eines kleinen Tieres (von Gewährsleuten als Hase oder Kaninchen bezeichnet).

Abb. 153
Armreifen mit zoomorphen Darstellungen,
Museum für Völkerkunde Berlin,
(hinten:) III C 42521, (vorne:) III C 42510

III C 42512   (1968)
Armreif

V   ♀, bei Abnahme aufgebogen
H   on A
P   Senufo, Elfenbeinküste
m   Æ, gelbbraun
     Ø 6   f ca. 2,5
t   WP+WS

Außen quer zum Reif geschnittene Schraffen (können als Zeichnung auf dem Rücken einer Schlange angesehen werden, jedoch keine Darstellung des Kopfes). Auf dem Reif Darstellung eines Vogels (von Gewährsleuten als Huhn oder Perlhuhn bezeichnet).

III C 42513   (1968)   Abb. 154
Armreif

V   ♀
H   on A
P   Senufo, Elfenbeinküste
m   Æ, braun
     Ø 6,5   f 1,6
t   WP+WF+WS

Eine Pythonschlange darstellend. Umlaufender Steg mit schrägen Einschnitten, Augen als Halbkugeln. Längs darauf stehend ein vierbeiniges Tier, evtl. Hund.

III C 42514   (1968)   Abb. 155
Armreif

V   ♀
H   on A
P   Senufo, Elfenbeinküste
m   Æ, dunkelbraun
     Ø 6,9   f 2,7
t   WP+WF+WS

Eine Pythonschlange darstellend. Außen umlaufender Steg mit schrägen Einschnitten, Augen als Halbkugeln mit kreisförmigen Einschnitten. Auf dem Reif längs ein stehendes Tier, wahrscheinlich Antilope.

Abb. 154
Armreifen mit zoomorphen Darstellungen,
Museum für Völkerkunde Berlin,
(von oben nach unten) III C 44140, III C 42513, III C 44135

Abb. 155
Armreifen, Museum für Völkerkunde Berlin,
(oben mit zoomorpher Darstellung) III C 42514,
(unten eine Pythonschlange darstellend) III C 42526

III C 42515   (1968)
Armreif

V ♀, zur Abnahme aufgebogen
H on A
P Senufo, Elfenbeinküste
m Æ, braun, gelbbraune Flecken
  ⌀ 6,2   f 2,5
t WP+WF+WS

Eine Pythonschlange darstellend. Körper flach und in Wellenlinie, außen umlaufend ein Wachsfaden mit quer eingeschnittenen, kurzen Schraffen. Augen als zwei flache Scheiben. Auf dem Rücken ein Tier mit Hörnern; Antilope(?).

III C 42516   (1968)
Armreif

V ♀
H on A
P Senufo, Elfenbeinküste
m Æ, braunschwarz
  ⌀ 6,2   f 3,7
t WP+WF+WS, Feilspuren

Eine Pythonschlange darstellend. Außen umlaufende Wellenlinie, Augen als zwei Kreise. Auf dem Rücken ein Krokodil (oder Waran?).

III C 42517   (1968)
Armreif

V on A
H on A
P Senufo, Elfenbeinküste
m Æ, dunkelbraun
  ⌀ 6,8   f 2,9
t WP+WS, Feilspuren

Glatter, nicht dekorierter Körper. Auf dem Rücken Darstellung eines Krokodils (oder Waran?).

III C 42518   (1968)
Armreif

V ♀
H on A
P Senufo, Elfenbeinküste
m Æ, gelbbraun
  ⌀ 6,4   f 1,9
t WP+WF

Außen umlaufende Wellenlinie, jedoch keine Darstellung von Augen. Außen Darstellung eines Welses. Tierkörper überkreuzt sich wie bei geräucherten Welsen, die auf einen Stock gespießt auf den Märkten angeboten werden.

III C 42519   (1968)   Abb. 162
Armreif

V ♀
H on A
P Senufo, Elfenbeinküste
m Æ, dunkelgelb
  ⌀ 7,4   f 2,1
t WP+WF

Außen umlaufende Wellenlinie. Längs darauf stehend ein Tier, wahrscheinlich Vogel.

III C 42520   (1968)
Armreif

V ♀
H on A
P Senufo, Elfenbeinküste
m Æ, gelbbraun, dunkelgrau
  ⌀ 8   f 3,3+2,7
t WP+WF, Feilspuren, Gußfehler, anhaftende Tonreste

Eine Pythonschlange darstellend. Außen umlaufende Wellenlinie (WF). Augen zwei kleine Halbkugeln. Außen eine anthropomorphe Figur und Darstellung eines Tieres.

III C 42521   (1968)   Abb. 153
Armreif

V   ♀
H   on A
P   Senufo, Elfenbeinküste
m   Æ, braun
     Ø 6,9   f 3,9
t   WP+WF+WS, eine Bruchstelle

Eine Pythonschlange darstellend. Eine umlaufende Wellenlinie, Augen und Nase als Halbkugeln. Aufliegend Darstellung eines Tieres, wahrscheinlich Waran.

III C 42522   (1968)
Armreif

V   ♂
H   on A
P   Senufo
m   Æ, graubraun
     Ø 6,3   f 3,5
t   WP+WF

Außen umlaufende Wellenlinie, zu den Enden hin abgetragen. Außen Darstellung eine Tieres (evtl. Waran).

Abb. 156
Armreifen mit zoomorphen Darstellungen,
Museum für Völkerkunde Berlin,
(v. l. n. r.) III C 42525, III C 42524, III C 42523

III C 42523   (1968)   Abb. 156
Armreif

V   ♀
H   on A
P   Senufo, Elfenbeinküste
m   Æ, gelbbraun
     Ø 6,2   f 4,9
t   WP+WF+WS

Reif mit umlaufender Wellenlinie, an den Enden verdickt. Längs darauf liegend Darstellung eines Tieres, wahrscheinlich Waran.

III C 42524   (1968)   Abb. 156
Armreif

V ♀♂, bei der Abnahme aufgebogen, gegen Krankheit der Kinder
H on A
P Senufo, Elfenbeinküste
m Æ, gelb
   Ø 7   f 1,9
t WP+WF+WS

Außen umlaufende Wellenlinie. An beiden Enden je zwei Halbkugeln, auf einer Seite mit horizontalen Einschnitten (Augen). Außen Darstellung eines längs aufsitzenden Vogels.

III C 42525   (1968)   Abb. 156
Armreif

V ♀♂, Tod oder Krankheit der Kinder
H on A
P Senufo, Elfenbeinküste
m Æ, dunkelgelb, braun
   Ø 8   f 1,7+6
t WP+WF+WS

Außen umlaufende Wellenlinie. An beiden Enden je zwei Halbkugeln mit waagerechten Einschnitten (Augendarstellungen). Außen zwei längs aufsitzende Tiere: Waran mit kreuzweisen Schraffen auf dem Rücken (WS), Wels.

Abb. 157 Armreif mit figürlicher Darstellung von Zwillingen, Museum für Völkerkunde Berlin, III C 44133

III C 42526   (1968)   Abb. 155
Armreif

V   on A
H   on A
P   Senufo, Elfenbeinküste
m   Æ, gelb
    ⌀ 8,3
t   WP+WF+WS

Eine Pythonschlange darstellend. Wie III C 44141, jedoch nur zwei Dreiecke als Dekoration.

III C 42527   (1968)   Abb. 150
Armreif

V   ♀
H   on A
P   Senufo, Elfenbeinküste
m   Æ, braun
    b 2,5   ⌀ 6,8
t   WP+WF+WS

Drei Pythonschlangen darstellend. Die Körper nebeneinanderliegend, durch je einen schmalen Steg getrennt (WF). Einer der äußeren Körper mit umlaufender Wellenlinie, die beiden anderen mit schrägen Schraffen (WS). An beiden Enden fünf Augendarstellungen. (Vgl. III C 42038)

III C 42528   (1968)
Armreif

V   on A
H   on A
P   Senufo, Elfenbeinküste
m   Æ, dunkelbraun
    b 2,8   ⌀ 7,8
t   WP+WF+WS

Zwillingsring (nạmbèlè – Zwillinge). Körper aus zwei Wachsrollen mit dazwischenlaufendem Wachsfaden. Außen schräge Schraffen (WS). An den Enden je ein und außen auf dem Rücken zwei sich gegenüberliegende, aus Wachsfädenspiralen geschnittene Halbkreise. Daneben und an den Enden des Reifes auch darunter Halbkugeln, in diese gitterartiges Muster geschnitten.

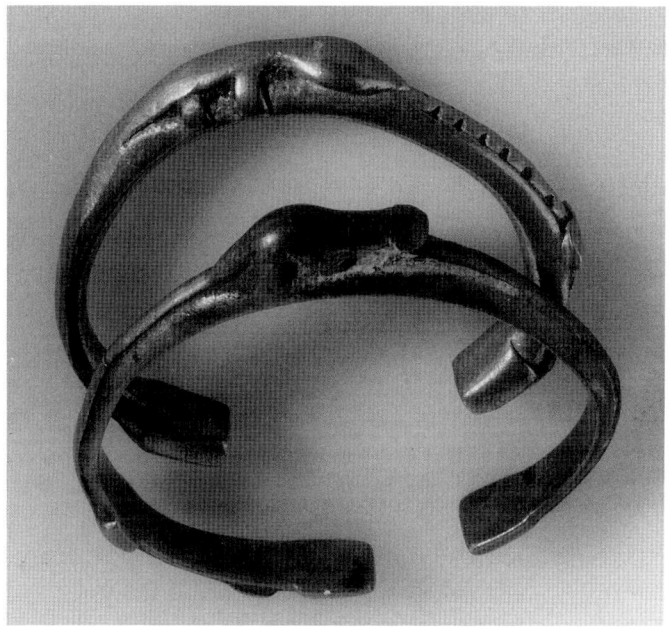

Abb. 158   Armreifen mit zoomorphen Darstellungen für Kinder, Museum für Völkerkunde Berlin,
(oben) III C 44144, (unten) III C 44134

III C 43928   (1983)
Armreif

V   ♀ ♂, Auftragsarbeit
H   Gießer, fọnɔ̀:bèlè, Nafoun 1982
P   Senufo, Kafibele, Nafoun
m   Æ, gelb & grausilbrig
    ⌀ 8,3
t   WP+WF+WS, Feilspuren, Reste des Tonmantels

Eine Pythonschlange darstellend. Außen umlaufend ein aus zwei mal zwei verdrillten Fäden, von einfachen Fäden begrenzt. Augen, Nase und Schwanzende durch kleine Kugeln dargestellt, die Pupillen sind längs zum Reif geschnitten. (Die Herstellung dieses Ringes ist in Kap. 2.2 beschrieben.)

III C 43985 (1984) Abb. 148
Armreif

V nicht bekannt, Kind
H Gießer, *kpɛɛ̀bèlè*, Sirasso
P Senufo, Kafibele, Markt Sirasso
m Æ, gelb
  Ø 6
t WP+WF

Darstellung einer Pythonschlange. Umlaufende, stark abgetragene Wellenlinie, durch je einen Faden begrenzt. Augen und Nase als Halbkugeln.

III C 44026 (1985) Abb. 150
Armreif

V ♀, von der Mutter übernommen
H Gießer, *kpɛɛ̀bèlè*, Nafoun, vor 1960
P Senufo, Kafibele, Nafoun
m Æ, dunkelbraun
  b 3,7 Ø 7,9 f 1,6
t WP+WF+WS

Drei Pythonschlangen darstellend. Die Körper nebeneinanderliegend, durch je einen schmalen Steg getrennt (WF). Einer der äußeren mit umlaufender Wellenlinie, die beiden anderen mit schrägen und kreuzweisen Schraffen. An beiden Enden fünf Augendarstellungen. Auf der mittleren Schlangendarstellung ein längs stehendes Tier, wahrscheinlich Antilope.

III C 44133 (1986) Abb. 157
Armreif

V ohne Angaben
H Bereich Napié-Kiemou
P Senufo, Nafara, Markt Korhogo
m Æ, gelbbraun
  Ø 7 f 1,8
t WP+WS

Träger mit umlaufenden Steg, auf diesem schräge Einschnitte. Sehr stark abgetragen. Quer aufliegend Darstellung zweier anthropomorpher Figuren (Zwillinge?).

III C 44134 (1986) Abb. 158
Armreif

V ♀, Kind
H Bereich Napié-Kiemou
P Senufo, Tyebara, Markt Korhogo
m Æ, gelb, dunkelgelb
  Ø 5,3 f 1,9
t WP+WF

Eine Pythonschlange darstellend. Umlaufender Steg, Augen und Nase als Halbkugeln. Längs aufsitzende Darstellung eines Tieres, wahrscheinlich Reptil.

III C 44135 (1986) Abb. 154
Armreif

V Kind
H Bereich Gbodonon
P Senufo, Tyebara, Markt Korhogo
m Æ, grünlich
  Ø 5,3 f 1,8
t WP+WF

Eine Pythonschlange darstellend. Längs aufsitzend ein Tier. Stark abgetragen.

III C 44136 (1986) Abb. 152
Armreif

V on A
H Bereich Gbodonon
P Senufo, Tyebara, Markt Korhogo
m Æ, braun
  Ø 6,4 f 2,6
t WP, Gußmängel

Glatter, an den Enden verdickter Träger. Darauf liegend eine anthropomorphe Figur. Darstellung eines Geistwesens der Wildnis.

III C 44137 (1986) Farbtfl. XX
Armreif

V ♂
H *kpɛ̰ɛ̰bèlè,* Korhogo
P Senufo, Tyebara, Markt Korhogo
m Leichtmetall, silbrig hell
  Ø 9,9
t WP+WF+WS

Eine Pythonschlange darstellend. Wie III C 44138, jedoch statt der Dreiecke eine Wachsfadenspange auf dem Rücken.

III C 44138 (1986) Abb. 159
Armreif

V on A
H *kpɛ̰ɛ̰bèlè,* Bereich Kombolokoura
P Senufo, Tyebara, Markt Kombolokoura
m Æ, braun
  Ø 9,2
t WP+WF+WS

(Zu III C 44139) Eine Pythonschlange darstellend. Außen umlaufend ein Steg aus zwei mal zwei ineinandergedrehten Wachsfäden, an beiden Seiten durch einen einfachen Faden begrenzt. Kopf als Rhombus, durch zwei ineinandergedrehte Wachsfäden begrenzt, in der Mitte ein ebensolcher doppelter Steg. Augen und Nase als Halbkugeln mit quer angebrachten Einschnitten. Am hinteren Ende des Kopfes ein Wulst, anschließend auf beiden Seiten des Steges je zwei aus Wachsfadenspiralen geschnittene Halbkreise. Auf der einen Seite des Reifes starke Schleifspuren.

III C 44139 (1986) Abb. 159
Armreif

V on A
H *kpɛ̰ɛ̰bèlè,* Bereich Kombolokoura
P Senufo, Tyebara, Markt Kombolokoura
m Æ, braun
  Ø 9,1
t WP+WF+WS

Wie III C 44138 und zu diesem gehörend.

Abb. 159 Armreifen, Pythonschlangen darstellend, Museum für Völkerkunde Berlin, (v.l.n.r.) III C 44138, III C 44139, III C 44156

III C 44140 (1986) Abb. 154
Armreif

V ♀
H kpɛ̰ɛ̰bèlè, Bereich Kombolokoura
P Senufo, Tyebara, Markt Kombolokoura
m Æ, grünlich
   ⌀ 6,8   f 2,4
t WP+WF+WS

Eine Pythonschlange, fōō, darstellend. Darauf stehend ein Tier. Träger mit umlaufender Wellenlinie, Augen und Nase durch Halbkugeln mit kreisrunden Eindrücken wiedergeben.

III C 44141 (1986) Farbtfl. XX
Armreif

V on A
H kpɛ̰ɛ̰bèlè, Bereich Kombolokoura
P Senufo, Tyebara, Markt Kombolokoura
m Æ, grünlich braun
   ⌀ 8,6
t WP+WF+WS

Eine Pythonschlange darstellend. Dreieckiger Querschnitt. Auf den beiden außenliegenden Flächen umlaufende Wachsfäden; in der Mitte beider und auf dem Rücken aus je zwei mal zwei ineinandergedrehten Wachsfäden. In der Mitte und im hinteren Drittel des Reifes je zwei auf das Dekor aufgebrachte Dreiecke mit durch Halbkugeln markierten Ecken. Kopf als Rhombus, Augen als aus Wachsfadenspiralen geschnittenen Halbkreisen und Kugelförmigen, aufgesetzten Punkten. Spiralhalbkreise auch hinter und vor dem Rhombus des Kopfes.

III C 44142 (1986) Abb. 149
Armreif

V on A
H kpɛ̰ɛ̰bèlè, Bereich Kombolokoura
P Senufo, Tyebara, Markt Kombolokoura
m Æ, braun
   ⌀ 9,1
t WP+WF+WS

Eine Pythonschlange darstellend. Entspricht III C 44141, jedoch ohne Wachsfädenspiralen und nur mit einem aufgesetztem Dreieck.

III C 44143 (1986)
Armreif

V Kind, beim Abnehmen aufgebogen
H kpɛ̰ɛ̰bèlè, Bereich Sinématiali
P Senufo, Tyebara, Markt Korhogo
m Æ, gelb
   ⌀ 5,7   f 2,5
t WP+WF

Eine Pythonschlange darstellend. Außen eine umlaufende Dekoration, stark abgetragen. Auf dem Rücken ein aufsitzendes Tier, gleichfalls stark abgetragen.

III C 44144 (1986) Abb. 158
Armreif

V Kind, ♂
H kpɛ̰ɛ̰bèlè, Bereich Sinématiali
P Senufo, Tyebara, Markt Korhogo
m Æ, gelb
   ⌀ 5   f 2,8
t WP+WF, Feilspuren

Eine Pythonschlange darstellend. Umlaufende Wellenlinie, Augen und Nase als abgetragene Halbkugeln. Oben aufliegend Darstellung eines Reptils, Eidechse.

III C 44145 (1986)
Armreif

V Kind, beim Abnahmen aufgebogen
H on A
P Senufo, Tyebara, Markt Korhogo
m Æ, gelb
   ⌀ 5,9   f 1,5
t WP+WF

Außen umlaufende Dekoration, stark abgetragen. Auf dem Rücken ein Tier, gleichfalls stark abgetragen. (evtl. Vogel)

III C 44146   (1986)
Armreif

V   on A
H   *kpɛɛbèlè*, Korhogo
P   Senufo, Tyebara, Markt Korhogo
m   Æ, gelb
    Ø 6,8
t   WP+WF

Eine Pythonschlange darstellend. Außen umlaufende Wellenlinie, stark abgetragen. Augen durch eine kleine Kugel dargestellt.

III C 44147   (1987)   Abb. 160
Armreif

V   ♂
H   *kpɛɛbèlè*, Korhogo
P   Senufo, Tyebara, Markt Korhogo
m   Æ, gelb
    Ø 6,7
t   WP+WF

Eine Pythonschlange darstellend. Außen umlaufender Steg (WF), Augen stark abgetragen.

Abb. 160
Armreifen, verschieden abgetragen,
Museum für Völkerkunde Berlin,
(links) III C 44147, III C 44148, III C 44170,
(rechts) III C 44164, III C 44166, III C 44169

III C 44148	(1986)	Abb. 160
Armreif

V	on A
H	*kpɛɛbèlè,* Korhogo
P	Senufo, Tyebara, Markt Korhogo
m	Æ, gelb
	Ø 7,7
t	WP+WF

Eine Pythonschlange darstellend. Außen umlaufender Steg, Augen als Halbkugeln, stark abgetragen.

III C 44149	(1986)
Armreif

V	♂
H	*kpɛɛbèlè,* Korhogo
P	Senufo, Tyebara, Markt Korhogo
m	Æ, gelb
	Ø 7,6
t	WP+WF, Feilspuren

Eine Pythonschlange darstellend. Außen umlaufende Wellenlinie, abgetragen. Kopf als Rhombus.

III C 44150	(1986)	Abb. 161
Armreif

V	♂
H	*kpɛɛbèlè,* Korhogo
P	Senufo, Tyebara, Markt Korhogo
m	Æ, leuchtend gelb
	Ø 7,1
t	WP

Glatt, hexagonaler Querschnitt.

III C 44151	(1986)	Abb. 161
Armreif

V	♂
H	*kpɛɛbèlè,* Korhogo
P	Senufo, Tyebara, Markt Korhogo
m	Æ, leuchtend hellgelb
	Ø 7,2
t	WP

Glatt, halbkreisförmiger Querschnitt.

III C 44152	(1986)	Abb. 148
Armreif

V	Kind
H	*kpɛɛbèlè,* Korhogo
P	Senufo, Tyebara, Markt Korhogo
m	Æ, dunkelgelb
	Ø 5,2
t	WP+WF+WS

Eine Pythonschlange darstellend. Umlaufend zwei ineinandergedrehte Fäden, beidseitig durch einen Faden begrenzt. Sonst flacher Querschnitt. Kopf als Rhombus mit Halbkügelchen an den Ecken. Augen mit senkrechten Einschnitten.

III C 44153	(1986)
Armreif

V	on A
H	*kpɛɛbèlè,* on A
P	Senufo, Tyebara, Markt Korhogo
m	Æ, braun
	Ø 7,7	f 2,9
t	WP+WF

Träger mit stark abgetragener, umlaufender Wellenlinie. An den Enden verdickt. Längs darauf Darstellung eines Tieres, wahrscheinlich Reptil.

III C 44154	(1986)	Abb. 161
Armreif

V	♀
H	*kpɛɛbèlè,* on A
P	Senufo, Tyebara, Markt Korhogo
m	Æ, gelbbraun
	Ø 7,8
t	WP+WS

Oktogonaler Querschnitt. An zwei Stellen stark abgetragene Einkerbungen, sonst glatt.

III C 44155   (1986)
Armreif

V   nicht erinnert
H   *kpɛ̀ɛ̀bèlè*, Bereich Katiali
P   Senufo, Tyebara, Markt Korhogo
m   Æ, dunkelbraun & schwarz
    Ø 8,5
t   WP

Hexagonaler Querschnitt, ohne Dekoration.

III C 44156   (1986)   Abb. 159
Armreif

V   ♂
H   *kpɛ̀ɛ̀bèlè*
P   Senufo, Tyebara, Markt Korhogo
m   Æ, dunkelbraun
    Ø 8,3
t   WP+WF+WS

Eine Pythonschlange darstellend. Oktogonaler Querschnitt. Außen umlaufender Steg aus zwei mal zwei ineinandergedrehten Wachsfäden. Kopf als Rhombus mit ebensolchem Steg in der Mitte. Augen als Halbkugeln mit Einschnitten. (Vgl. III C 44138–44139)

III C 44157   (1986)   Abb. 161
Armreif

V   ♂
H   *kpɛ̀ɛ̀bèlè*
P   Senufo, Tyebara, Markt Korhogo
m   Æ, braun
    Ø 8,2
t   WP+WS

Hexagonaler Querschnitt. An zwei Stellen Einkerbungen, stark abgetragen, sonst glatt.

III C 44158   (1986)
Armreif

V   nicht erinnert
H   *kpɛ̀ɛ̀bèlè*
P   Senufo, Tyebara, Markt Korhogo
m   Æ, dunkelgelb & dunkelbraun
    Ø 7,6
t   WP+WS, Feilspuren

Schraffen auf dem Rücken, jedoch stark abgetragen. An beiden Enden zwei abgetragene Halbkugeln.

III C 44159   (1986)
Armreif

V   ♀
H   *kpɛ̀ɛ̀bèlè*, Korhogo
P   Senufo, Tyebara, Markt Korhogo
m   Æ, gelb & gelborange
    Ø 6,9   f 3,1
t   WP+WS, Feilspuren

Auf dem Rücken quer zum Reif laufende Schraffen (WS). Außerdem eine liegende anthropomorphe Figur.

III C 44160   (1986)
Armreif

V   ♂
H   *kpɛ̀ɛ̀bèlè*, on A
P   Senufo, Tyebara, Markt Korhogo
m   Æ, gelb
    Ø 7,1
t   WP+WF+WS

Eine Pythonschlange darstellend. Auf dem Rücken ein umlaufender Steg mit quer zum Reif geschnittenen Schraffen. Augen und Nase durch kleine Halbkugeln, Pupillen quer zum Reif geschnitten.

III C 44161 (1986)
Armreif

V Kind
H *kpɛ̌ɛ̌bèlè,* Gebiet Katiali
P Senufo, Tyebara, Markt Korhogo
m Æ, gelb & gelborange
  Ø 6,2
t WP+WF+WS, Feilspuren

Eine Pythonschlange darstellend. Außen umlaufende Wellenlinie. Augen und Nase als kleine Kugeln, Pupillen quer zum Reif eingeschnitten.

III C 44162 (1986)
Armreif

V on A
H *kpɛ̌ɛ̌bèlè,* on A
P Senufo, Tyebara, Markt Korhogo
m Æ, gelb
  Ø 7
t WP(+WF?)

Eine Pythonschlange darstellend. Außen eine umlaufende Wellenlinie, sehr stark abgetragen. Kopf als Rhombus, Augen zwei Halbkugeln, stark abgetragen.

III C 44163 (1986)
Armreif

V Kind
H *kpɛ̌ɛ̌bèlè,* on A
P Senufo, Tyebara, Markt Korhogo
m Æ, gelb
  Ø 6,6
t WP+WF+WS

Eine Pythonschlange darstellend. Außen umlaufende Wellenlinie. Augen zwei kleine Kugeln mit kreisrunden Eindrücken als Pupillen. Nase eine kleine Kugel mit Einschnitt quer zum Reif.

III C 44164 (1986) Abb. 160
Armreif

V ♂
H *kpɛ̌ɛ̌bèlè,* Korhogo
P Senufo, Tyebara, Markt Korhogo
m Æ, gelb
  Ø 7,5
t WP+WS

Eine Pythonschlange darstellend. Außen umlaufende, eingeschnittene Zick-Zack-Linie, Augen und Nase als Halbkugeln. Die Augen mit kreisrunden Eindrücken.

III C 44165 (1986)
Armreif

V Kind, ♀
H *kpɛ̌ɛ̌bèlè,* Gebiet Katiali
P Senufo, Tyebara, Markt Korhogo
m Æ, gelb, gelborange
  Ø 6,6
t WP+WF+WS, Feilspuren, Reste des Tonmantels

Eine Pythonschlange darstellend. Außen umlaufende Wellenlinie. Augen als zwei kleine Kugeln mit kreisrunden Eindrücken. Nase als eine kleine Kugel mit quer zum Reif angebrachtem Schnitt.

III C 44166 (1986) Abb. 160
Armreif

V ♂
H *kpɛ̌ɛ̌bèlè,* Korhogo
P Senufo, Tyebara, Markt Korhogo
m Æ, gelb
  Ø 7,2
t WP+WS

Eine Pythonschlange darstellend. Außen umlaufender Steg mit schrägen Einschnitten. Kopf als Rhombus mit kleinen Halbkugeln an den Enden.

III C 44167   (1986)
Armreif

V   on A
H   *kpɛ̧ɛ̧bèlè*
P   Senufo, Tyebara, Markt Korhogo
m   Æ, gelb
    Ø 7,2
t   WP+WF

Eine Pythonschlange darstellend. Außen umlaufende Wellenlinie, abgetragen. Augen und Nase als kleine Kugeln mit kreisrunden Eindrücken.

III C 44168   (1986)
Armreif

V   Kind, ♂
H   *kpɛ̧ɛ̧bèlè*, Korhogo
P   Senufo, Tyebara, Markt Korhogo
m   Æ, gelb
    Ø 5,2
t   WP+WF

Eine Pythonschlange darstellend. Außen umlaufende Wellenlinie. Augen, Nase und Schwanzende als kleine Kugeln.

III C 44169   (1986)   Abb. 160
Armreif

V   on A
H   *kpɛ̧ɛ̧bèlè*
P   Senufo, Tyebara, Markt Korhogo
m   Æ, gelb
    Ø 7
t   WP+WF

Eine Pythonschlange darstellend. Außen umlaufende Wellenlinie. Augen und Nase als kleine Halbkugeln.

Abb. 161   Armreifen, einfach, Museum für Völkerkunde Berlin, (oben v.l.n.r.) III C 44154, III C 44157, (unten v.l.n.r.) III C 44150, III C 44151

III C 44170   (1986)   Abb. 160
Armreif

V   ♂, zur Abnahme aufgebogen
H   *kpɛ̧ɛ̧bèlè*
P   Senufo, Tyebara, Markt Korhogo
m   Æ, gelb
    Ø 7,2
t   WP

Glatt, an den Enden leicht verdickt. Sehr stark abgetragen.

III C 44171   (1986)
Armreif

V   ♂, zur Abnahme aufgebogen
H   *kpɛ̧ɛ̧bèlè*, Korhogo
P   Senufo, Tyebara, Markt Korhogo
m   Æ, gelb
    Ø 7,7
t   WP+WS

Schraffen quer zum Reif (WS), ohne weitere Dekoration.

III C 44172   (1986)   Abb. 162
Armreif

V   ♀, am Oberarm getragen
H   Senufo, Burkina Faso
P   Senufo, Burkina Faso, Markt Ferké
m   Æ, braun
    Ø 9,4
t   WP+WS

Träger mit kreuzweisen Schraffen und Schnittmustern (WS). An einem Ende eine runde Scheibe mit Vertiefung in der Mitte (vgl. III C 42040).

III C 44173   (1986)   Abb. 152
Armreif

V   ♂
H   on A
P   Senufo, Niarafolo, Markt Ferké
m   Æ, orangebraun
    Ø 6,1   f 2,9
t   WP+WF+WS, Feilspuren

Träger mit umlaufenden Einschnitt und schrägen Schraffen (WS). An den Enden verdickt. Darauf liegend eine anthropomorphe Figur. Darstellung eines Geistwesens der Wildnis.   HG

Abb. 162   Oberarmreifen, Museum für Völkerkunde Berlin, III C 42519, III C 44172

Abb. 163 ▶
Fußknöchelring und Beinring, Nafoun (1984)

3.3 Beinreifen und Beinringe

Objekte dieser Gruppe fallen wie die Armreifen unter die Kategorie *yāwíígē*. Im Gegensatz zu den Armreifen und Fingerringen werden Beinreifen und -ringe nur von Frauen getragen. Eine Erklärung konnte ich dafür nicht erhalten. Nur ein alter Gießer im Nafara-Gebiet führte an, daß diese Objekte Männer bei der Feldarbeit zu sehr behindern würden. (Eine Ausnahme stellen in dieser Hinsicht einige Heilkundige und die Lederarbeiter, *cēlíbèlè*, dar.) Auch vielen jüngeren Frauen, von denen diese Stücke früher vor allem getragen wurden, ist es heute zu beschwerlich, sie ständig anzulegen. Stattdessen binden sie sich mit einem Zwirnsfaden Miniaturdarstellungen an die Fußknöchel.

Neben den allgemeinen Bezeichnungen *kājí:n* und *yāwíígē* können am Fuß bzw. Unterschenkel getragene Reifen und Ringe auch *tówūrgō*, ›am Fuß getragen‹, genannt werden (vgl. Himmelheber 1967: 251–52): Die beiden vorkommenden Arten – einmal die sattelförmigen, auf dem Fuß aufsitzenden und zum anderen die hohen, zylinderförmigen – werden dabei nicht unterschieden. Eine Kombination mit zoomorphen oder anthropomorphen Darstellungen kommt nicht vor.

III C 42025   (1969)
Unterschenkelreif

- **V**   ♀, bei der Abnahme aufgebogen
- **H**   on A
- **P**   Senufo, Elfenbeinküste
- **m**   Æ, dunkelgelb
        h 5,5   Ø 11,2
- **t**   WP+WF, Feilspuren

Form eines Zylinders mit wulstartigem Rand. An der Öffnung des Reifes beidseitig je zwei aus Wachsfadenspiralen geschnittene Halbkreise. Gegenüber der Öffnung eine Raute.

III C 42026   (1969)   Abb. 165
Beinring

V ♀
H on A
P Senufo, Tyebara
m Æ, gelbbraun
   h 6,7   ⌀ 9,8
t WP+WF+WS, Feilspuren

Form eines Zylinders mit wulstartigem Rand. Zweiteilig, durch Scharnier verbunden und zu öffnen. An der Öffnung Bohrung für Sicherungsstift und halbkreisförmige Wachsfadenornamente. Auf der gegenüberliegenden Außenseite eine Raute.

III C 42027   (1969)   Abb. 164
Beinring

V ♀
H on A
P Senufo, Elfenbeinküste
m Æ, gelbbraun
   h 10,5   ⌀ 11,8
t WP+WF, Feilspuren, Gußmängel

Form eines Zylinders mit wulstartigem Rand. Zweiteilig, durch Scharnier verbunden und zu öffnen. An der Öffnung hakenförmiger Sicherungsstift, am Gußkörper befestigt. An der Öffnung beidseitig halbkreisförmige Wachsfadenornamente.

Abb. 164   Zweiteilige, durch ein Scharnier zu öffnende Beinringe, Museum für Völkerkunde Berlin, III C 44129, III C 42027

III C 42028 (1969)
Fußknöchelring

V   on A
H   on A
P   Senufo, Elfenbeinküste
m   Æ, dunkelbraun
    l 15,9   b 7,6   h 6,9
t   WP+WS

Sattelförmig. Auf beiden Seiten an der tiefsten Stelle eine Dekoration aus kreuzweisen Schraffen (WS), durch zwei Stege begrenzt.

III C 42029 (1969) Abb. 168
Fußknöchelring

V   ♀
H   on A
P   Senufo, Elfenbeinküste
m   Æ, braunschwarz
    l 17,5   b 9,8   h 8
t   WP+WS

Sattelförmig. Auf beiden Seiten an der tiefsten Stelle eine Dekoration wie bei III C 44187.

III C 42030 (1969) Abb. 167
Fußknöchelring

V   ♀ ♂, cēlíbèlè
H   cēlíbèlè
P   Senufo, Elfenbeinküste
m   Æ, orangebraun
    l 12,8   b 8,3   h 2
t   WP+WF+WS

Spitzoval. Umlaufend oben drei parallele Stege mit quer angebrachten Einschnitten. Darüber an jeder Seite in der Mitte zwei Wachsfäden. Die Zuordnung zu den cēlíbèlè durch Himmelheber (1967: 251) kann nicht als gesichert gelten. Haselberger (1969: 207, 216–17, 240 Abb. 2) zeigt entsprechende Fußknöchelringe der Guin, und erwähnt, daß sie auch bei den Tussian getragen worden seien.

III C 42031 (1969) Abb. 167
Fußknöchelring

V   ♀ ♂, nur cēlíbèlè
H   cēlíbèlè
P   Senufo, Tyebara
m   Æ, dunkelgelb
    l 13,8   b 8,8   h 3,2
t   WP+WS

Sattelförmig, rundoval. An beiden Außenseiten je zwei Wellenlinien quer zum Ring, dazwischen Stege (WS). Vorne und hinten oben aufsitzende Rauten mit je zwei Punkten an deren spitzen Enden. (Vgl. III C 42030)

III C 42042 (1969) Abb. 165
Beinreif(?)

V   on A (Kind ♀)
H   on A
P   Senufo
m   Æ, braunschwarz
    h 3,7   ⌀ 5,2
t   WP+WF+WS

Form eines Zylinders mit wulstartigem Rand. Beidseitig der Öffnung je vier senkrecht laufende, aus je zwei ineinander gedrehten Wachsfäden gebildete Stränge. Sonst außen waagerecht umlaufende Wachsfäden, auf diesen ein Doppelstrang aus je zwei ineinandergedrehten Fäden und zwei einfachen. An den Enden des Doppelstranges je zwei kleine Halbkugeln mit senkrechten Einschnitten. Zwischen Doppelstrang und Rändern eine Reihe halbkreisförmiger Wachsfadenornamente mit Halbkugeln an den Ecken.

III C 43986 (1984)
Fußknöchelring

V   ♀, linker Fuß
H   kpɛ̀ɛ̀bèlè, Sirasso
P   Senufo, Kafibele, Markt Sirasso
m   Æ, dunkelgelb & braun
    l 17,1   b 9,3   h 5,2
t   WP

Sattelförmig. Auf der Außenseite (links) ein Ornament aus zwei Ringen und einer Raute, abgetragen.

III C 44129   (1986)   Abb. 164
Beinring

V ♀
H *kpɛ̰ɛ̰bèlè,* Gebiet Katiali
P Senufo, Tagbon, Markt Korhogo
m Æ, braunschwarz
   h 10,5   ⌀ 11,1
t WP+WF+WS, Feilspuren

Form eines Zylinders mit wulstartigem Rand, zweiteilig, mit Scharnier und Sicherungsstift. Wie III C 42027, jedoch zusätzliche Ornamente aus Halbkugeln mit Einschnitten und Rauten.

Abb. 165
Beinring und Beinreif, Museum für Völkerkunde Berlin, III C 42026, III C 42042

Abb. 166 ▶
Unterschenkelreif mit zoomorpher Darstellung, Museum für Völkerkunde Berlin, III C 44130

Abb. 167 ▶
Fußknöchelringe, Museum für Völkerkunde Berlin, (oben) III C 42031, (unten) III C 42030

III C 44130   (1986)   Abb. 166
Unterschenkelreif

- V ♀, wegen Wasserschildkröte.
- H *kpɛ̀ɛ̀bèlè,* Nafoun, Ende 19. Jh.
- P Senufo, Kafibele, Nafoun
- m Æ, braunschwarz
     h 6,2   Ø 10,9
- t WP+WF

Form eines Zylinders mit wulstartigem Rand. Wie III C 42025, jedoch an der Öffnung zusätzlich senkrechte Wachsfadenornamente und auf der Außenseite gegenüber der Öffnung Darstellung einer Wasserschildkröte (WF).

III C 44184   (1986)   Abb. 168
Fußknöchelring

- V Kind
- H *kpɛ̀ɛ̀bèlè,* Korhogo
- P Senufo, Tyebara, Markt Korhogo
- m Æ, grauschwarz
     l 12,9   b 6,5   h 3,5
- t WP+WS

Sattelförmig. An beiden Seiten Reste von geschnittenen Ornamenten, abgetragen.

III C 44185   (1986)
Fußknöchelring

- V ♀, linker Fuß
- H *kpɛ̀ɛ̀bèlè,* Korhogo
- P Senufo, Tyebara, Markt Korhogo
- m Æ, braunschwarz
     l 14,4   b 8,2   h 6
- t WP

Sattelförmig, stark abgetragen.

III C 44186   (1986)   Abb. 168
Fußknöchelring

- V on A, linker Fuß
- H *kpɛ̀ɛ̀bèlè,* Gebiet Dikodongon

P Senufo, Kufulo, Markt Korhogo
m Æ, grünbraun
l 17,7   b 9,5   h 5,5
t WP+WS

Sattelförmig, links eine Dekoration an der tiefsten Stelle außen, abgetragen. Davor und dahinter sowie auf der rechten Seite je zwei Einkerbungen, stark abgetragen.

III C 44187   (1986)
Fußknöchelring

V ♀, linker Fuß
H *kpęębèlè*, Bereich Sinématiali
P Senufo, Nafara, Markt Korhogo
m Æ, braunschwarz
l 16   b 9,5   h 6,5
t WP+WS

Sattelförmig. Links und rechts jeweils eine Dekoration an der tiefsten Stelle. Innen (rechts) Schwellung zwischen je zwei Ringen. Außen (links) aufsitzende, bügelartige Erhebung, an deren Enden je zwei Kugeln mit Einkerbungen quer zum Ring. Abgetragen.

III C 44188   (1986)   Abb. 168
Fußknöchelring

V on A
H *kpęębèlè*, Korhogo
P Senufo, Tyebara, Markt Korhogo
m Æ, dunkelbraun
l 17,6   b 8,8   h 5,5
t WP+WS

Sattelförmig. Auf beiden Seiten je zwei Dekorationen durch Einkerbungen (WS).

Abb. 169 nōkārigā Fingerring, Zanga (1986)

◄ Abb. 168
Fußknöchelringe, Museum für Völkerkunde Berlin, (oben v. l. n. r.) III C 42029,
III C 44184, (unten v. l. n. r.)
III C 44188, III C 44186

3.4 Fingerringe

Auch Fingerringe gehören in die Kategorie yāwíígē und werden, wie die bisher vorgestellten Objekte, in der Regel von den sạdòòbèlè verordnet. Eine andere Bezeichnung als diese ist nicht üblich. Tragen Fingerringe eine zoomorphe Darstellung, werden sie hingegen häufig mit dem Namen des entsprechenden Tieres bezeichnet. Da diese Darstellungen schon aufgrund der geringen Größe nicht sehr detailgenau sein können, ist eine nachträgliche Identifizierung in vielen Fällen nicht möglich.

Einige dieser Ringe werden stellvertretend für größere Objekte getragen. Dazu gehören solche, die quer aufsitzende Miniaturdarstellungen der großen Fußknöchelringe zeigen. Sie werden sowohl von Männern als auch von Frauen getragen, denen die Originale zu große Schmerzen bereiten.

Die Sammlung des Museums für Völkerkunde besitzt leider kein Exemplar der einen großen Rinderkopf zeigenden Ringe, die früher vor allem unter der Bezeichnung ›Schweigeringe‹ bekannt waren. Sie haben nichts mit der Initiation in den Poro-Bund zu tun, wie Goldwater irrtümlich schreibt (1964: 26–27, Abb. 18), sondern werden von den Mitgliedern eines Bundes von Heilkundigen am Mittelfinger getragen. Wie der gesamte Bund werden

Abb. 170
nòkārigā Fingerring,
h. 11 cm, Sammlung Horstmann

sie *nǫkārigā* genannt; das heißt ›(sich) in einen Ochsen verwandeln‹. Diese Fähigkeit wird den Mitgliedern des Bundes nachgesagt. Nach übereinstimmenden Informationen der benachbarten Gruppen ist dieser Bund in Sissédougou, einem Ort im Gebiet der Gbatobele beheimatet. Von hier aus breitete er sich nach Nord-Osten aus. Heute nehmen auch die Fodonon im Gebiet um Dikodougou für sich in Anspruch, daß sie den Bund ins Leben gerufen hätten (Sindzingre 1985, pers.). Nach den Überlieferungen im Gebiet um Sissédougou ist der Bund zunächst mit der Jagd verbunden gewesen. Seine Adepten verwandelten sich in Antilopen, später auch Ochsen, um Tiere besser überlisten zu können. Daraus erwuchs ihnen auch die Fähigkeit, Jagdunfälle zu heilen. Als Zeichen dessen tragen sie die großen Ringe mit dem Rinderkopf.

III C 42043   (1969)
Fingerring

V ♂
H on A
P Senufo, Elfenbeinküste
m Æ, dunkelbraun
  h 5   Ø 3,2   f 4,5
t WP+WF+WS

Doppelter Ring mit quer darauf stehendem Chamäleon, *gbéri*. Auf dem Ring an beiden Seiten Schraffen (WS). Körper des Tieres mit je drei Reihen punktförmiger Vertiefungen links und rechts und auf dem Rücken laufendem Steg (WF). Schwanz nach oben aufgedreht. Augen zwei Halbkugeln mit kreisförmigen Eindrücken.

III C 42044   (1969)
Fingerring

V ♀
H on A
P Senufo, Elfenbeinküste
m Æ, braun
  h 3,3   Ø 2,6   f 1,4
t WP

Doppelring mit quer aufsitzender Darstellung eines Fußknöchelringes. Dieser sattelförmig.

III C 42498   (1968)
Fingerring

V ♂
H on A
P Senufo, Elfenbeinküste
m Æ, graugrün
  h 3,4   Ø 2,7   f 3
t WP, Guß nach der Natur, Gußmängel

Einfacher Ring mit quer aufsitzender Erdnuß. Die Nuß nach der Natur gegossen, im Innern bei Bewegung Kern zu hören.

III C 42499   (1968)
Fingerring

V ♀
H on A
P Senufo, Elfenbeinküste
m Æ, braunschwarz
  h 3,4   Ø 2,7   f 2,3
t WF

Dreifacher Ring mit quer aufsitzender Miniaturdarstellung eines großen Fußknöchelringes.

Abb. 171 Fingerring mit zoomorpher Darstellung, Museum für Völkerkunde Berlin, III C 42500

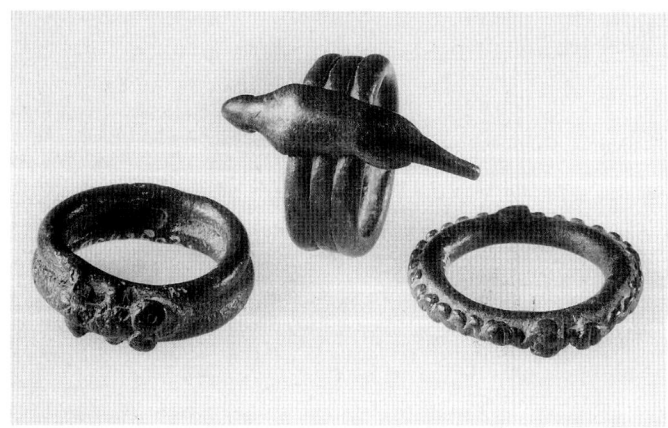

Abb. 172
Fingerringe mit zoomorphen Darstellungen,
Museum für Völkerkunde Berlin,
(v.l.n.r.) III C 42502, III C 42501, III C 42504

III C 42500   (1968)   Abb. 171
Fingerring

V   ♂, Ringfinger linke Hand
H   on A
P   Senufo, Elfenbeinküste
m   Æ, gelb
    h 3,1   ⌀ 2,9   f 2,5
t   WP+WS

Einfacher Ring mit längs darauf liegendem Tier, wschl. Eidechse oder Waran. Auf dessen Rücken z.T. abgetragene Schraffen (WS).

III C 42501   (1968)   Abb. 172
Fingerring

V   ♂(?)
H   on A
P   Senufo, Elfenbeinküste
m   Æ, dunkelgelbgrün 2,7   ⌀ 2,5   f 3,5
t   WP

Dreifacher Ring mit qur aufsitzendem Tier (Reptil?), stark abgetragen.

III C 42502   (1968)   Abb. 172
Fingerring

V   ♂, Ringfinger linke Hand
H   on A
P   Senufo, Elfenbeinküste
m   Æ, braun
    h 3   ⌀ 2,8   f 2
t   WP+WS, Gußmängel, Feilspuren

Doppelter Ring mit parallel darauf liegendem Tier (Reptil, wschl. Waran). Auf dem Tier teilweise Schraffen (WS).

III C 42503   (1968)   Abb. 173
Fingerring

V   ♂
H   on A
P   Senufo, Elfenbeinküste
m   Æ, dunkelgelb
    h 4,1   ⌀ 3,2   f 2,1
t   WP+WS

Einfacher Ring mit quer aufsitzendem Wels. Dieser in sich verschlungen, Augen mit quer eingeschnittenen Pupillen.

Abb. 173
Dekorierte Fingerringe, Museum für Völkerkunde Berlin,
(hinten v.l. n.r.) III C 42503, III C 44128, III C 42509, III C 44127

III C 42504 (1968) Abb. 172
Fingerring

- **V** ♂
- **H** on A
- **P** Senufo, Elfenbeinküste
- **m** Æ, braungrünlich
  ⌀ 3,1
- **t** WP+WF+WS, Gußmängel

Einfacher Ring mit umlaufender Wellenlinie, eine Pythonschlange darstellend. Augen durch zwei kleine Kugeln mit kreisrunden Eindrücken gegeben, Nase als kleine Kugel mit Einschnitt.

III C 42505 (1968)
Fingerring

- **V** ♂
- **H** on A
- **P** Senufo, Elfenbeinküste
- **m** Æ, braun
  h 2,8 ⌀ 2,5
- **t** WP, Gußmängel

Doppelter Ring mit 2 längs aufsitzenden Tieren: Hase (?) und Waran.

III C 42506 (1968) Abb. 174
Fingerring

- **V** ♂, Ringfinger linke Hand
- **H** on A
- **P** Senufo, Elfenbeinküste
- **m** Æ, braungelb
  h 4,1 ⌀ 2,7 f 2,4
- **t** WP+WF+WS

Doppelter Ring mit quer darauf stehendem Tier, wschl. Duiker. Zwischen den beiden Trägern des Ringes zwei ineinandergedrehte Wachsfäden.

III C 42507 (1968)
Fingerring

- **V** ♂
- **H** on A
- **P** Senufo, Elfenbeinküste
- **m** Æ
  h 3,8 ⌀ 2,8 f 2,3
- **t** WP

Doppelter Ring mit quer darauf stehendem Tier, wschl. Hase.

III C 42508 (1968)
Fingerring

V	♂
H	on A
P	Senufo, Elfenbeinküste
m	Æ, gelb
	h 3,4 Ø 2,7 f 2,3
t	WP+WF+WS, Gußmängel

Dreifacher Ring mit quer darauf stehendem Tier, wschl. Leopard. Der mittlere Teil des Ringes mit kreuzweisen Schraffen (WS).

III C 42509 (1968)   Abb. 173
Fingerring

V	♂(?)
H	on A
P	Senufo, Elfenbeinküste
m	Æ, braungelb
	h 2,8 Ø 2,7 f 1,4
t	WP+WS

Doppelter Ring mit quer darauf liegendem Tier, wschl. Insekt mit je vier Beinen links und rechts, an hinterer Seite Bruchstelle. Abgetragen.

III C 42529 (1968)   Abb. 174
Fingerring

V	on A
H	on A
P	Senufo, Elfenbeinküste
m	Æ, braungelb
	h 4,2 Ø 2,8 f 2,1
t	WP+WS, Feilspuren

Doppelter Ring mit quer darauf stehendem Tier.

Abb. 174
Fingerringe mit zoomorphen Darstellungen, Museum für Völkerkunde Berlin, (oben) III C 42506, (unten) III C 42529

III C 43932   (1983)   Abb. 175
Fingerring

V   ♂
H   *fǫnō:bèlè,* Nafoun
P   Senufo, *fǫnō:bèlè, Nafoun*
m   Æ, braunschwarz
    h 4,4   ⌀ 3,1   f 3,2
t   WP+WS

Doppelter Ring, an beiden Seiten Schraffen (WS). Quer darauf stehendes Chamäleon. Schwanz nach oben eingerollt.

III C 44124   (1986)   Abb. 175
Fingerring

V   on A
H   *kpęębèlè,* Gebiet Kombolokoura
P   Senufo, Tyebara, Markt Kombolokoura
m   Æ, braun
    h 4,3   ⌀ 3,2   f 2,9
t   WP

Doppelter Ring mit quer darauf stehendem Chamäleon, Schwanz nach oben eingerollt. Bruchstelle mit Zwirn umwickelt.

III C 43981   (1984)
Fingerring

V   Auftragsarbeit
H   Gießer, *fǫnō:bèlè,* Nafoun 1984
P   Senufo, Kafibele, Nafoun
m   Æ, hellgelb
    h 3,8   ⌀ 2,9   f 3,5
t   WP+WS, Gußmängel, Feilspuren

Doppelter Ring mit quer darauf stehendem Chamäleon. Nach oben eingerollter Schwanz. Die Augen als zwei Halbkügelchen, Pupillen nach dem Guß mit Feile eingeschnitten.

III C 44125   (1986)
Fingerring

V   on A
H   *kpęębèlè,* Gebiet Kombolokoura
P   Senufo, Tyebara, Markt Kombolokoura
m   Æ, braun
    h 3,8   ⌀ 2,9   f 2,7
t   WP+WS, Feilspuren

Doppelter Ring mit quer darauf stehendem Chamäleon. Schwanz nach oben eingerollt, Augen mit senkrecht geschnittenen Pupillen.

III C 44123   (1986)
Fingerring

V   Markt, Handelsware
H   *kpęębèlè,* Korhogo 1985
P   Senufo, Tyebara, Markt Korhogo
m   Æ, dunkelgelb, gelborange
    h 3,8   ⌀ 3   f 1,6
t   WP, Gußmängel, Feilspuren

Doppelter Ring mit quer darauf stehendem Chamäleon, Schwanz fehlt.

III C 44126   (1986)   Abb. 175
Fingerring

V   ♂
H   *kpęębèlè,* Gebiet Boundiali
P   Senufo, Gbatobele, Markt Boundiali
m   Æ, grünlich schwarz
    h 3,9   ⌀ 2,45   f 3,5
t   WP+WS

Doppelter Ring mit quer darauf stehendem Chamöleon. Schwanz nach oben eingerollt, Augen und Maul als Einschnitt.

Abb. 175
Fingerringe mit Darstellungen von Chamäleonen,
Museum für Völkerkunde Berlin,
(oben v.l. n.r.) III C 44126, Privatsammlung,
(unten v.l. n.r.) III C 43932, III C 44124

III C 44127   (1986)   Abb. 173
Fingering

V ♂
H *kpɛɛbèlè*, Gebiet Ferké
P Senufo, Niarafolo, Markt Ferké
m Æ, gelb
   h 3,4   Ø 2,7   f 2,53
t WP

Doppelter Ring mit quer aufsitzender Miniaturdarstellung eines sattelförmigen Fußknöchelringes.

III C 44128   (1986)   Abb. 173
Fingering

V onA
H onA
P Senufo (unklar), Markt Korhogo
m Æ, dunkelbraun
   h 4   Ø 3   f 2,6
t WP+WS, Guß nach der Natur

Doppelter Ring mit quer aufsitzender Erdnuß. Auf beiden Seiten des Ringes Schraffen (WS).

Abb. 176
Anhänger, Zwillinge darstellend,
Museum für Völkerkunde Berlin,
(oben) III C 42045, (unten v.l. n.r.) III C 40259, III C 40260

3.5 Anhänger

Auch die Anhänger werden von den Senufo *yāwíígē* genannt. Einzelne können, wie bei den Fingerringen, mit dem Namen des dargestellten Tieres bezeichnet werden. Die anthropomorphen Darstellungen stehen in der Regel für Zwillinge, *p̃ambèlè*, die wegen ihrer Affinität zu den Geistwesen der Wildnis häufig auch einfach *túgúbèlè*, genannt werden (vgl. Förster 1985: 184–95, 204). Die kleineren dieser Anhänger werden an einem Band an der Hüfte getragen. Die größeren, die häufig auf einen Lederköcher genäht sind, werden mit einer Lederschnur auf der Brust getragen. Die Herkunft dieser größeren Zwillingsanhänger ist nicht immer genau zu klären. Heute werden von den Senufo der Elfenbeinküste nurmehr die kleineren getragen, jedoch wird durchweg berichtet, daß bis vor etwa 10 , 20 Jahren auch die größeren üblich gewesen seien. Die bekanntesten Stücke dieser

Art stammen jedoch von den Tussian in Burkina Faso. Sie hatten allerdings schon 1969 das Gelbgußverfahren aufgegeben (Haselberger 1969: 216–17). Daneben stellten auch die Guin solche und ähnliche Anhänger her (Haselberger 1969: 202–07). Formal sind die aus diesem Gebiet in Burkina Faso stammenden Stücke nicht oder kaum von denen der Senufo zu unterscheiden, die dort in einem engen ethnischen Mosaik in unmittelbarer Nachbarschaft der Tussian und Guin leben. Auch gibt es, nach den spärlichen Veröffentlichungen, kulturelle Parallelen zwischen diesen Gruppen (vgl. Hebert 1961 a, b, Dacher 1984). Neben den schon genannten Zwillingsanhängern gibt es dort auch Panther und Rinder darstellende Anhänger, die auch von den nördlichen Senufo bekannt sind. Die letzteren werden von Gewährsleuten teilweise mit dem *nǭkārīgā* Bund in Verbindung gebracht (s. oben unter Fingerringe). Ich konnte jedoch nie einen dieser Anhänger bei einem Mitglied des Bundes sehen. Auch die Herkunft der Stücke III C 42196, 42198, 43393 und III C 43394 ist ungeklärt. Sie wurden aufgrund dieser möglichen Verbindungen in den Katalog aufgenommen (vgl. auch Kolb 1968: nos. 27, 31–38). Aus den gleichen Gründen wurde auch ein Hornrabe (III C 42197), für den ebenfalls jede ethnographische Dokumentation fehlt, in den Katalog aufgenommen. Die mir bekannten Darstellungen aus dem Senufogebiet sind sehr viel kleiner und anders gestaltet (III C 43984).

III C 40137   (1965)
Anhänger

V   on A
H   on A
P   Senufo (Angabe Vorbesitzer: Anyi, Ghana)
m   Æ, dunkelgelb
     b 4,3   h 4,7
t   WP+WS

Zwei anthropomorphe Figuren mit Schürze; Zwillingsanhänger. Figuren mit abgetragenem Gesicht, geradem Körper und halbkreisförmigen Armen. Unterer Körperteil auf der Schürze mit Schraffen (WS), Schürze sonst glatt, nur am unteren Rand Ansatz weiterer Schraffen, abgetragen.

III C 40138   (1965)
Anhänger

V   on A
H   on A
P   Senufo (Angabe Vorbesitzer: Anyi, Ghana)
m   Æ, braungelb
     b 4,4   h 4,7
t   WP+WS, Gußmängel, Feilspuren

Zwei anthropomorphe Figuren mit Schürze; Zwillingsanhänger. Entspricht III C 40137, jedoch am unteren Rand der Schürze keine Schraffen, sondern eine Reihe kleiner Halbkugeln.

III C 40259   (1966)   Abb. 176
Anhänger

V   on A
H   on A
P   Senufo, Elfenbeinküste
m   Æ, braun
     b 4,5   h 4,4
t   WP+WS

Zwei anthropomorphe Figuren mit Schürze; Zwillingsanhänger. Unterhalb der Arme kreuzweise Schraffen (WS), senkrechte Schraffen unterhalb des Kopfes (WS), dieser sonst mit auffallend großen Augen. Am unteren Rand der sonst glatten Schürze senkrechte Schraffen (WS), die durch einen kleinen Steg oben begrenzt sind.

III C 40260   (1966)   Abb. 176
Anhänger

V   on A
H   on A
P   Senufo, Elfenbeinküste
m   Æ, grünbraun
     b 4,5   h 4,2
t   WP+WS

Zwei anthropomorphe Figuren mit Schürze; Zwillingsanhänger. Gerader Körper, der sich als senkrechter Steg mit zwei waagerechten Einschnitten über Gesicht und Kopf fortsetzt. Unterhalb der Arme kreuzweise Schraffen (WS), ebenfalls ein solcher Streifen am unteren Rand der sonst glatten Schürze.

Abb. 177
Anhänger, Zwillinge darstellend,
Museum für Völkerkunde Berlin,
(oben) III C 42195 b, (unten v.l. n.r.)
Privatsammlung, III C 44101,
III C 44100, III C 44099

III C 42045　　(1969)　　Abb. 176　　Farbtfl. XXI
Anhänger

V　♀, auf der Brust an Lederschnur
H　on A
P　Senufo, Tyebara
m　Æ, dunkelgelb
　　b 4　　h 4,5
t　WP+WS

Zwei anthropomorphe Figuren mit Schürze; Zwillingsanhänger, auf Lederköcher genäht. In diesem ein Stück Holz. Anthropomorphe Figuren mit halbkreisförmigen Armen, darunter Schraffen (WS). Sonst glatte Schürze. Augen mit kreisförmigem Eindruck.

III C 42046　　(1969)　　Abb. 178
Anhänger

V　♀, an der Hüfte getragen, ♂ selten
H　on A
P　Senufo, Tyebara
m　Æ, braun
　　l 6,5　　b 5,1
t　WP+WF

Eine Wasserschildkröte, sólọ, darstellend. Zeichnung des Panzers als Spirale (WF), darauf zwei breitere Wachsfäden kreuzweise mit erhabenem Punkt in der Mitte. Auf der Bauchseite eine Öse. Kleiner, runder Kopf. Breiter Schwanz.

Abb. 178
Anhänger, Wasserschildkröten darstellend,
Museum für Völkerkunde Berlin, (links) III C 42046, (rechts oben)
III C 43982, Privatsammlung

III C 42047　　(1969)　　Abb. 184
Anhänger

V　♀, mit Schnur an der Hüfte
H　on A
P　Senufo, Elfenbeinküste
m　Æ, braun
　　l 7,5
t　WP, Feilspuren

Miniaturdarstellung eines Sklaveneisens; zwei Ringe mit darüberliegendem Stab, an dessen Ende eine Öse.

III C 42048　　(1969)　　Abb. 183
Anhänger

V　♀, an der Hüfte getragen
H　on A
P　Senufo, Elfenbeinküste
m　Æ, grau (zinnhaltig)
　　l 2,6　　h 2
t　WP

Ein Chamäleon darstellend. Dreieckiger Kopf, flacher Körper, nach oben eingerollter Schwanz, Öse auf dem Rücken.

III C 42049   (1969)   Abb. 184
Anhänger

V ♀, an der Hüfte getragen
H on A
P Senufo, Elfenbeinküste
m Æ, braun
   l 2   b 1,5
t WP+WF

Miniaturdarstellung eines großen Beinrings mit aufsitzendem Fußknöchelring (vgl. III C 43987a).

III C 42195a   (1969)
Anhänger

V on A
H on A
P Senufo, Elfenbeinküste
m Æ, gelb
   b 5,3   h 4,7
t WP+WS

Anthropomorphe Figur mit Schürze. Gerader Körper mit halbkreisförmigen Armen, beide abgetragen durch Trageschnur, die zwischen beiden hindurchlief. Gesicht mit waagerecht eingeschnittenen Augen und Mund, Ohren(?) als WP. Schürze mit erhabenem Rand, darin kreuzweise Schraffen (WS).

III C 42195b   (1969)   Abb. 177
Anhänger

V on A
H on A
P Senufo, Elfenbeinküste
m Æ, gelb
   b 5,4   h 4,6
t WP+WF+WS, Gußmängel

Anthropomorphe Figur mit Schürze. Gerader Körper mit halbkreisförmigen Armen, diese mit Armringen. Finger einzeln dargestellt (WS). Kopf mit Augen und Mund durch horizontale Schnitte. In der Mitte der Schürze eine horizontale Wellenlinie, darüber und darunter kreuzweise Schraffen (WS).

Abb. 179
Anhänger, Schildkröten darstellend,
Museum für Völkerkunde Berlin, (v. l. n. r.) III C 44119,
III C 44118b, III C 52431, III C 44206d

III C 42196   (1969)   Abb. 186
Anhänger

V on A
H on A
P on A (Südwest Burkina Faso, Senufo od. Tussian)
m Æ, gelb, gelbbraun
   l 6   b 3,2   h 3,4
t WP+WF+WS

Ein Rind darstellend. Wie III C 43393, jedoch große Wachsfadenspiralen auf dem Kopf und am Schwanz. Auf dem Körper drei Stege mit Einschnitten.

III C 42197   (1969)   Abb. 187
Anhänger

V on A
H on A
P on A (Südwest Burkina Faso, wschl. Tussian od. Guin)
m Æ, gelb, dunkelbraun
   l 8,4   b 4,1   h 6,2
t WP+WF+WS

Einen Hornraben (Bucoruus abessinicus) darstellend. Gerader Körper, Flügel als große Wachsfadenspirale, darauf kleine Doppelspiralen (WF). Anschließend dreieckiger Schwanz mit Steg als Begrenzung. Auf diesem wie auf einem zweiten, längs über den gesamten Rücken und Kopf des Vogels laufenden Steg Einschnitte. Halslappen und Augen ebenfalls als Wachsfadenornamente. Öse auf dem Rücken. (Vgl. Haselberg 1969: 243 Abb. 40, Kolb 1968: nos. 39–42)

III C 42198   (1969)   Abb. 185
Anhänger

V   on A
H   on A
P   on A (Südwest Burkina Faso, wschl. Tussian od. Guin)
m   Æ, dunkelbraun
    l 7   h 2,7
t   WP+WF+WS, Gußmängel

Einen Panther darstellend. Wie III C 43394, jedoch auf dem Körper Schraffen (WS).

III C 42530   (1968)   Abb. 181
Hüftschnur mit 4 Anhängern

V   ♀
H   on A
P   Senufo, Elfenbeinküste
m   Æ, gelb, gelbbraun
    l ca. 37
t   WP+WF

Vier stark abgetragene Anhänger: Fußknöchelring, Wasserschildkröte, Fisch(?), Reptil. Bei den Tieren Öse auf Unterseite.

III C 42531   (1968)   Abb. 179
Anhänger

V   on A
H   on A
P   Senufo, Elfenbeinküste
m   Æ, gelbbraun
    l 2,6
t   WP+WF, Feilspuren

Wasserschildkröte, *sólǫ*, darstellend. Zeichnung des Panzers als Spirale gegeben, breiter, dreieckiger Schwanz. Beine als WF.

III C 43393   (1976)   Abb. 186
Anhänger

V   on A
H   on A
P   on A (Südwest Burkina Faso, Senufo od. Tussian)
m   Æ, dunkelbraun
    l 5,8   b 3,3   h 4,3
t   WP+WF+WS, Feilspuren

Ein Rind darstellend. Halbkreisförmige Wachsfadenornamente auf dem Körper. Quadratischer Kopf, Wachsfadenspiralen auf den Hörnern. Öse auf dem Rücken.

III C 43394   (1976)   Abb. 185
Anhänger

V   on A
H   on A
P   on A (Südwest Burkina Faso, wschl. Tussian od. Guin)
m   Æ, braunschwarz
    l 10,2   h 4,3
t   WP+WF+WS, Feilspuren

Einen Panther darstellend. Am Körper und am Schwanz kreisförmige und halbkreisförmige Wachsfadenornamente. Ohren ebenso. Augen mit waagerechtem Einschnitt. Vorderbeine zum Mund geführt. Öse auf dem Rücken. (Vgl. Haselberger 1969: 206–7, 216–17, 227, fig. 70–71, 243 Abb. 39)

III C 43982   (1984)   Abb. 178   Farbtfl. XXI
Anhänger

V   ♀, wg. Kinderlosigkeit
H   Gießer, *fǫnō:bèlè*, Nafoun, 1. Hälfte 20. Jh.
P   Senufo, Kafibele, Nafoun
m   Æ, dunkelgelb
    l 3   b 3,3
t   WP+WF, Feilspuren

Eine Wasserschildkröte, *sólǫ*, darstellend. Zeichnung des Panzers als Spirale (WF), auf der Bauchseite eine Öse. Beine aus je zwei Wachsfäden. Kopf spitz mit Schnauze und runden, nach oben schauenden Augen. Breiter, dreieckiger Schwanz.

III C 43983 (1984)
Anhänger

V Auftragsarbeit
H Gießer, *fɔ̰nō:bèlè,* Nafoun 1983
P Senufo, Kafibele, Nafoun
m Æ, gelb & braungelb
  l 3,1 b 2,4
t WP+WF, Gußmängel, Feilspuren

Eine Wasserschildkröte, *sólo̧,* darstellend. Zeichnung des Panzers als Spirale (WF), Öse auf der Bauchseite. Spitzer Kopf und Schwanz.

Abb. 180
Zoomorphe Anhänger, (oben) Privatsammlung,
(links) Museum für Völkerkunde Berlin, III C 44205,
Privatsammlung

III C 43984 (1984) Abb. 183
Anhänger

V Auftragsarbeit
H Gießer, *fɔ̰nō:bèlè,* Nafoun 1983
P Senufo, Kafibele, Nafoun
m Æ, gelb
  l 2,3 b 2,6
t WP+WS, Feilspuren

Einen Vogel, *niló,* darstellend. Ausgebreitete Flügel, Augen als Halbkugeln mit senkrechten Einschnitten, Öse auf Bauchseite.

III C 44099 (1986) Abb. 177
Anhänger

V onA
H *kpɛ̰ɛ̰bèlè,* Gebiet Boundiali
P Senufo, Gbatobele, Markt Boundiali
m Æ, braunschwarz
  b 1,4 h 2,95
t WP, Gußmängel

Anthropomorphe Figur, entspricht in der formalen Gestaltung weitgehend den »Zwillingsanhängern«. Gerader, sich nach unten zu einer Schürze erweiternder Körper, halbkreisförmige Arme, leicht erhabener Kopf.   JK

III C 43987 a–b (1984) Abb. 184
2 Anhänger

V a: ♀ b: Auftragsarbeit
H a: *kpɛ̰ɛ̰bèlè,* b: *fɔ̰nō:bèlè,* Nafoun 1983
P Senufo, Kafibele, Nafoun
m Æ, a: dunkelgelb b: gelb
  h 1,3–1,5 Ø 1,7–1,9
t WP+WF, b: Feilspuren

Miniaturdarstellungen großer Beinringe mit aufsitzendem Fußknöchelring. Wird mit einer Schnur am Fußknöchel getragen, wenn große Originale zu beschwerlich oder zu teuer sind.

III C 44100 (1986) Abb. 177
Anhänger

V onA
H *kpɛ̰ɛ̰bèlè,* Gebiet Boundiali

P	Senufo, Gbatobele, Markt Boundiali
m	Æ, braunschwarz
	b 2,6 h 2,6
t	WP(+WS?)

Zwei anthropomorphe Figuren mit Schürze; Zwillingsanhänger. Halbkreisförmige Arme, alle Details sehr stark abgetragen.   JK

III C 44101   (1986)   Abb. 177
Anhänger

V	♀
H	*kpɛɛbèlè,* on A
P	Senufo, Niéné, Markt Boundiali
m	Æ, gelbbraun
	b 2,7 h 2,7
t	WP+WS

Zwei anthropomorphe Figuren mit Schürze; Zwillingsanhänger. Auf der Schürze unterhalb der Körper senkrechte Einschnitte. Stark abgetragen.   JK

Abb. 181
Hüftschnur mit 4 Anhängern, Museum für Völkerkunde Berlin, III C 42530

III C 44112   (1986)   Abb. 184
Anhänger

V	Initiation des Poro-Bundes, Neophyten
H	on A
P	Senufo oder Cirangba, Markt Korhogo
m	Æ, grünbraun
	b 3,3 h 3
t	WP+WF

Rechtwinkeliges Dreieck. An einer Spitze und der gegenüberliegenden Seite je eine Öse, dazwischen Wachsfadenornament. Von den Neuinitiierten des Bundes an einer Schnur auf dem Rücken getragen.   JK

III C 44113 a–h   (1986)
8 Anhänger

V	Handelsware
H	*kpɛɛbèlè,* Korhogo 1985
P	Senufo, Tyebara, Markt Korhogo
m	Æ, gelb, gelborange
	h 1,5–1,7 ⌀ 1,4–1,6
t	WP, Gußmängel

Miniaturdarstellungen großer Beinringe wie III C 42026. Werden gekauft, wenn das Tragen der großen Originale zu beschwerlich ist, oder die Mittel zum Erwerb eines großen Ringes fehlen. Serienproduktion. Mit einer Schnur am Fußknöchel getragen.

III C 44114 a–c   (1986)
3 Anhänger

V	Handelsware
H	*kpɛɛbèlè,* Korhogo 1985
P	Senufo, Tyebara, Markt Korhogo
m	Æ, rotorange
	h 1–1,1 ⌀ 1,3–1,4
t	WP, Gußmängel

Miniaturdarstellungen großer Beinringe. (Vgl. III C 42026). Serienproduktion.

III C 44115 a–d   (1986)
4 Anhänger

V   Handelsware
H   *kpɛɛ̀bèlè,* Korhogo 1985
P   Senufo, Tyebara, Markt Korhogo
m   Æ, gelb
     h 1,3–1,5   ⌀ 1,3–1,8
t   WP+WF, Gußmängel

Miniaturdarstellungen großer Beinringe mit aufsitzenden Fußknöchelringen (vgl. III C 44185). Serienproduktion.

III C 44116   (1986)
Anhänger

V   Handelsware
H   *kpɛɛ̀bèlè,* Korhogo 1985
P   Senufo, Tyebara, Markt Korhogo
m   Æ, rotorange
     h 1,5   ⌀ 2
t   WP+WF, Gußmängel

Miniaturdarstellung eines großen Beinringes mit aufsitzendem Fußknöchelring (vgl. III C 44185). Serienproduktion.

III C 44117 a–c   (1986)
3 Anhänger

V   Handelsware
H   *kpɛɛ̀bèlè,* Korhogo 1985
P   Senufo, Tyebara, Markt Korhogo
m   Æ, gelb, gelborange
     l 2,4–3,2
t   WF

Miniaturdarstellungen großer Fußknöchelringe, an einer Spitze Öse. Mit Schnur am Fußknöchel getragen, wenn die großen Originale zu beschwerlich oder zu teuer sind. (vgl. III C 44209a)

Abb. 182
Zoomorphe Anhänger, Museum für Völkerkunde Berlin, (oben v. l. n. r.) III C 44219a, III C 44218a, (Mitte v. l. n. r.) III C 44223, III C 44224, (unten) III C 44222

III C 44118 a–d   (1986)   Abb. 179
2 Anhänger

V   Handelsware
H   *kpɛɛ̀bèlè,* Korhogo 1985
P   Senufo, Tyebara, Markt Korhogo
m   Æ, gelb, gelborange
     l 2,7–2,9   b 2,2–2,3
t   WP+WF, Gußmängel

Wasserschildkröten darstellend. Entspricht III C 43982. Serienproduktion.   JK

III C 44119   (1986)   Abb. 179
Anhänger

V   Handelsware
H   *kpɛɛ̀bèlè,* Korhogo 1985
P   Senufo, Tyebara, Markt Korhogo
m   Æ, gelb
     l 3,1   b 1,7
t   WP+WS, Feilspuren, Gußmängel

Eine Landschildkröte darstellend. Auf dem Rücken kreuzweise Schraffen (WS), auf der Bauchseite ein Öse. Kopf mit starken Gußmängeln.   JK

Abb. 183
Zoomorphe Anhänger, Museum für Völkerkunde Berlin, (oben v.l. n.r.) III C 43984, III C 44217a, (unten v.l. n.r.) III C 44121a, III C 42048

III C 44121 a–b   (1986)   Abb. a: 183
Anhänger

V   Handelsware
H   *kpɛ̀ɛ̀bèlè,* Korhogo
P   Senufo, Tyebara, Markt Korhogo
m   Æ, gelb
    l 3
t   WP+WF, Gußmängel

Ein Chamäleon darstellend. Dreieckiger Kopf mit flachem Körper und nach oben eingerolltem Schwanz. Beine darauf als Wachsfaden. Auf dem Rücken Öse.   JK

III C 44122   (1986)
Anhänger, anthropomorphe Figur

V   Handelsware
H   *kpɛ̀ɛ̀bèlè,* Korhogo
P   Senufo, Tyebara, Markt Korhogo
m   Æ, leuchtendgelb
    h 4
t   WP+WF, starke Gußmängel, Feilspuren

Darstellung eines Geistwesens der Wildnis. Plinthe.

III C 44205   (1986)   Abb. 180
Anhänger

V   ♀
H   *kpɛ̀ɛ̀bèlè,* Boundiali
P   Senufo, Gbatobele, Markt Boundiali
m   Æ, gelb
    l 2,4
t   WP

Zoomorphe Darstellung, lt. Rückfrage eines Dritten ein Hase. Öse auf dem Rücken, abgetragen.   JK

III C 44206 a–e   (1986)   Abb. d: 179
5 Anhänger

V   Handelsware
H   *kpɛ̀ɛ̀bèlè,* Korhogo
P   Senufo, Tyebara, Markt Korhogo
m   Leichtmetall
    l 2,2–2,7
t   WP+WF, Gußmängel

Wasserschildkröten, *sɔ́lɔ̀,* darstellend. Zeichnung des Panzers als Spirale (mit Gußmängeln), auf der Bauchseite Öse.

III C 44207 a–e (1986)
5 Anhänger

V   Handelsware
H   *kpɛɛbèlè*, Korhogo
P   Senufo, Tyebara, Markt Korhogo
m   Æ, gelb, dunkelgelb
l   2,2–3
t   WP, Gußmängel

Chamäleone darstellend. Ösen auf Bauchseite.

III C 44208 b (1986) Abb. b: 184
Anhänger

V   ♂
H   *kpɛɛbèlè*, Korhogo
P   Senufo, Tyebara, Markt Korhogo
m   Æ, dunkelgelb
l   3,1
t   WP+WF, Feilspuren

Ein Sklaveneisen darstellend. Zwei Ringe mit darüberliegendem Stab. In diesem ein Längsschnitt und an einem Ende eine Öse.

III C 44209 a–c (1986) Abb. a: 184
3 Anhänger

V   ♀, mit Schnur an Hüfte
H   *kpɛɛbèlè*, Korhogo 1985
P   Senufo, Tyebara, Markt Korhogo
m   Æ, dunkelgelb
l   a: 2,2 b: 1,9 c: 2,8
t   WP, Feilspuren

a+b: Kleiner Ring mit quer aufsitzender Miniaturdarstellung eines Fußknöchelringes. c: Miniaturdarstellung eines sattelförmigen Fußknöchelringes, an einem Ende eine Öse.

Abb. 184
Anhänger, Museum für Völkerkunde Berlin,
(v. l. n. r., v. o. n. u.) III C 43987 a, III C 42049, III C 44211,
III C 44209 a, III C 42047, III C 44208 b, III C 44112

III C 44210 a–b (1986)
2 Anhänger

V   Handelsware
H   *kpɛɛbèlè*, Korhogo
P   Senufo, Tyebara, Markt Korhogo

m Æ, dunkelgelb
l 2
t WP+WF, Feilspuren, starke Gußmängel

Tiere darstellend, wschl. Hasen.   JK

Abb. 185 ▶
Zoomorphe Anhänger, Museum für
Völkerkunde Berlin, III C 43394,
III C 42198

III C 44211   (1986)   Abb.: 184
Anhänger

V ♀, mit Schnur an Fußknöchel getragen
H *kpɛ̀ɛ̀bèlè,* Korhogo
P Senufo, Tyebara, Markt Korhogo
m Æ, gelbbraun
  Ø 1,5
t WP, Gußmängel, Feilspuren

Miniaturdarstellung des großen Unterschenkelringes.

III C 44212 a–b   (1986)
2 Anhänger

V a: ♀   b: Handelsware
H *kpɛ̀ɛ̀bèlè,* Korhogo
P Senufo, Tyebara, Markt Korhogo
m Æ, gelb, gelbbraun
  l a: 1,8   b: 1,4
t WP, b: Gußmängel

Miniaturdarstellungen großer Beinringe mit aufsitzenden Fußknöchelringen.

III C 44214   (1986)
Anhänger

V Handelsware
H *kpɛ̀ɛ̀bèlè,* Korhogo
P Senufo, Tyebara, Markt Korhogo
m Leichtmetall, silbrig grau
  l 2
t WP, Gußmängel

Ein Chamäleon darstellend. Nach oben eingerollter Schwanz, Öse auf der Bauchseite.

Abb. 186 ▶
Zoomorphe Anhänger, Rinder darstellend, Museum für Völkerkunde Berlin,
III C 42196, III C 43393

221

III C 44215   (1986)
Anhänger

V   Handelsware
H   *kpɛɛ̀bèlè,* Korhogo
P   Senufo, Tyebara, Markt Korhogo
m   Leichtmetall, silbrig grau
l   2,3
t   WP, Gußmängel

Eine Wasserschildkröte darstellend. Vgl. III C 43982.

Abb. 187
Zoomorpher Anhänger, Hornraben darstellend,
Museum für Völkerkunde Berlin, III C 42197

III C 44216 a–c   (1986)
3 Anhänger

V   Handelsware
H   *kpɛɛ̀bèlè,* Korhogo
P   Senufo, Tyebara, Markt Korhogo
m   Æ, dunkelbraun
l   a: 3,2   b: 2,2   c: 1,9
t   WP+WF, Feilspuren

Wasserschildkröten darstellend. Wie III C 44215, jedoch a und b mit Beinen aus doppeltem WF.   JK

III C 44217 a–c   (1986)   Abb. a: 183
Einen Fisch

V   Handelsware
H   *kpɛɛ̀bèlè,* Korhogo
P   Senufo, Tyebara, Markt Korhogo
m   Leichtmetall, silbrig grau
l   a: 2,3   b: 3,0   c: 3,1
t   WP, Feilspuren

Hornraben darstellend. Ösen auf der Bauchseite.

III C 44218 a–c   (1986)   Abb. a: 182
3 Anhänger

V   Handelsware
H   *kpɛɛ̀bèlè,* Korhogo
P   Senufo, Tyebara, Markt Korhogo
m   Æ, gelb, gelbbraun
    a: 4,3   b: 3,8   c: 3,4
t   WP+WS, Feilspuren

Reptilien darstellend; Geckos oder Eidechsen. Ösen auf der Unterseite.   JK

III C 44219 a–b   (1986)   Abb. a: 182
2 Anhänger

V   ♀
H   *kpɛɛ̀bèlè,* Korhogo

P Senufo, Tyebara, Markt Korhogo
m Æ, gelbbraun
  l 3
t WP+WS.

Vögel darstellend, wschl. Perlhühner. Flügel und Gefieder durch Schnittmuster markiert. Öse auf der Unterseite. JK

III C 44222   (1986)   Abb. 182
Anhänger

V ♀
H *kpɛ̀ɛ̀bèlè,* Sirasso
P Senufo, Kafibele, Markt Sirasso
m Æ, gelb, gelbbraun
  l 1,9
t WF

Zu einer Öse gebogener Wachsfaden. JK

III C 44223   (1986)   Abb. 182
Anhänger

V Handelsware
H *kpɛ̀ɛ̀bèlè,* Korhogo
P Senufo, Tyebara, Markt Korhogo
m Æ, dunkelgelb
  l 2,4
t WP+WF+WS

Eine Eidechse darstellend. Öse auf der Unterseite. JK

III C 44224   (1986)   Abb. 182
Anhänger

V Handelsware
H *kpɛ̀ɛ̀bèlè,* Korhogo
P Senufo, Tyebara, Markt Korhogo
m Æ, dunkelgelb
  l 3,7
t WP, Feispuren

Einen Fisch darstellend. Öse auf der Unterseite. JK

III C 44225 a–b   (1986)
2 Anhänger

V Handelsware
H *kpɛ̀ɛ̀bèlè,* Korhogo
P Senufo, Tyebara, Markt Korhogo
m Æ, gelbbraun
  l a: 1,7   b: 2,1
t WP+WF, Gußmängel

Je ein Tier darstellend. Öse auf dem Rücken.

3.6 Anthropomorphe Figuren

Anthropomorphe Figuren stellen in ihrer ganz überwiegenden Mehrheit Geistwesen der Wildnis dar, also Hilfsgeister der Wahrsager. Sie werden dementsprechend einfach als *túgúbèlè* bezeichnet. Es gehören immer eine weibliche und eine männliche Figur zusammen, die aber außerhalb des ursprünglichen Kontextes meist nur getrennt zu finden sind.

Reiterdarstellungen werden von den Senufo heute auch mit *túgúbèlè* in Verbindung gebracht. Ursprünglich handelte es sich jedoch um Fremdendarstellungen. Sie beziehen sich auf die Reiter Samory's und anderer Malinké, die Razzien zum Fang von Sklaven im Senufoland durchführten. Aus diesem Grunde werden Reiterdarstellungen *syɔ̄:fɔ̀lɔ̀,* ›Herr des Pferdes‹, genannt und sind ein Zeichen der Macht. Sie sollen, so die Wahrsager, ihrer Ausrüstung größere Wirksamkeit verleihen. Reiterdarstellungen werden nicht nur in Messing oder Aluminium gegossen, sondern auch aus Holz geschnitzt. In der Regel tragen sie in einer Hand die Zügel, in der anderen eine Lanze – auch dies ein Zeichen ihrer Herkunft und der verkörperten Macht.

III C 44071   (1986)   Abb. 191
Anthropomorphe Figur

V	on A
H	*kpɛɛ̀bèlè,* Gebiet Dikodougou, vor 1975
P	Senufo, Nafara, Markt Napié 1981
m	Æ, gelb, graugelb
	b 4,7 h 8,5
t	WP+WS, beschädigt, Feilspuren

Wschl. einen Maskenträger darstellend. Anthropomorpher Körper mit erhobenen Armen. In diesen je ein nach vorne gebogener Stab (wschl. nachträglich deformiert). Auf dem Kopf helmartiger Überwurf mit breitem, unteren Ansatz und vier Fortsätzen im Gesicht; diese ähnelt Rüssel und Zähnen. Seitlich noch große, ohrmuschelartige Fortsätze.

III C 44080   (1986)   Farbtfl. XXII
Männliche Figur

V	Divination
H	*kpɛɛ̀bèlè,* Gebiet Kombolokoura
P	Senufo, Tyebara, Markt Kombolokoura
m	Æ, dunkelbraun, grünlich
	h 6,1
t	WP

Ein Geistwesen der Wildnis darstellend. Stehend, gerader Körper, Arme und Beine aus je einem starken Wachsbogen geformt und an den Körper angesetzt. Kopf aus drei Teilen; zwei runden und unten ein spitzzulaufender. Aufgesetzt zwei Halbkugeln mit kreisrunden Eindrücken als Augen. Plinthe.

III C 44081   (1986)   Abb. 192
Männliche Figur

V	on A
H	*kpɛɛ̀bèlè,* Gebiet Ferké
P	Senufo, Niarafolo, Markt Ferké
m	Æ, braun
	h 7,8
t	WP+WS

Vollplastische Darstellung, auf Plinthe stehend. Figur und Zehen WS.

Abb. 189
Reiter, Messing, l. 7,4 cm, Privatsammlung

◀ Abb. 188
Anthropomorphe Figur, Geistwesen der Wildnis darstellend, Holz, h. 20,6 cm, Privatsammlung

III C 44082   (1986)   Abb. 193
Weibliche Figur

V   Divination
H   *kpε̰ε̰bèlè,* Gebiet Niéllé
P   Senufo, Tyebara, Markt Mbingué
m   Æ, gelb
     h 5,4
t   WP+WF+WS, Feilspuren

Gerader Körper, Beine aus einem Wachsbogen geformt. Hände übereinander auf dem Bauch liegend. Gestreckter, spitzzulaufender Kopf. Geschlecht eingeschnitten.

III C 44083   (1986)   Abb. 193
Weibliche Figur

V   Divination
H   *kpε̰ε̰bèlè,* Gebiet Niéllé
P   Senufo, Tyebara, Markt Mbingué
m   Æ, gelb
     h 5,8
t   WP+WF+WS

Stehend, wie III C 44082, jedoch Hände nebeneinander.

III C 44084   (1986)   Farbtfl. XXII
Weibliche Figur

V   Divination
H   *fo̰nō:bèlè,* Koni, vor 1978
P   Senufo, Tyebara, Ghodonon
m   Æ, braun
     h 7,1
t   WP+WF, Feilspuren

Ein Geistwesen der Wildnis darstellend. Stehend, gerader Körper, Beine aus Wachsbogen geformt, Arme am Körper halbkreisförmig angesetzt. Finger eingeschnitten. Nach vorne breit auslaufender Kopf, seitlich am Kopf zwei kreisrunde Öffnungen. Brüste als aufgesetzte Halbkugeln. Plinthe.

IW

III C 44085   (1986)   Abb. 194
Männliche Figur

V   Divination
H   *kpɛɛbèlè,* Korhogo
P   Senufo, Tyebara, Markt Korhogo
m   Æ, braun
    h 6,1
t   WP+WS, Feilspuren

Ein Geistwesen der Wildnis darstellend. Wie III C 44084, jedoch weniger breit auslaufender Kopf, Geschlecht angesetzt.   CP

III C 44086   (1986)   Abb. 192
Männliche Figur

V   Divination
H   *kpɛɛbèlè,* Dikodougou
P   Senufo, Kufulo, Markt Dikodougou
m   Leichtmetall, grau
    h 7,9
t   WP+WS

Ein Geisterwesen der Wildnis darstellend. Stehend, vollplastisch mit Ellenbögen und Knien. Spitz zulaufendes Gebiß. Auf dem Kopf ein Kamm (Frisur?). Plinthe.

III C 44087   (1986)
Männliche Figur

V   Divination
H   *kpɛɛbèlè,* Dikodougou
P   Senufo, Kufulo, Markt Dikodougou
m   Leichtmetall, grau
    h 8,7
t   WP+WS

Ein Geistwesen der Wildnis darstellend. Wie III C 44086.

III C 44088   (1986)
Männliche Figur

V   Handelsware
H   *kpɛɛbèlè,* Korhogo
P   Senufo, Tyebara, Korhogo
m   Leichtmetall, silbrig grau
    h 7,3
t   WP+WS, Gußmängel

Ein Geistwesen der Wildnis darstellend. Zur Divination bestimmt. Wie III C 44086.

III C 44089   (1986)
Weibliche Figur

V   Handelsware
H   *kpɛɛbèlè,* Korhogo
P   Senufo, Tyebara, Markt Korhogo
m   Leichtmetall, grau
    h 5,9
t   WP+WS

Ein Geistwesen der Wildnis darstellend. Zur Divination bestimmt. Wie III C 44086.

III C 44090   (1986)
Weibliche Figur

V   Divination
H   *kpɛɛbèlè,* Korhogo
P   Senufo, Tyebara, Markt Korhogo
m   Leichtmetall, grau
    h 6
t   WP+WS, starke Gußmängel

Ein Geistwesen der Wildnis darstellend. Wie III C 44086.

III C 44091   (1986)
Weibliche Figur

V   Divination
H   *kpɛɛbèlè,* Gebiet Korhogo

Abb. 190
Reiter, Holz, h. 19,7 cm,
Museum Rietberg
Zürich

P	Senufo, Nafara, Wollo
m	Leichtmetall, silbrig grau
	h 8,4
t	WP+WS, starke Gußmängel

Ein Geistwesen der Wildnis darstellend. Wie III C 44086, jedoch ohne Darstellung der Knie, Füße und Hände.

Abb. 191
Anthropomorphe Figur, wschl. Maskentänzer darstellend, Museum für Völkerkunde Berlin, III C 44071

III C 44092   (1986)
Männliche Figur

V	Divination
H	*kpɛ̀ɛ̀bèlè*, Gebiet Korhogo
P	Senufo, Nafara, Wollo
m	Leichtmetall, silbrig grau
	h 9,9
t	WP+WS, Feilspuren

Ein Geistwesen der Wildnis darstellend. Wie III C 44086, jedoch Arme an den Schultern im rechten Winkel nach hinten geknickt.

III C 44093   (1986)   Abb. 194
Weibliche Figur

V	Divination
H	*kpɛ̀ɛ̀bèlè*, Gebiet Korhogo
P	Senufo, Nafara, Markt Lindio
m	Æ, braun
	h 7,6
t	WP+WF+WS

Ein Geistwesen der Wildnis darstellend. Wie III C 44084, jedoch Kopf gerade nach vorne auslaufend, Ohren ohne Öffnung.   BD

III C 44094   (1986)
Männliche Figur

V	Handelsware
H	*kpɛ̀ɛ̀bèlè*, Korhogo, 1985
P	Senufo
m	Æ, gelb
	h 5,8
t	WP+WS, starke Feilspuren

Ein Geistwesen der Wildnis darstellend. Zur Divination bestimmt. Wie III C 44086.

Abb. 192
Anthropomorphe Figuren, Museum für Völkerkunde Berlin,
III C 44086, III C 44081

Abb. 193
Anthropomorphe Figuren, Museum für Völkerkunde Berlin,
III C 44082, III C 44083

III C 44095   (1986)
Anthropomorphe Figur

- **V** Touristischer Markt
- **H** *kpɛɛbèlè,* Korhogo
- **P** Senufo, Markt Korhogo
- **m** Æ, gelbbraun
    h 6,5
- **t** WP+WS, Feilspuren

Stehend, in der rechten Hand eine Lanze, sonst wie III C 44094.

III C 44096   (1986)   Abb. 195
Reiter

- **V** Handelsware
- **H** *kpɛɛbèlè,* Korhogo
- **P** Senufo, Tyebara, Markt Korhogo
- **m** Leichtmetall, silbrig
    l 12   h 11,5
- **t** WP+WF+WS, Feilspuren

Auf einem Pferd sitzend. Tier mit übergroßem Kopf, stehenden Ohren, Mähne (WS) und gebogenen Beinen. Figur wie III C 44086, eine Hand am Rumpf des Pferdes, in der anderen zwei Zügel (WF).

III C 44097   (1986)   Abb. 195
Reiter

- **V** Divination
- **H** *kpɛɛbèlè,* Korhogo
- **P** Senufo, Nafara, Markt Lindio
- **m** Æ, gelbbraun
    l 8,3   h 8,2
- **t** WP+WF+WS, Feilspuren

Auf einem Pferd (?) sitzend. Kopf des Tieres mit Nüstern, Augen und übergroßen Ohren, breiter Hals mit Schraffen (WS), flacher Körper und lange, gerade Beine. Sattel. Figur wie III C 44086, jedoch eine Hand am Oberschenkel, in der anderen zwei Zügel.

Abb. 194
Anthropomorphe Figuren, Museum für Völkerkunde Berlin,
III C 44093, III C 44085

Abb. 195
Reiter, Museum für Völkerkunde Berlin,
III C 44097, III C 44096

3.7 Zoomorphe Figuren

Auch die Darstellungen von Tieren gehören zu den Ausrüstungen der Wahrsager. Sie sind in diesen allerdings sehr viel seltener zu finden als die anthropomorphen Figuren, die, da sie Hilfsgeister darstellen, Teil jedes Ensembles sein müssen. Einen Sammelbegriff gibt es nicht: Jedes Tier wird wie üblich benannt. Eine besondere Bedeutung kommt dem Chamäleon, *gbèrí,* zu. Da es seine Farben willkürlich ändern kann, spielt es eine Vermittlerrolle (s. oben, vgl. Kientz 1979a: 50–63).

Abb. 196
Chamäleone, Museum für Völkerkunde Berlin,
III C 44098, III C 44307

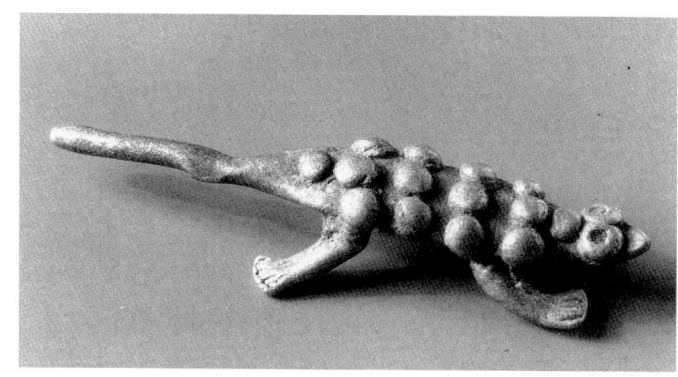

Abb. 197
Reptil, Museum für Völkerkunde Berlin, III C 44111

III C 44098   (1986)   Abb. 196
Chamäleon

V Handelsware
H *kpɛ̰ɛ̰bèlè*, Korhogo, ca. 1984–85
P Senufo, Tyebara, Markt Korhogo
m Leichtmetall, silbrig grau
   h 6
t WP+WS, Gußmängel

Flacher Körper und Kopf. Auf diesem aufgesetzt zwei Halbkugeln mit senkrechten Einschnitten als Augen. Auf dem Körper punktförmige Eindrücke und auf dem Rücken Schraffen (WS). Schwanz nach oben eingerollt. Gerade Beine mit eingeschnittenen Klauen.

III C 44111   (1986)   Abb. 197
Zoomorphe Figur

V *sɑ̰dòʔò*, Korhogo
H *kpɛ̰ɛ̰bèlè*, Korhogo, ca. 1975
P Senufo, Tyebara, Korhogo
m Leichtmetall, silbrig grau
   l 7,9
t WP+WS.

Ein Reptil, wschl. Waran darstellend. Auf dem Körper mehrere Reihen kleiner Halbkugeln, Augen ebenso mit kreisrunder Vertiefung. Krallen an den Beinen eingeschnitten.

III C 44307   (1986)   Abb. 196
Chamäleon

V *sɑ̰dòʔò*, Natiokabadara
H *kpɛ̰ɛ̰bèlè*, Korhogo
P Senufo, Tyebara, Markt Korhogo
m Æ, braun
   l 5,6   h 4,5
t WP, Gußmängel, Feilspuren

Gebogene Beine ohne Klauen, flacher Körper mit nach oben eingerolltem Schwanz. Augen als Halbkugeln.

3.8 Musikinstrumente

Es werden Glöckchen und Schellen im Wachsausschmelzverfahren hergestellt. Beide können zu vielerlei Anlässen gebraucht werden. Die wichtigsten sind die Auftritte der Heilkundigen, die oft Schellen und Glöckchen an Bändern hängend auf dem Rücken tragen. Dem besten Musiker eines Xylophonensembles werden sie häufig um die Handgelenke gebunden. Kinder tragen Ketten mit Schellen an den Fußgelenken. Jugendliche binden sie sich beim Tanz um die Fußknöchel. Sie werden *gbáyárá* genannt, auch wenn sie zusammen mit einem Fußreif gegossen wurden (wie III C 43929).

Abb. 198
Schnur mit Schellen und Kaurischneckengehäusen am Fuß eines Kindes, Nafoun (1986)

III C 42050   (1969)
Glöckchen

V   Kind, am Hals getragen
H   on A
P   Senufo, Elfenbeinküste
m   Leichtmetall, grau
    h 4,5   Ø 3,2
t   WF

Kugelförmig, aus Wachsfadenspirale aufgebaut. Oben eine Öffnung und über dieser ein Bügel.

III C 43929   (1983)
Fußreif mit 3 Schellen

V   Kinder
H   *kpɛ̰ɛ̰bèlè,* Nafoun
P   Senufo, Kafibele, Nafoun
m   Æ, dunkelgelb
    Ø 9
t   WP+WF

Einfacher Armreif als Träger, an diesem drei Schellen wie III C 44105.

III C 43930   (1986)
Glöckchen

V   Heilkundiger, auf dem Rücken getragen
H   *kpɛ̰ɛ̰bèlè,* Nafoun, vor 1950
P   Senufo, Kafibele, Nafoun
m   Æ, gelbbraun
    h 5,3   Ø 3,8
t   WF

Aus Wachsfaden aufgebauter Kegel. Oben eine Öffnung und über dieser Bügel aus WF. Kaurischneckengehäuse als Schlegel an Zwirnfaden.

III C 44931   (1983)
Schelle

V   ♂, Tanz am Fußgelenk
H   *kpɛ̰ɛ̰bèlè,* Nafoun, vor 1970
P   Senufo, Kafibele, Nafoun
m   Æ, braun
    Ø 3,2
t   WP+WF, Gußmängel

Kugelförmig, aus zwei zu Halbkugeln geformten Wachsfadenspiralen aufgebaut. Auf der einen Seite Schlitz, gegenüber Öse.

III C 44102 a–h   (1986)
8 Schellen

V   Kinder, an den Fußknöcheln getragen.
H   *kpɛ̰ɛ̰bèlè,* Korhogo
P   Senufo, Tyebara, Markt Korhogo
m   Æ, dunkelgelb, braun
    Ø 1,3–1,9
t   WF

Jeweils aus zwei zu Halbkugeln geformten Wachsfadenspiralen aufgebaut. Zwischen diesen ein Schlitz. Gegenüber eine Öse. Innen kleine Kiesel.

III C 44103 a–p   (1986)
15 Schellen, auf Kordel gezogen

V Kinder an den Fußknöcheln getragen.
H *kpɛɛ̀bèlè,* Gebiet Boundiali
P Senufo, Gbatobele, Markt Boundiali
m Æ, dunkelgelb, braun
   Ø 1,4–1,9
t WF

Wie III C 44105, verschieden stark abgetragen.

III C 44104   (1986)
12 Schellen

V Kinder an den Fußknöcheln getragen.
H *kpɛɛ̀bèlè,* Gebiet Korhogo
P Senufo, Tyebara, Natiokabadara
m Æ, braun
   Ø 1,4–2
t WF

Wie III C 44105, verschieden stark abgetragen.

III C 44105 a–c   (1986)   Abb. 199
3 Schellen

V Kinder
H *kpɛɛ̀bèlè,* Gebiet Boundiali
P Senufo, Gbatobele, Markt Boundiali
m Æ, dunkelgelb
   Ø 1,6–2,2
t WF

Kugelförmig, zum Teil deformiert. Aus zwei zu Halbkugeln geformten Wachsfadenspiralen. Dazwischen auf einer Seite ein Schlitz, gegenüberliegend Öse. Einliegend Kiesel.

III C 44106   (1986)
Schelle

V on A
H on A
P Senufo, Markt Korhogo
m Æ, braun
   Ø 4,2
t WF+WF

Kugelförmig, aus zwei zu Halbkugeln geformten Wachsfadenspiralen. An einer Seite Schlitz mit kleinen Halbkugeln an den Enden. Oben auf jeder Halbkugel kreuzförmiges Ornament aus Wachsfäden und kleinen Halbkugeln. Innen Kiesel.

III C 44107 a–b   (1986)   Abb. 199
2 Schellen

V Heilkundiger, an Band auf dem Rücken getragen
H *kpɛɛ̀bèlè,* Sirasso
P Senufo, Kafibele, Markt Sirasso
m Æ, a: braun   b: dunkelgelb
   b: 5,3   Ø a: 4,3
t WP

a: kugelförmig   b: gestreckt. Sonst glatte Körper mit Schlitz und einliegenden Kiesel. An den Enden der Schlitze je zwei kleine Halbkugeln. Bei (a) zusätzlich auch auf dem Körper. Gegenüber dem Schlitz je eine Öse.

III C 44108   (1986)   Abb. 200
Glöckchen

V Heilkundiger
H *kpɛɛ̀bèlè,* Korhogo
P Senufo, Tyebara, Markt Korhogo
m Æ, dunkelbraun
   h 4,6   Ø 3
t WF

Kegel, aus Wachsfaden aufgebaut. Oben eine Öffnung mit zwei kreuzweisen Bügeln. Umgebogener Eisenstift als Schlegel.

Abb. 199
Schellen, Museum für Völkerkunde Berlin,
(oben v.l.n.r.) III C 44107 a, b, (unten v.l.n.r.) III C 44105 a, b, c

Abb. 200
Glöckchen, Museum für Völkerkunde Berlin,
III C 44108, Privatsammlung

Abb. 201
Glöckchen, Museum für Völkerkunde Berlin,
III C 44109, III C 44110

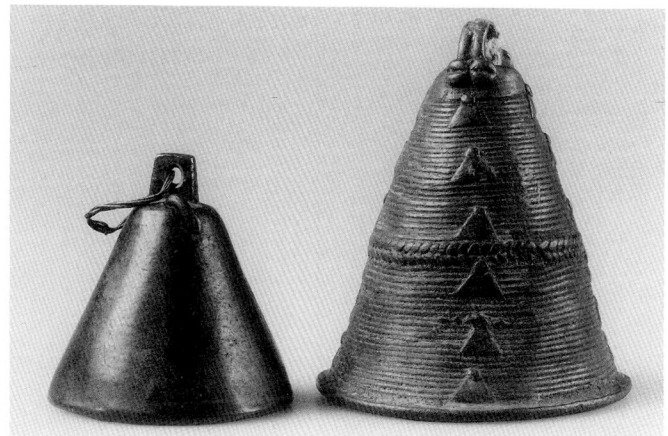

III C 44109   (1986)   Abb. 201
Glöckchen

V   on A
H   *kpɛ̀ɛ̀bèlè*, Korhogo
P   Senufo, Tyebara, Markt Korhogo
m   Æ, dunkelbraun
    h 6   Ø 6
t   WF, Gußmängel

Stumpfer Kegel, oben ein rechteckiger Ansatz mit Loch. An dem stumpfen Ende des Kegels zwei weitere Löcher. Durch diese ein Drahtbügel nach innen mit eingehängter, umgebogener Schraube als Schlegel.

III C 44110   (1986)   Abb. 201
Glocke

V   on A
H   *kpɛ̀ɛ̀bèlè*, Gebiet Korhogo
P   Senufo, Tyebara, Markt Korhogo
m   Æ, dunkelbraun
    h 10,1   Ø 8,1
t   WP+WF+WS

Abb. 202
Arm- und Fußreif mit Schellen, Museum für Völkerkunde Berlin, III C 44131, III C 44132

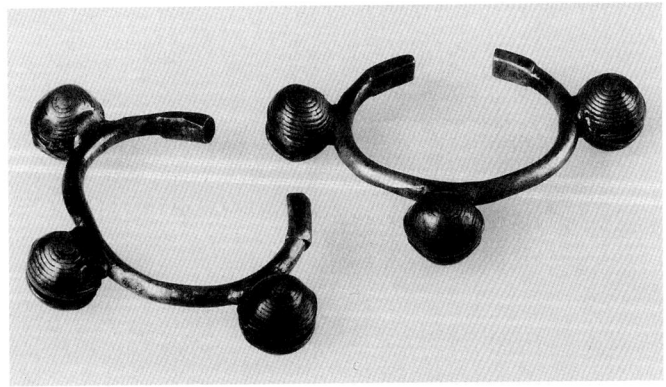

Kegelförmig, aus Wachsfadenspirale aufgebaut. In der Mitte des Kegels ein umlaufendes, doppeltes Band aus je zwei ineinander verdrehten Wachsfäden. Sonst vier senkrechte Reihen von Dreiecken mit einer kleinen Halbkugel an der nach oben weisenden Spitze. Der Kegel oben offen und mit doppeltem Bügel, an dessen Ansatz je zwei Halbkugeln mit waagerechten Einschnitten. Als Schlegel eine kleine Schelle an Baumwollfaden.   NB

III C 44120 a–b   (1986)
2 Schellen

V   Handelsware
H   *kpɛ̀ɛ̀bèlè*, Korhogo
P   Senufo, Tyebara, Markt Korhogo
m   Æ, gelborange
    Ø 1,4–1,5
t   WF, starke Gußmängel

Kugelförmig mit Öse, wie III C 44105.

III C 44131   (1986)   Abb. 202
Reif mit 3 Schellen

V   Musiker, am Handgelenk getragen
H   *kpɛ̀ɛ̀bèlè*, Gebiet Kombolokoura
P   Senufo, Tyebara, Markt Kombolokoura
m   Æ, dunkelgelb
    Ø 10,2
t   WP+WF

Einfacher Armreif als Träger, an diesem drei Schellen wie III C 44105. Stark abgetragen.

III C 44132   (1986)   Abb. 202
Reif mit 3 Schellen

V   Musiker, am Handgelenk getragen
H   *kpɛ̀ɛ̀bèlè*, Gebiet Kombolokoura
P   Senufo, Tyebara, Markt Kombolokoura
m   Æ, dunkelgelb
    Ø 9,9
t   WP+WF

Einfacher Armreif als Träger, an diesem drei Schellen wie III C 44105. Stark abgetragen.

Anmerkungen

[1] Alle Zitate nach dem Reprint 1967, hier: 373.
[2] Eine portugiesische Mission erreichte die Hauptstadt Mali's 1534. Ihr Reiseweg ist jedoch nicht mehr genau rekonstruierbar. Zur Goldinsel vgl. S. McIntosh 1981.
[3] Ibn Baṭṭūta, al-Idrīsī, vgl. Delafosse 1908: 18–19.
[4] Seine persönlichen Motive waren darüber hinaus durch Entdecker- und Abenteuerlust geprägt, vgl. Binger 1892a:1–3.
[5] Möglich ist auch die Etymologie: ›die, die *syē* (für Mensch) sagen!‹
[6] Vgl. Loucou 1984: 20, 26–31. Nach anderen Quellen sind sie aus dem Gebiet von San, Mali, nach Süden gezogen. Person (1968) sieht als ihr Ursprungsgebiet jedoch die Ebene von Loumana im äußersten Südwesten des heutigen Burkina Faso.
[7] Hierzu zählt der Süden des Senufolandes. Die Gründe sind aber nicht, wie man annehmen könnte, Verkarstung oder Bodenknappheit.
[8] Vgl. Förster 1985: 21, Cartry 1979, allg. Habermas 1975: 17.
[9] Neben ihnen gibt es noch verschiedene Handwerkergruppen, die weiter unten vorgestellt werden (Kapitel 2.2).
[10] Im Senar *dūlūnāzúrú,* vgl. Förster 1985: 117–18.
[11] Es gibt noch weitere Heiratsformen, die hier nicht dargestellt werden können. Sie entsprechen weitgehend den beiden vorgestellten Typen, nur in der Verdichtungszone um Korhogo tritt dazu noch eine eigenständige Form mit natolokaler Residenz. Vgl. Kientz 1979b, c, Förster 1985.
[12] Sie verletzen nicht die Geheimhaltungsgebote des Poro. Aus ethischen Gründen und aus den persönlichen Verpflichtungen des Autors wurden geheime Bereiche von vornherein ausgeklammert.
[13] Auf eine genauere Schilderung muß hier leider aus Platzgründen verzichtet werden.
[14] Sie sind, mit anderen Worten, kein Produktiv- sondern Redistributiv-Kapital.
[15] Die Musik der Xylophonensembles ist ausführlich auf der Schallplatte ›Xylophonmusik und Gesänge der Senufo, Elfenbeinküste‹ (MC 4) dargestellt. Da das Senar eine Tonsprache ist, kann der Text bei einiger sprachlicher Vertrautheit verstanden werden, auch wenn die Stimmung der Xylophone pentatonisch ist und das Senar nur drei Tonhöhen kennt.
[16] Da das Senar keine Geschlechter, sondern Nominalklassen unterscheidet, wurde hier die männliche Form gewählt.
[17] Mit diesem Akt provoziert er den Tod des älteren Bruders, denn normalerweise wäre dessen Frau eine bevorzugte Ehepartnerin nach seinem Tod (Levirat).
[18] Die Senufo tragen auf jeder Wange drei lange Narben, die von den Mundwinkeln nach hinten laufen.
[19] Erzählt von Ndama Tuo, 15. 9. 82, m. Eine wörtliche Übersetzung ist in Förster 1985: 94–97 wiedergegeben.
[20] Die Woche zählt im Senufoland je nach Region sechs oder sieben Tage.
[21] Dies soll ihrer Erklärung als Teil eines gesellschaftlichen Systems nicht vorgreifen.
[22] Diese Aussage stammt von einem Wahrsager. Man erinnert sich an die Geschichte vom Ursprung des *sàdòʔò* der Ahnen: Dort wurde eine Schlange mit einer List in heißes Wasser gelockt (vgl. oben S.37–40).
[23] In den fünfziger Jahren konnte Clamens sie noch als Pferdefessel verwendet beobachten (1953b).
[24] Die Sternchen stehen jeweils für ein Klatschen der Hände auf die Schenkel des Wahrsagers.
[25] Auf 67 Sitzungen, die 1982 bis 1985 mitverfolgt wurden, kamen 4 Fehlschläge (entspricht knapp 6%).
[26] Eine ausführliche theoretische Darstellung findet sich in Förster 1985: 302–344.
[27] Dieses Problem ist meiner Meinung nach auf die unterschiedlichen Bedingungen kultureller und sozialer Reproduktion zurückzuführen.
[28] Es ist nicht immer klar, ob es sich dabei um eine echte, oder nur um eine vorgegebene Trance handelt.
[29] Ein persönlicher Schutzgeist, der vom Vater an den Sohn weitergegeben wird.
[30] Ein Geistwesen, das vor Gefahren, insbesondere denen der Felder, schützen soll.
[31] *yāwíígē,* wörtl.: Eine Sache, die folgt.
[32] Die vollständige Sitzung ist in Förster 1985: 264–270 wiedergegeben.
[33] Eine Ausnahme bilden allerdings Personen, die ihre Interaktionsfähigkeit vollkommen verloren haben.
[34] Person 1969: 56–7, 63–5. Bochet 1959. Person (1969: 63) vermutet allerdings, daß auch der Poro der Senufo auf Ursprünge im Bereich der Mandé-Völker zurückzuführen sei. Diese Annahme ist nicht ganz von der Hand zu weisen, da sich u.a. nachweisen läßt, daß zumindest wichtige Maskengestalten von dort übernommen wurden.
[35] Glaze 1976, 1981: 149–193. Dieses Mißverständnis ist wohl auf eine unreflektierte Sicht entsprechend den kognitiven Voraussetzungen westlicher Kultur zurückzuführen.
[36] Vgl. z.B. Goldwater 1964: nos.23–31. Auf Geschichte, Ver-

breitung und Gestaltung des Typs werde ich im zweiten Teil eingehen.

37 Von einem Fall, wo diese bei einem solchen Tanzwettbewerb mißachtet wurden, berichtet Dolores Richter (1980a: 51). Ihre Darstellung ist leider nicht sehr klar, und die Schnitzer Nafouns führten den Zwischenfall, bei dem der Tänzer einer Gastgruppe stürzte, nicht auf die Anwendung irgendwelcher magischer Mittel, sondern schlicht auf dessen ungezügelten Alkoholkonsum zurück.

38 Zitiert nach der französischen Übersetzung von 1866: 76, im Original 66.

39 Ibn Ḥawqal 1938–39: 99–100, Übers.: 98, vgl. Levtzion 1973: 140 n. 12

40 Bei einem Gewicht von 4 bis 4,75 g Gold/dinār, vgl. Magalhães-Godinho 1979: 121, 125–126, Levtzion 1973: 120.

41 Ein solches Netz ist das Marktsystem der Stadt Korhogo und ihres Umlandes, vgl. Coulibaly 1978: 221.

42 Eine gute, wenn auch in Teilen nicht ganz aktuelle und schwer benutzbare Quelle zum gesamten Handel ist Sundström 1974.

43 Diese Verschiebungen lassen sich heute mit Hilfe archäologischer und linguistischer Methoden annähernd rekonstruieren. Mauny 1961: 65–67, Levtzion 1973: 5–7.

44 Nach Mauny (1961: 287–91, bes. 289) ist das Kamel allen Völkern der Sahara im 7. Jh. AD bekannt gewesen. Bereits im 3. Jh. AD gehörten Kamele zu römischen Garnisonen in Nordafrika (Davies 1967: 246–48).

45 Die Radiocarbondatierungen liegen zwischen 2190 ± 90 B.C. und 1150 ± 70 B.C. mit einer Häufung in der 1. Hälfte des 2. vorchristlichen Jahrtausends (Grébénart 1985: 156–57).

46 Objekte sind beschrieben in: Mauny 1951, 1952: 567 und besonders Lambert 1971: 11–12, pls. I–III u. V; 1983: 70–72, pls. 1–3; vgl. Mauny 1961: 307–8; Davies 1967: 174–5, fig. 47; Oliver & Fagan 1975: 15, 60–61.

47 Radiocarbondatierungen liegen zwischen 400 und 480 B.C. ± 100 (Lambert 1971: 16).

48 Arcelin 1976: 661, Tylecote 1976: 23, Lambert 1983: 72–73.

49 Monod 1978. Die Radiocarbonradierungen lauten auf 1165 ± 110 AD und 1090 ± 108 AD, nicht v. Chr., wie in dem Artikel (1978: 348) irrtümlich gedruckt. Vgl. Vanacker 1983: 104–5.

50 Die Ergebnisse wurden in den Sammelbänden Tegdaoust I–III (1970, 1979, 1983) und von Denise Robert (1970) veröffentlicht. Zur Kupferverarbeitung siehe Vanacker (1983), vgl. auch Robert-Chaleix 1983 a, b.

51 Vgl. Cahen 1968: 224–228, Robert 1970: 472–73, V. Monteil, 1968: 53–4.

52 Es ist, wie Devisse (1983: 533–34) ausführt, eine große Lücke, daß keinerlei Grabungen oder Untersuchungen hier, am nördlichen Endpunkt der Karawanenrouten durchgeführt wurden. Sie wären eine unbedingt nötige Ergänzung der Arbeiten im Süden.

53 Zitiert nach der französischen Übersetzung von M.G. de Slane (1859: 345–52). Vgl. V. Monteil 1968: 52. Übertragen ins Deutsche von T.F.

54 Die Herkunft dieses Metalls ist nicht endgültig geklärt. Es scheint vorwiegend aus westafrikanischen, und weniger aus Minen des Maghreb zu stammen. Vgl. D. Robert 1970: 490. Vanacker 1983: 100–105, auch allg.: Tegdaoust III 1983 passim.

55 Vanacker 1983: 92–93, 96–97 pl. 1 no. 6, Tagdaoust III 1983: 542.

56 Ibn Ḥawqal erhielt seine Informationen von dem Besitzer des schon erwähnten Schecks in Sijilmāsa. Nach Levtzion (1968b) kannte der Geograph Awdaghust nicht aus eigener Anschauung (vgl. hierzu Mauny 1961: 19). Vgl. allg. die Darstellung al-Bakrī's (Monteil 1968: 53–5).

57 Mauny 1951, 1954, 1961: 72–74, 312–13 fig. 61, Thomassey & Mauny 1951.

58 Hier besonders durch die metallurgischen Befunde (Bourhuis 1983).

59 Die Stücke wurden 1958 unter unglücklichen Umständen gefunden und sind daher nicht hinreichend genau datiert (Thilmans 1977).

60 Die Messinggegenstände aus Tegdaoust, Kumbi Ṣalēh und Podor weisen alle einen relativ hohen Bleianteil auf. Vanakker 1983: 103, Bourhuis 1983: 130–1, 137–9.

61 Thilmans (1977: 680) gibt dies explizit zwar nur für eine Objektgruppe an, doch auch die anderen Gruppen weisen Züge auf, die auf diese Technik hinweisen.

62 Vgl. Levtzion 1973: 126–131, Garrad 1982, Tegdaoust III 1983: 427–46, Magalhães-Godinho 1969: 124–5.

63 Die dināre der Almoraviden wogen durchschnittlich 4,05 g. Das Gewicht der Münzen war im Laufe der Zeit Schwankungen unterworfen. Vgl. Garrad 1982: 453–55, Magalhães-Godinho 1969: 131–72.

64 Es gibt, mit einer Ausnahme, keine arabischen Berichte über eine Eroberung Ghānas durch die Almoraviden. Conrad & Fisher 1982.

65 Der Name der Soninké für ihr Land, Wagadu, bedeutet ›Land der Herden‹. Conrad & Fisher 1983: 54.

66 Der allgemeine Forschungsstand ist bei McIntosh & McIntosh 1980a: 31–39 sowie in Bedaux et alii 1978 zusammengefaßt.
67 Desplagnes 1903, Lebeuf & Paques 1970: 20–22 figs. 22–23, vgl. Szumowski 1957: 230–31, 1955: 69.
68 Zum einen waren die damaligen Ausgrabungstechniken noch nicht so entwickelt wie heute, zum zweiten haben die vorliegenden Veröffentlichungen einen eher fragmentarischen Charakter.
69 1125 ± 45 AD, Bedaux et al 1978: 146–47.
70 Bedaux 1977: 47 no. 40–10, Abb. 50 no. 40–10, vgl. Bedaux et al 1978: 146.
71 Vgl. Delafosse 1912a: 269–270, McIntosh 1981: 9–10. Ein mögliches Datum ist das Jahr 1240 AD. McIntosh & McIntosh 1980b: 52–55, 454–456.
72 Zu den Quellen bis zum 16. Jh. siehe Levtzion 1973: 254–259, Cuoq 1975.
73 Zum Namen der Stadt (Biṭu, Bighu, Begho) vgl. Wilks 1982a: 344–45.
74 McLeod 1981: 153, vgl. jedoch Posnansky 1977: 300, der die Verbreitung der Schmalbandweberei früher ansetzt.
75 Eine genaue Beschreibung der islamischen Gewichte im westlichen Sudan und Asante findet sich in Garrad 1980: 213–228.
76 Posnansky 1973: 156. Eine entsprechende Verbreitungsgeschichte liegt den Messingkannen der Nupe zugrunde.
77 Die Radiocarbondatierungen für Begho liegen zwischen 1430 ± 100 AD und 1710 ± 100 AD. Posnansky 1973: 158, vgl. Wilks 1982a, b.
78 Posnansky 1977: 297–98, Garrad 1980: 103, zu Gewichten auch 274: 231.
79 Zur wirtschaftlichen Ausgangslage vor der portugiesischen Expansion siehe Magalhães-Godinho 1969: 93–172, bes. 147–157.
80 Vgl. Garrad 1980: 294. Die ersten Goldgewichte dürften im ausgehenden 14. Jh. entstanden sein, Werner 1972: 419–425.
81 Braudel 1986: 350, im weiteren: 350–354.
82 Notariatsprotokoll der Stadtbibliothek zu Leipzig, zit. nach Strieder 1932: 252, Anm. 1–2.
83 Vgl. Levtzion 1973: 84–87. Leo Africanus, der um 1512 schreibt, nennt den Herrscher von ›Melli‹ einen Vasall der Askiyā von Songhay (1984: 198).
84 Levtzion 1973: 89–90, Wilks 1982b: 467.
85 Diese Überlieferungen wurden 1982 bis 1984 von mir bei drei unter den Kafibele-Senufo lebenden kpɛ̀ɛ̀bèlè Gruppen aufgenommen. Die Basis ist allerdings für eine Verallgemeinerung zu schmal.
86 Die weiter östlich verlaufenden Routen werden in der Regel von anderen Gruppen beherrscht, obwohl auch dort der Einfluß islamischer Händler, Dyula und Hausa, sehr stark ist. Vgl. Levtzion 1968a.
87 Vgl. allg. Monteil 1902, Prouteaux 1925, Bernus 1960 und besonders Green 1984.
88 Bernus 1960: 250, Green 1984: 155–217, bes. 156.
89 Die von Green (1984: 201–206) vorgebrachte Kritik an Person, der diese These vertritt (1969: 148, 1975: 2054–59), trifft nicht den Kern seines Arguments.
90 Auch der islamische *mithqāl* war in Kong gebräuchlich, vgl. Binger 1892a: 308–09.
91 Wegen der großen Verwirrung in der Literatur ist hier eine etwas ausführlichere Anmerkung angebracht: Die direkte Einführung des Wachsausschmelzverfahrens durch die von Glaze (1981: 36–37, 227 ns. 25–29) ›kpeene‹ genannten Gießer von Kong her vereinfacht die Entwicklung sicher zu sehr. Die von ihr und Green (1984: 105–109) hervorgehobene Bezeichnung ›Lorho‹ ist die allgemeine Bezeichnung für Gießer im Manding, die auch auf die der Senufo übertragen wird, und nicht, wie Glaze (1981: 37, 227n: 28) meint, eine Gur-sprachige Ethnie oder sogar eine ›Handwerkerkaste‹ mit *einer* gemeinsamen Lineage, die im gesamten Sudan verbreitet sei benennt. Glaze überschätzt auch die Bedeutung Kong's im mittelalterlichen Handel, wenn sie es Städten wie Jenne oder Timbuktu an die Seite stellt. Die Blüte Kong's ist sicher nicht vor dem 17. Jahrhundert anzusetzen (Green 1984: passim 130–32, 154, auch Person 1964). Von mir befragte kpɛ̀ɛ̀bèlè Gruppen in Nafoun, Sirasso und Kanoroba gaben als Ursprung teils Kong, teils ›östlich des Bandama‹ an. Allerdings hing zumindest bei einer dieser Gruppen der Zuzug mit den Kriegszügen Samory's zusammen, fällt also erst ins 19. Jahrhundert.
92 Die Gründe dafür sind leider nicht mehr genau rekonstruierbar.
93 Dieser gehört zur Nordgruppe des Mandé, ist aber wohl dem Ligbi und dem Vai in Sierra Leone näher verwandt als dem Malinké. Person 1964: 328.
94 In englischer oder französischer Umschrift nennt man sie meist Dieli, Dyeli, Tièli, Jeli oder Jali.
95 Im Jahr 1986 trat ich als Auftraggeber auf und bestellte zwei Masken. Eine sollte der Gießer nach eigenem Gutdünken herstellen. Die zweite sollte er nach Photos gießen, die die in Goldwater (1964) abgebildeten Metallmasken zeigen. Unter

diesen wählte er no. 45 als die schönste aus. Die hier wiedergegebenen Photos sind bei der Herstellung dieser Maske entstanden. Die Herstellung anderer Objekte wurde 1982 und 1983 dokumentiert.

[96] Leider konnten keine Gießer im nördlichen Gebiet (Préfecture Sikasso, Mali) beobachtet werden, was den Wert dieser Aussagen auf den in der Elfenbeinküste gelegenen Teil des Senufolandes begrenzt.

[97] Dieser Ton wird nicht von den Töpferinnen verwendet.

[98] Man vergleiche hierzu auch: Polfliet 1983: 18–19, Sikasso au Mali 1984: 1, 47–49, bes. nos. 32, 27, Segy 1975: 152, Abb. 118.

[99] Vor allem Convers 1975: 28–34, wo ein Stück genauer beschrieben und auf das 11. Jh. datiert wird.

[100] Neben Convers (1975) ist vor allem Kourouma (1983) zu nennen.

[101] Z. B. Goldwater 1964: nos. 45, 46. Die dort unter Nr. 45 abgebildete Maske war Vorbild für die von mir 1986 in Auftrag gegebene, da der Gießer sie als die Schönste bezeichnete (III C 44319).

[102] Offene und geschlossene Formen werden wie üblich durch die Bezeichnungen ›Reif‹ und ›Ring‹ unterschieden.

Literaturhinweise:

Abkürzungen

AA	African Arts
BA	Baessler Archiv
BCEHSAOF	Bulletin du Comité d'Etudes Historiques et Scientifiques de l'Afrique Occidentale Française
BIFAN	Bulletin de l'Institut Français d'Afrique Noire
CEA	Cahiers d'Etudes Africaines
JA	Journal des Africanistes
JAH	Journal of African History
JSA	Journal de la Societé des Africanistes
NA	Notes Africaines

The African Iron Age
1971   (ed.) P. L. Shinnie, Oxford

Africanus, Johann Leo (schrieb 1526)
1984   Beschreibung Afrikas, Leipzig

Amselle, Jean-Loup
1977   Les négociants de la savanne, Paris

The Archaeological and Liguistic Reconstruction of African History
1982   (eds.) C. Ehret & M. Posnansky, Berkeley, Calif.

Arcelin, P.
1976   Les civilisations de l'âge du fer en Provence, in: La Préhistoire Française 2: 657–673

The Art of Metal in Africa
1982   (ed.) Marie-Thérèse Brincard, New York

al-Bakrī (schrieb 1078/9)
1859   Description de l'Afrique septentrionale, übers. von M.G. de Slane, Paris Algier

Barros, Joam de (schrieb ca. 1552)
1937   Geschichte der Entdeckungen und Eroberungen der Portugiesen im Orient vom Jahr 1415–1539 nach Anleitung der Asia, Braunschweig

Ibn Baṭṭūṭa (ca. 1352/3)
1966   Extraits tirés des voyages, übers. R. Mauny et al., Dakar

Bedaux, Roger
1977   Tellem: une contribution à l'histoire malienne, Bergen-Daal

Bedaux, Roger et alii
1978   Recherches dans le Delta intérieur du Niger (Mali), in: Palaeohistoria 20:91-220

Bernus, Edmond
1960   Kong et sa région, in: Etudes Eburneennes 8: 239–324
1961   Notes sur L'histoire de Korhogo, in: BIFAN, sér.B, 23.1–2: 284–290

Bernus, Suzanne
1983   Découvertes, hypothèses, reconstitution et preuves: Le cuivre médiéval d'Azelik Takedda (Niger), in: Metallurgies Africaines: 153–172

Binger, Louis-Gustave
1892 ab   Du Niger au Golfe de Guinée, 2 vols., Paris

Bochet, Gilbert
1959   Le Poro des Dieli, in: BIFAN, sér.B, 21.1–2: 61–101
1965   Les masques Sénoufo, de la forme à la signification, in: BIFAN, sér.B, 27.3–4: 636–677

Bourhuis, Jean-Roger
1983   Résultats des analyses d'objets en cuivre, bronze, laiton et des résidus de métallurgie antique d'Afrique, in: Metallurgies Africaines: 127–152

Boutillier, Jean-Louis
1971   La cité marchande de Bouna dans l'ensemble économique Ouest-Africain pré-colonial, in: The Development of Indigenous Trade and Markets in West Africa: 240–252

Boutin, Pierre & Jean Jamin
1977   Essai de bibliograhie sur les sociétés sénoufo, in: JA 47.1: 165–185

Bouys, P.
1943   Samory et les forgerons de Dabakala, in: NA no. 18: 11–12

Braudel, Fernand
1986   Sozialgeschichte des 15.–18. Jahrhunderts, Bd. 2, Der Handel, München

Bravmann, René
1974   Islam and tribal art in West Africa, London

Bucaille, R.
1976 Une probable monnaie sahélienne de la période des grands empires: Les fils de métal cuivreux, in: NA no. 151: 74–75

Caillié, René
1830 Journal d'un voyage à Tombouctou et à Jenné dans l'Afrique centrale pendant les années 1824–1828, 3 vols., Paris

Cahen, Claude
1968 Der Islam I: Vom Ursprung bis zu den Anfängen des Osmanenreiches, Frankfurt M.

Cartry, Michel
1979 Du village à la brousse ou le retour de la question, in: La Fonction Symbolique, (eds.), M. Izard & P. Smith, Paris: 265–288

Chauveau, Jean-Pierre
1984 Le fer, l'outil et la monnaie. Hypothèses à partir du *jēde*, ancien couteau à débrousser baule (Côte d'Ivoire), in: Cahiers Orstom, sér. Sciences Humaines 20.3–4: 471–484

Clamens, Gabriel
1953a Curieuse statue de cuivre sénoufo, in: NA no. 5: 14
1953b le ›dieungue‹ ou anneau de cheville d'esclave, in: NA no. 58: 46
1953c Notes d'ethnologie sénoufo, in: NA no. 59: 76–80
1953d Les nyi-kar-yi do Watyene, in: NA no. 60: 108–110.

Clamens, Gabriel & A. Adandé
1953 Poignard et hache de parade en cuivre sénoufo ancien, in: NA no. 58: 49–52.

Cline, Walter
1937 Mining and metallurgy in Negro Africa, Menasha, Wisc.

Collieaux, M.
1924 Histoire de l'ancien royaume de Kénédougou (1825–1898), in: BCEHSAOF 7.1: 128–181.

Conrad, David & Humphrey Fisher
1982 The conquest that never was: Ghana and the Almoravids, 1076, I. The external arabic sources, in: History in Africa 9: 21–59
1983 The conquest that never was: Ghana and the Almoravids, 1076, II. The local oral sources, in: History in Africa 10: 53–78

Convers, Michel
1975 Masques en étain Sénoufo, in: Arts d'Afrique Noire 16: 24–36

Coulibaly, Sinali
1978 Le paysan sénoufo, Abidjan Dakar

Couq, J.
1975 Receuil des sources arabes concernant l'Afrique occidentale du VIIIe an XVIe siècle, Paris

Curtin, Philip
1973 The lure of Bambuk gold, in: JAH 14: 623–631

Dacher, Michèle
1984 Gènies, ancêtres, voisins, in: CEA 24.2: 157–192

Dantzig, Albert van
1978 The Dutch and the Guinea Coast 1674–1742, Accra

Dappert, Olfert
1671 West Africa before the Europeans, London

Davies, Oliver
1967 West Africa before the Europeans, London

Delafosse, Maurice
1908 Le peuple Siéna ou Sénoufo, pts. 1–6, in: Revue des Etudes Ethno-Graphiques et Sociologiques 1.1–12: 16–32, 79–92, 151–159, 242–275, 448–457, 483–486
1909 Le peuple Siéna ou Sénoufo, pt. 7, in: Revue des Etudes Etnographiques et Sociologiques 2.1: 1–21
1912a c Haut Sénégal-Niger, 3 vols., Paris

Desplagnes, L.
1903 Etude sur les tumuli du Killi, in: l'Anthropologie 14: 151–172
1907 Le plateau central nigérien, Paris
1951 Fouilles du tumulus d'el-Oualedij, in: BIFAN 13: 1159–1173

Devisse, Jean
1983 La question d'Aoudagust, in: Tegdaoust III: 533–556

The Development of Indigenous Trade and Markets in West Africa
1971 (ed.) C. Meillassoux, London

Dramani-Issifeu, Zakari
1982 l'Afrique noire dans les relations internationales au XVI. siècle, Paris

Eckert, H.
1974 Les fondeurs de Koni, in: Annales de l'Université d'Abidjan, sér. G Géographie, 6: 169–189

Fage, John
1962 Some remarks on beads and trade in Lower Guinea in the sixteenth and seventeenth centuries, in: JAH 3.2: 343–347

Ferreol
1924 Essais d'histoire et d'ethnographie sur quelques peuplades de la subdivision de Banfora, in: BCEHSAOF 7.1: 100–127

Filipowiak, Wladyslaw
1970 L'expedition archéologique Polono-Guinéenne à Niani en 1968, in: Africana Bulletin no. 11: 107–117
1979 Etudes archéologiques sur la capitale médiévale du Mali, Szczecin

Fischer, Eberhard
1965 Zur Technik des Gelbgusses bei den westlichen Dan, in: Festschrift Alfred Bühler, Basel: 93–115

Fisher, Angela
1984 Afrika im Schmuck, Köln

Förster, Till
1985 Divination bei den Kafibele-Senufo, Berlin
1986 Bootsbau bei den Senufo, in: BA NF 34: 21–67
1987 Zeichen des Alltags, Symbolik im divinatorischen Prozeß, in: TRIBUS 36

Foucault, Michel
1977 Sexualität und Wahrheit, Bd. 1, Frankfurt M.

Fynn, J.
1971 Asante and its neighbours, 1700–1807, London

Gardi, Bernhard
1985 Ein Markt wie Mopti, Basel

Garrad, Timothy
1980 Akan weights and the gold trade, London
1982 Myth and metrology: the early transsaharan gold trade, in: JAH 23: 443–461

Glaze, Anita
1975 Woman power and the art in a Senufo village, in: AA 8.3: 24–29, 64–68, 90–91.
1976 Art and death in a Senufo village, Ann Arbor (Phil. Diss.)
1981 Art and death in a Senufo village, Bloomington
1986 Dialects of gender in Senufo masquerades, in: AA 19.3: 30–39, 82

Goldwater, Robert
1964 Senufo sculpture from West Africa, New York

Goody, Jack
1964 The Mande and the Akan hinterland, in: The Historian in Tropical Africa: 192–218
1971 Technology, tradition and the state in Africa, London

Goucher, Candice
1981 Iron is iron 'til it is rust, in: JAH 22: 179–189

Grébénart, Danilo
1985 Région d'in-Gall – Tegidda n Tesemt, II. le néolithique final et les débuts de la métallurgie, Niamey

Green, Kathleen
1984 The foundation of Kong, Ann Arbor (Phil. Diss.)

Habermas, Jürgen
1975 Zur Entwicklung der Interaktionskompetenz, Frankfurt M.
1981a Theorie des kommunikativen Handelns, Bd. 1, Frankfurt M.
1981b Theorie des kommunikativen Handelns, Bd. 2, Frankfurt M.

Habermas, Jürgen & Niklas Luhmann
1971 Theorie der Geselllschaft oder Sozialtechnologie, Frankfurt M.

Haselberger, Herta
1969 Bemerkungen zum Kunsthandwerk in der Republik Haute-Volta: Gurunsi und Altvölker des äußersten Südwesten, in: Zeitschrift für Ethnologie 94.2: 171–246
1974 Zur Kunstgeschichte einiger Orte in der Republik Mali, in: Zeitschrift für Ethnologie 99.1–2: 193–219

Ibn Ḥawqal (schrieb 988)
1938 Kitāb surat al-ard, (ed.) J. H. Kramers, übers. v. J. H. Kramers & G. Wiet, Beirut Paris (1964)

Hebert, R.
1961a Esquisse de l'histoire du pays Toussian, in: BIFAN, sér. B, 23: 309–327
1961b Du marriage Toussian, in: BIFAN, sér. B, 23: 696–731

Herbert, Eugenia
1973 Aspects of the use of copper in precolonial West Africa, in: JAH 14: 179–196

Himmelheber, Hans
1954 Massa, Fetisch der Rechtschaffenheit, in: TRIBUS 3: 59–62
1965 Deutung bestimmter Eigenarten der Senufo Masken, in: BA NF 13: 73–82
1967 Ringe und Anhänger der Senufo, in: BA NF 15: 247–270

The Historian in Tropical Africa
1964 (eds.) J. Vansina et al., London

History of West Africa
1971 vol. 1, (eds.) A. Ajayi & M. Crowder, London
1974 vol. 2, (eds.) A. Ajayi & M. Crowder, London

Holas, Bohumil
1957 Les Sénoufo (y compris les Minianka), Paris

Hopkins, Anthony
1973 An economic history of West Africa, London

Horton, Robin
1971 Stateless societies in the history of West Africa, in: History of West Africa, vol. 1: 78–119

Houis, Maurice
1961 Mouvements historiques et communautés linguistiques dans l'ouest africain, in: L'Homme 1.4: 72–91

Hunwick, John
1973 The mid-fourteenth century capital of Mali, in: JAH 14: 195–208

al-Idrīsī (schrieb 1154)
1866 Description de l'Afrique et de l'Espagne, übers. v. R. Dozy & M. de Goeje, Leiden

Islam in Tropical Africa
1966 (ed.) I. Lewis, Oxford

Jamin, Jean
1977 Les lois du silence, Paris

Joire, Jean
1955 Découvertes archéologiques dans la région de Rao (Bas-Sénégal), in: BIFAN 17.3–4: 249–333

Jonckers, Danielle
1979 Notes sur le forgeron et les métaux en pays Minianka, in: JA 49.1: 102–124

Joseph, G.
1913 Exploitation indigène de l'or en Côte d'Ivoire, in: Bulletin et Mémoires de la Société d'Anthropologie de Paris 4: 372–375

Ibn Khaldūn (gest. 1406)
1925 Histoire des Berbères et des dynasties musulmanes de l'Afrique septentrionale, übers. v. M. G. de Slane, Paris

Kientz, Albert
1979a Dieu et les génies. Recits étiologiques senoufo, vol. 1, Paris
1979b Approches de parentés Senufo, pt. 1, in: JA 49.1: 9–70
1979c Approches de parentés Senufo, pt. 2, in: JA 49.2: 9–28

Kiethega, Jean-Baptiste
1983 L'or de la Volta noire, Paris

Knops, Pierre
1972 Notes sur la divination sénufo, in: Bulletin de la Société Royale Belge d'Anthropologie et de Prehistoire 83: 59–66
1980 Les anciens Senufo, 1923–1935, Berg-en-Daal

Kolb, Eric de
1968 Soothsayer bronzes of the Senufo, New York

Kourouma, Moussa
1983 Un africain nous parle de l'art de son peuple, in: Arts d'Afrique Noire, no. 46: 31–34

Lambert, Nicole
1971 Les industries sur cuivre dans l'Ouest Saharien, in: West African Journal of Archaeology 1: 9–21
1983 Nouvelle contribution à l'étude du chalcolithique de Mauritanie, in: Metallurgies Africaines: 63–87

Law, Robin
1980 The horse in West African history, London

Lebeuf, Annie & Viviana Paques
1970 Archéologie malienne, Paris

Levtzion, Nehemia
1968a Muslims and chiefs in West Africa, Oxford
1968b Ibn-Ḥawqal, the cheque, and Awdaghost, in: JAH 9.2: 223–233
1973 Ancient Ghana and Mali, London

Lewicki, Tadeusz
1962 L'état nord-africain de Tāhert et ses relations avec le Soudan occidental à la fin du VIIIe et au IXe siècle, in: CEA 2: 513–535

Loucou, Jean-Noël
1984 Histoire de la Côte d'Ivoire, t. 1, Abidjan

Lovejoy, Paul
1978 The role of the Wangara in the economic transformation of the central Sudan in the fifteenth and sixteenth centuries, in: JAH 19.2: 173–192
1980 Caravans of Kola, Zaria
1985 Salt of the desert sun, Cambridge

M[a]cIntosh, Susan
1981 A reconsideration of Wangara / Palolus island of Gold, in: JAH 22.2: 145–158

M[a]cIntosh, Susan & Roderick
1980a Prehistoric investigation in the region of Jenne, Mali, vol. 1, Oxford
1980b Prehistoric investigation in the region of Jenne, Mali, vol. 1, Oxford
1981 The Inland Niger Delta before the Empire of Mali: evidence from Jenno-Jeno, in: JAH 22.1: 1–22

M[a]cLeod, Malcolm
1981 The Asante, London

M[a]cNaughton, Patrick
1975 Iron-art of the blacksmith in the western Sudan, (Lafayette, Ind.)

Maesen, Albert
1981 Le masque Korubla chez les Sénufo centraux, in: Critica d'Arte Africana 46: 85–96

Magalhães – Godinho, Vitorino
1969 L'économie de l'empire portugais aux XVe et XVIe siècles, Paris

Massing, Andreas
1985 The Mane, the decline of Mali, and Mandinka expansion towards the South Windward Coast, in: CEA 251: 21–56

Mauny, Raymond
1951 Un âge de cuivre au Sahara occidental? in: BIFAN 13: 168–180
1952 Essai sur l'histoire des métaux en Afrique occidentale, in: BIFAN 14: 545–595
1954 The question of Ghana, in: Africa 24: 200–213
1956 Perles ouest-africaines en amazonite, in: BIFAN, sér. B, 18: 140–147.
1961 Tableau géographique de l'ouest africain au moyen âge, d'après les sources écrites, la tradition et l'archéologie, Dakar
1970 Les siècles obscur de l'Afrique noire: histoire et archéologie, Paris

Meniaud, Jacques
1935 Sikasso ou l'histoire dramatique d'un royaume noir au XIXe siècle, Paris

Menzel, Brigitte
1968 Goldgewichte aus Ghana, Berlin
1972a Textilien aus Westafrika, Bd. 1, Berlin
1972b Textilien aus Westafrika, Bd. 2, Berlin
1973 Textilien aus Westafrika, Bd. 3, Berlin

Metallurgies Africaines
1983 (ed.) Nicole Echard, Paris

Monod, Théodore
1978 Der Maden Ijafen – Ein Karawanendepot aus dem 12. Jh., in: Sahara: 344–349

Monteil, Charles
1902 Une page d'histoire coloniale: La colonne de Kong, Paris
1932 Une cité soudanaise: Djenné, métropole du delta central du Niger, Paris
1953 La légende de Ouagadou et l'origine des Soninkés, in: Mélanges Ethnologique, Dakar

Monteil, Vincent
1968 Routier de l'Afrique blanche et noire du Nord-Ouest: al-Bakrī (Cordue 1068), in: BIFAN, sér. B, 30.1: 39–116

Nesmith, Fisher
1984 The Jenne bronze question, in: AA 17.3: 64–69, 90–91

Noll, Colette
1977 Sculptures Sénufo, in: Le Club Français de la Médaille Bulletin no. 55/56: 70–74

Oliver, Roland & Brian Fagan
1975 Africa in the iron age c. 500 b.c. to A.D. 1400, London

Osswald, Rainer
1986 Die Handelsstädte der Westsahara, Berlin

Pereira, Pacheco Duarte (schrieb ca. 1506/8)
1956 Côte occidentale d'Afrique du Sud Marocain au Gabon, übers. v. R. Mauny, Bissau

Perinbam, Marie
1974 Notes on dyula origins and nomenclature, in: BIFAN, sér. B, 36.4: 676–690

Person, Yves
1964 En quête d'une chronologie ivoirienne, in: The Historian in Tropical Africa: 322–338
1967 Un cas de diffusion: Les forgerons de samori et la fonte à la cire perdue, in: Revue Française d'Histoire d'Outre Mer nos. 194–197: 219–226
1968 Samori; une révolution dyula, Bd. 1, Dakar
1969 Samori; une révolution dyula, Bd. 2, Dakar
1975 Samori; une révolution dyula, Bd. 3, Dakar

Pollet, Eric & Grace Winter
1971 La Société Soninké, Bruxelles

Polfliet, Leo
1983 Malinké, Marka, Bamana, Minianka, München

Poncet, Yveline
1983 Minerais et exploitations métallurgiques: une réflexion géographique, in: Métallurgies Africaines: 199–208

Posnansky, Merrick
1973 Aspects of early West African trade, in: World Archaeology 5: 149–162
1977 Brass casting and its antecedents in West Africa, in: JAH 18: 287–300

Prouteaux, M.
1925 Divertissements de Kong, in: BCEHSAOF 8.4: 609–650

Ravenhill, Philip
1984 A central ivory coast bronze helmet mask, Abidjan (Manuskript)

Reconstructing African Cultural History
1967 (eds.) C. Gabel & N. Bennet, Boston

Richter, Dolores
1979 Senufo Mask Classification, in: AA 12.3: 66–73, 93–94
1980a Art, economics and change, La Jolla, Calif.
1980b Further considerations of caste in West-Africa; the Senufo, in: Africa 50.1: 37–54

Robert, Denise
1970 Les fouilles du Tegdaoust, in: JAH 11.4: 471–494

Robert-Chaleix, Denise
1983a Lampes à huile importées découvertes à Tegdaoust: Premier essai de classifcation, in: JA 53.1–2: 61–91

1983b Une industrie métallurgique ancienne sur la rive mauritanienne du fleuve Sénégal, in: Métallurgies Africaines: 45–62

Rosenberger, B.
1970 Les vieilles exploitations minières et les ancienne centres métallurgiques du Maroc, in: Revue de Géographie du Maroc 17: 71–108, 18: 59–101

Roulon, Paulette
1968 Essai de phonologie du tyembara (dialecte Senoufo), Paris

Runge, H.
1983 Ursprungsmaterial der afrikanischen Kupfergeldmanillen auf dem Grund der Elbe gefunden, in: Der Primitivgeldsammler 4.3: 21–26

Sahara
1978 10000 Jahre zwischen Weide und Wüste, (Ausst. Kat.), Köln

Segy, Ladislas
1975 African sculpture speaks, New York (4. ed.)

Senoefo
1980 Leven en weltzijn, (Ausst. Kat.) Berg-en-Daal

Serres, Michel
1981 Der Parasit, Frankfurt M.

Sigrist, Christian
1969 Regulierte Anarchie, Olten Freiburg (2. ed. Frankfurt M. 1979)

Sikasso au Mali
1984 Musée Ernest Rupin (Ausst. Kat.), Brive

Sindzingre, Nicole
1985 Healing is a healing does: Pragmatic resolution of misfortune among the Senufo (Ivory Coast), in: History and Anthropology 2: 33–57

Sindzingre, Nicole & Andras Zempleni
1981 Modèles et pragmatique, activation et répetition: Réflexion sur la causalité de la maladie chez les Sénoufo do Côte d'Ivoire, in: Social Science and Medicine 15.B: 279–293

Spande, Dennis
1977 A historical perspective on metallurgy in Africa; A Bibliography, (Waltham, Mass.)

Stewart, Marjorie
1979 The role of the Manding in the hinterland trade of the Western Sudan: a linguistic and cultural analysis, in: BIFAN, sér. B, 41.2: 281–302

Strieder, Jakob
1932 Negerkunst von Benin und deutsches Metallexportgewerbe im 15. und 16. Jahrhundert, in: Zeitschrift für Ethnologie 64.4–5: 249–259

Sundström, Lars
1974 The exchange economy of precolonial Africa, London

Szumowski, G.
1955 Fouilles à Kami et découvertes dans la région de Mopti (Soudan), in: NA no. 67: 65–69
1957 Fouilles au Nord du Macina et dans la région de Ségou, in: BIFAN, sér. B, 19.1–2: 224–258

Tassinari, Suzanne
1977 La fabrication de bracelets en bronzes à Bobo Dioulasso, in: Objets et Mondes 17.4: 179–186

Tegdaoust
1970 Bd. 1, (eds.), J. Devisse et alii, Paris
1979 Bd. 2, (ed.) C. Vanacker, Paris
1983 Bd. 3, (ed.) J. Devisse et alii, Paris

Thilmans, Guy
1977 Sur des objets de parure trouvés à Podor (Sénégal) en 1958, in: BIFAN, sér. B, 39.4: 669–694

Thomassey, Paul
1951 Notes sur la géographie et l'habitat de la région Koumbi-Saleh, in: BIFAN 13.2: 476–486

Thomassey, Paul & Raymond Mauny
1951 Campagne de fouilles à Koumbi-Saleh (Ghana), in: BIFAN, 13.2: 476–486

Trimingham, Spencer
1980 The influence of Islam upon Africa, London (1. ed. 1968)

Tylecote, R.
1975 The origin of iron smelting in Africa, in: West African Journal of Archaeology 5: 1–9
1976 A History of Metallurgy, London

Vanacker, Claudette
1983 Cuivre et métallurgie du cuivre à Tegdaoust (Mauritanie Orientale), in: Métallurgies Africaines: 89–108
1984 Perles de verre découvertes sur le site de Tegdaoust (Mauritanie Orientale), in: JA 54.2: 31–52

Vogt, John
1973 Portuguese gold trade: An account ledger from Elmina 1529–1531), in: Transaction of the Historical Society of Ghana 14.1: 93–103.
1979 Portuguese rule on the Gold Coast 1469–1682, Athens, Georg.

Wallerstein, Immanuel
1986 Das moderne Weltsystem, Frankfurt M.

Welmers, William
1950 Notes on two languages in the Senufo group, in: Language 26: 126–146, 494–531

Werner, O.
1968 Über das Vorkommen von Zink in antiken und mittelalterlichen Kupferlegierungen, in: BA NF 16: 277–321
1972 Über die Zusammensetzung von Goldgewichten aus Ghana und anderen westafrikanischen Messinglegierungen, in: BA NF 20: 367–443

Wilks, Ivor
1961 The northern factor in Ashanti history: Begho and the Mande, in: JAH 2.1: 55–34
1962a A medieval trade route from the Niger to the Guinea Coast, pt. 1, in: JAH 2.1: 55–34
1962b A medieval trade route from the Niger to the Guinea Coast, pt. 2, in: JAH 3: 337–341
1966 The position of Muslims in metropolitan Ashanti in the early nineteenth century, in: Islam in Tropical Africa: 318–341
1982a Wangara, akan and portuguese in the fifteenth and sixteenth centuries: I. The matter of Bitu, in: JAH 23.3: 333–349
1982b Wangara, akan and portuguese in the fifteenth and sixteenth centuries: II. The struggle for trade, in: JAH 23.4: 463–472

Register:

Agadez 116
Agadir 110
Aghmāt Warīka 89
Akan 89, 120–122, 124, 126f, 129f, 170
Akjouit 109
Algerien 110
Almeria 114
Almoraviden 113f, 116
Altersklassen 85–88, 134
Aluminium 82, 92, 132, 164f, 223
Anhänger 69, 71f, 74, 78, 96, 111, 118, 159, 164, 167, 209–223
Anthropomorphe Figuren 48, 167, 223–231
Antwerpen 127
aprẽntiù (Lehrling) 60
Arguin 124
Armreifen 51, 69f, 78, 95f, 109, 111, 118, 120, 126, 152, 159, 164, 174–195
Asante 120, 129
Awdaghust 89f, 102, 110–112, 114, 117
al-Bakrī 110

Bambara 10
Beerdigung 24, 26, 82, 85–88
Begho 120, 122
Bélédougou 117
Beinreifen, Beinringe 167, 195–200
Bernstein 95
Binger, Louis-Gustave 10f, 130
Bobo Dioulasso 92, 129, 132, 170
Bonduku 130
Boron 131, 135
Bouaké 66
Bouna 130
Breslau 126
Bronze 109, 164, 167, 170
Buntmetall 95
Burkina Faso 10, 12, 71, 210
Böhmen 95, 126

Caillié, René 10
Casa de Mina y Guinea 127

čelibèlè (Seiler) 82, 132, 135, 138, 170, 195
Chamäleon 16, 96, 232
Clan 86
Convers, Michel 170
Cordoba 114

Dabakala 129, 170
Danzig 126
Dapper, Olfert 9, 11
Dia 116
Dikodougou 202
dinār (Münze) 90, 114, 122
Divination s. Wahrsagerei
Dogon 119
Dorf 15f, 24, 26, 30, 37, 42, 57, 65f, 92
Dorf-Wildnis Gegensatz 16, 20, 37, 40, 45
Dyula (s.a. Händler) 12, 89, 95f, 120–122, 124f, 127–130, 132, 135, 168, 170

Ehe 21f, 40
Eisen 48, 51, 89, 95, 109f, 117, 122, 125, 134
Eifersucht 30
Elfenbeinküste 8, 13, 26, 94f, 120
Elmina (s.a. São Jorge da Mina) 124, 128
Esel 102, 110, 117

fé?èò 174
fɛɛrɛ, fɛɛrɛfɔlɔ 30
Felder 15f, 20, 22f, 41, 45f, 57, 65f, 70
Ferkessedougou 132
Fez 114
Fingerringe 51, 95f, 111, 167, 174, 201–209
fɔnɔ̀·bèlè (Schmiede) 82, 88, 132, 134f, 138
fòò (Python) 174
Freundschaften 37, 40, 46
Fugger 126f
Fußreifen 118, 134, 152, 195–200

Gao 116f
gbáyárá (Schellenfußreifen) 234

gbèrí (Chamäleon) 232
Gebläse 152
Gelbguß, s. Guß
Gelbgießer 132, 134f, 138, 164, 168
Gerber 132, 135
Gewürze 96, 119, 122
Ghāna 90, 102, 109, 112–117, 119
Gießling 158
Glas 89, 102, 110, 119
Glasperlen 89, 102, 110, 119
Glocken, Glöckchen 62, 111, 138, 167, 234
Gold 8, 89f, 102, 107, 110, 112–114, 120, 122, 130
Goldfelder 114, 116f, 119, 122
Goldgewichte 7, 89f, 120
Goldküste 125
Goundam 118
Großbritannien 129
Guddāla 113
Guin 210
Guinea 94
Guineaküste 89f, 120–122, 125, 127f
Guß 152, 155–157
Gußform 155f
Gußkanal 145, 152, 164
Gußkern 138f, 150

Hamburg 127
Handel 9f, 27, 89–92, 102, 106, 109–117, 120–122, 125–128, 130, 132
Händler 89, 92, 95f, 112, 116f, 119f, 124, 129, 134
Handelsrouten 9, 11, 112
Handwerker 82, 87, 92, 110f, 122, 131f, 134f, 138
Hausa 95, 120
Heilkundige 42, 50, 62f, 75, 78, 96, 195
Heinrich der Seefahrer 122
Heirat 22, 27, 30, 74
Hexen 37
Hilfsgeister 48, 50–53, 58, 60–62, 96, 223
Hof 41, 45, 63, 65, 75, 86
Holzkohle 138

Ibn Ḥawqal 90, 112
Ibn Yāsīn 113, 116
Identität 70, 75
al-Idrīsī 89f, 102, 114
Ifrīqīya 110, 112, 117
In Gall 108
Islam 9f, 26, 113f, 116f, 134f, 168

Jäger 15f, 18, 20, 44
Jenne 116–120, 122, 127, 130
jihād (heiliger Krieg) 113
Jugendfreundschaften 27

kàcęęnę̀ (Geistwesen) 67f
kājī:n (Reif) 174, 195
Kamele 89, 102, 106, 107, 110
Kano 120
Kastenguß 132, 165
Katsina 120
Kaurischneckengehäuse 24, 35, 48, 51, 53, 69, 85, 109, 119
Kénédougou 132
kōdál (Maske) 87f, 138–165, 168–173
Koi Kombara 119
Kolanüsse 12, 51, 58, 60f, 68f, 72, 96, 119, 122
Konflikte, soziale 45, 57, 60, 63, 66, 85
Kong 10, 129–132, 135
Korhogo 20, 66, 92, 132, 134, 138
kōrōblà (Maske) 168
kpęębèlè (Gelbgießer) 128, 130–132, 134f, 168
Krakau 126
Krankheit 61, 72, 78
kūlibèlè (Schnitzer) 82, 88
Kumasi 129
Kumbi-Ṣāleḥ 112
Kupfer 8, 51, 65, 89, 102, 107–127, 130–135, 164, 167

Lamtūna 112–114
Lebenswelt 30, 40, 42, 48, 61, 65, 78
Leichtmetall 95
Lineage 21–26, 34f, 40, 44f, 48, 61, 65, 70–75, 78, 82, 85f, 119, 138

Lissabon 127
Lobi 130

Ma'den Ijāfen 110, 118
Maghreb 102, 106–110, 113, 122, 125, 170
Malaga 114
Mali 9, 13, 71, 94f, 113, 116f, 119, 135
Malinké 9–13, 16, 82, 90, 120, 129, 131, 135, 168, 170, 223
Manilla 96, 113, 126f
Mansfeld 126
Marka 170
Markt 11, 89, 92, 96
Marokko 89f, 110, 114, 117
Marrakesch 114
Masken 42, 82, 86–88, 96, 131, 134f, 138f, 145, 150, 152, 158, 164, 168–174
Mauretanien 102, 109f
Messing 82, 95, 109, 114, 118–120, 122, 125, 127, 131f, 167, 170, 223
Messingfiguren 130
Minianka 170
mithqāl (Gewichtsmaß) 114, 120
Musikinstrumente 85, 167, 234

Nafoun 58
nāį, nāidūgūbèlè (Heilkundige) 62f
nāmbèlè (Zwillinge) 174, 209
Neusohl 126
Niani 117
Niederlande 128
Niéné 13
Niger 9, 89, 108f, 109, 113, 116–120, 127–129
nīngéfòlò (pers. Schutzgeist) 67–70
nòkārigà (Bund Heilkundiger) 96, 201f, 210
Notable 22–24, 51, 59, 61, 82, 85–88
Nūl Lamta 102
Nürnberg 127
nyī (Seele) 82

Ohrringe 109, 111, 118
Opfer 35, 42, 48, 59–62, 67
Oran 125

Pallaka 130
Peireira, Duarte Pacheco 122
Pferde 102
Podor 113
Poro 24, 26, 82, 85–87, 134f
Portugal 114, 120–122, 124f, 127f
Poura 122
Python 37–42, 46, 51, 68–70, 164, 174
Pythonarmreif 68

Reiterdarstellungen 96, 223–224
Relief 42, 46
Rinder 62, 96
Ringe (s. a. Fingerringe) 95, 109
Rohmaterial 134, 139, 152, 155

sàdò?ò, sàdòòbèlè (Wahrsager) 34–37, 40–48, 53, 56–63, 66–69, 71, 75, 201
Sahara 12, 90, 96, 102, 107, 110, 114
Sahel 9, 13, 96, 102, 106f
Salz 12, 96, 102, 107, 112, 119, 122
San 170
Šanga 118
Ṣanhāja 102, 106, 112f
Scham 30
Schellen 62, 167
Schildkröten 16, 74
Schmiede 87f, 94, 132, 134f, 138, 168
Schmuck 95, 102, 110–113, 119f
Schnitzer 48, 87f, 168
Seiler 132, 135
Selibaby 109
Senegal 109, 112f, 117
Sevilla 114
sīāgíbèlè (Handwerkergruppe) 138
Sijilmāsa 90, 102, 110, 114, 117
Sikasso 92, 129f, 132
Silber 110
Sissédongou 202
Sklaven, Sklaverei 9, 89, 119, 124f, 130
Sklaveneisen 49
sólò (Wasserschildkröte) 71
Soughay 127
Soninké 95, 112, 116, 119, 170
Soso 113
Spanien 110, 114

Stegharfe 52, 62, 67, 94
Stettin 126
Stoffe (s. a. Tücher) 89, 122, 125
sūbóróbèlè (Handwerkergruppe) 138
Sudan 89, 106f, 109–117, 127f, 170

Taghāza 117
Tagwana 13
Tāhert 110
Takedda 116
Takrūr 89, 102, 112f
Tanzwettbewerb 87f
Tegdaoust 110
Tekidda n Tesemt 108
Timbuktu 116f, 127
Tirol 126
Ton 138f, 145
Tonmantel 138, 150
Touré, Samory 132, 134f
Transportmittel 102, 109
Trauer 30
Träume 66, 68, 70
Tuat 117
Tücher 85f, 89, 94f, 119, 132
Tumuli 118
Tunesien 110
Tussian 210

Ungarn 126

Venetien 95
Volta 130

Wachs 138f, 145, 155
Wachsfadentechnik 118
Wachsmodell 145, 150, 159
Wadān 124
Wahrsageensemble 48f, 51, 53, 58
Wahrsager 18, 20, 41f, 44–53, 56, 58, 60–72, 75, 78, 96, 134, 174, 223, 232
Wahrsagerei 41f, 45f, 60–65, 71, 167
Wahrsagerei, Anlässe dazu 44f, 56f, 60
Walāta 117
Wargla 102, 117
Wasserschildkröten 71–74
Weber 132
Werkzeug 152

Wildnis 15f, 20, 37f, 40

Xylophone 27, 30, 86, 88, 94

yāsūŋgō, yasūŋgōfóló (amorphe Geistwesen und deren Besitzer) 50f, 58
yāwííge (Anhänger, Identitätszeichen) 68–71, 74, 78, 82, 174, 195, 201, 209
yéjàà (Mitfrau, Rivalin) 30

Zeichen, Symbole 44f, 48, 51, 57, 65, 78, 119, 174
Zinn 170
Zwillinge 48, 209
Zwillingsanhänger 209